LA GAUCHE
LA PLUS BÊTE
DU MONDE

ŒUVRES DE JEAN DUTOURD

LE COMPLEXE DE CÉSAR, essai (Gallimard).
LE DÉJEUNER DU LUNDI, roman (Gallimard).
GALÈRE, poèmes (Éditions des Granges-Vieilles).
L'ARBRE, théâtre (Gallimard).
LE PETIT DON JUAN, traité de la Séduction (Robert Laffont).
UNE TÊTE DE CHIEN, roman (Gallimard).
AU BON BEURRE, Scènes de la vie sous l'Occupation, roman (Gallimard).
DOUCIN, roman (Gallimard).
LES TAXIS DE LA MARNE, essai (Gallimard).
LE FOND ET LA FORME, tome I, essai alphabétique sur la morale et sur le style (Gallimard).
LES DUPES, contes (Gallimard).
L'ÂME SENSIBLE, essai (Gallimard).
LE FOND ET LA FORME, tome II (Gallimard).
RIVAROL, essai et choix de textes (Mercure de France).
LES HORREURS DE L'AMOUR, roman (Gallimard).
LE DEMI-SOLDE (Gallimard).
LA FIN DES PEAUX-ROUGES, moralités (Gallimard).
LE FOND ET LA FORME, tome III (Gallimard).
PLUCHE OU L'AMOUR DE L'ART, roman (Flammarion).
PETIT JOURNAL 1965-1966 (Julliard).
L'ÉCOLE DES JOCRISSES, essai (Flammarion).
LE CRÉPUSCULE DES LOUPS, moralités (Flammarion).
LE PARADOXE DU CRITIQUE, essai (Flammarion).
LE PARADOXE DU CRITIQUE, suivi de SEPT SAISONS, critique dramatique (Flammarion).
LE PRINTEMPS DE LA VIE, roman (Flammarion).

CARNET D'UN ÉMIGRÉ (Flammarion).
2024, roman (Gallimard).
MASCAREIGNE, roman (Julliard).
CINQ ANS CHEZ LES SAUVAGES, essai (Flammarion).
LES MATINÉES DE CHAILLOT, essai (S.P.L.).
LES CHOSES COMME ELLES SONT, entretiens (Stock).
ŒUVRES ROMANESQUES, tome I (Flammarion).
ŒUVRES ROMANESQUES, tome II (Flammarion).
LE BONHEUR ET AUTRES IDÉES, essai (Flammarion).
DISCOURS DE RÉCEPTION À L'ACADÉMIE FRANÇAISE (Flammarion).
MÉMOIRES DE MARY WATSON, roman (Flammarion).
UN AMI QUI VOUS VEUT DU BIEN (Flammarion).
DE LA FRANCE CONSIDÉRÉE COMME UNE MALADIE (Flammarion).
HENRI OU L'ÉDUCATION NATIONALE, roman (Flammarion).
LE SOCIALISME À TÊTE DE LINOTTE (Flammarion).
LE SEPTENNAT DES VACHES MAIGRES (Flammarion).
LE MAUVAIS ESPRIT, entretiens avec J.E. Hallier (Orban).

Traductions :

LE VIEIL HOMME ET LA MER, d'Ernest Hemingway.
LES MUSES PARLENT, de Truman Capote.
L'ŒIL D'APOLLON, de G. K. Chesterton.

JEAN DUTOURD
de l'Académie française

LA GAUCHE LA PLUS BÊTE DU MONDE

FLAMMARION

Il a été tiré de cet ouvrage :
VINGT-CINQ EXEMPLAIRES SUR PAPIER VERT
RÉSERVÉS À L'AUTEUR

Printed in France
ISBN 2-08-064812-8

Il est des pays où il n'est pas déshonorant d'être bête. En Angleterre, par exemple, c'est plutôt bien vu et même assez chic. Il me semble qu'en Russie on a une certaine tendresse pour les imbéciles. Stendhal disait : « En France la pauvreté est ridicule. » La bêtise aussi, et peut-être davantage. La calomnie majeure, pour couler quelqu'un, est de propager qu'il est bête.

La gauche française, qui entend si peu de chose, a compris cela. C'est son trait de génie. Ne le lui marchandons pas. Elle se sert de la bêtise comme du rayon de la mort. Elle braque son laser sur tout ce qui lui fait obstacle. Les hommes les plus remarquables, les institutions les plus bénéfiques n'y échappent pas.

Depuis combien de temps cela dure-t-il ? Je dirai, grosso modo, depuis le Siècle des lumières. Cette arme est l'héritage des philosophes. Ceux-ci étaient plus intelligents que le reste du monde et s'en targuaient avec une morgue ou une tranquillité de grands seigneurs.

Une cause de la chute de la vieille et illustre monarchie française est que l'on faisait passer Louis XVI pour un idiot, ce qu'il n'était nullement. Mais chez nous l'accusation de bêtise est aussi meurtrière que l'accusation de sorcellerie au Moyen Age : on vous expédie au bûcher les yeux fermés. Le complot avait commencé dès l'enfance du roi. Il n'avait pas dix ans que la mode était déjà de se moquer de sa balourdise et de déplorer que l'héritier du trône ne fût pas son frère le comte de Provence, qui était si subtil, ou son autre frère le comte d'Artois, qui était si gai.

Il n'est pas étonnant que les premières dupes de la gauche soient les hommes de lettres et ce qu'on appelle aujourd'hui les intellectuels. C'est que, tout au long du XIXe et du XXe siècles, la gauche n'a pas été souvent au pouvoir. Elle ne faisait que critiquer, ce qui est un rôle excellent.

Elle avait également le bonheur que la droite, jusqu'en 1914, fût très vigoureuse et réprimât les désordres avec férocité. Ayant tout manqué, faute de sérieux, de prudence, d'organisation, de savoir-faire politique, de caractère, de hauteur de vues, la gauche a ajouté à son rôle de critique celui de martyr, touchant ainsi une corde particulièrement sensible au cœur des artistes, qui trouvent généralement l'échec plus poétique que la victoire. Le vainqueur est ennuyeux parce qu'il est sans mystère et qu'il est le présent. Le vaincu, étant à la fois le passé et l'avenir, n'a pas de réalité matérielle. D'où son charme pour les gens imaginatifs.

Les trois révolutions du XIXe siècle français, 1830, 1848 et la Commune, sont lamentables. La dernière, qui fait l'objet d'un culte de la gauche, est la plus désolante, ayant sombré dans le vin rouge et les bidons de pétrole.

Il y a en France un singulier préjugé, qui date de 1870, que l'intelligence et la force ne peuvent être qu'antagonistes. Jamais unies. Comme la gauche n'avait pas la force, il lui restait inévitablement l'intelligence. Elle s'est retirée dans l'intelligence comme le peuple romain se retirait sur l'Aventin lorsqu'il était mécontent de ses consuls. De là-haut, elle lance ses anathèmes. Elle foudroie ses ennemis en les accusant d'être bêtes. Elle a inventé la malédiction absolue en s'écriant que la droite française était la plus bête du monde.

Un autre de ses atouts est le macadam parisien, sur lequel elle s'est jetée avec voracité, parvenant, je ne sais comment, à faire attribuer d'immenses boulevards et des avenues infinies à ses ratés les plus pittoresques. Blanqui, Barbès, Louis Blanc, Ledru-Rollin, etc., par le miracle des plaques des rues, sont devenus les grands saints de la République. Leur nom, qui ne méritait en rien de survivre, est connu de tous grâce à la circulation urbaine. Il y a là une réussite inouïe. La gauche, absente de tout événement important ou heureux du XIXe siècle, à laquelle ne sont attachés que des souvenirs de terreur ou de sottise, a soufflé la postérité au nez de ceux qui avaient réellement fait l'histoire. Ce coucou politique a déposé ses cadavres miteux dans les superbes mausolées des rois et des héros.

Il est arrivé à la gauche française l'aventure inverse de celle des petits princes des contes de fées. Il n'y avait, penchées sur son berceau, que des fées Carabosse, chacune lui apportant un défaut ou un vice : la sensiblerie, l'hypocrisie, l'impuissance, la cruauté, l'étroitesse d'esprit, le sectarisme, etc. Mais, à la dernière minute, une bonne fée est arrivée, qui a dit : « Moi, je te donne une qualité très précieuse : l'art d'accommoder les défaites en victoires. Avec cela, tu peux être tranquille. Quoique tu sois la gauche la plus bête du monde, tu ne périras jamais. »

« C'est un grand avantage de n'avoir rien fait ; encore n'en faut-il point abuser », dit Rivarol. Pensée fausse : il faut justement en abuser. La tragédie de la gauche a été le pouvoir que lui a donné la Constitution de la Ve République en 1981. Elle a alors cessé de ne rien faire, et l'on a vu ce qu'elle avait caché jusque-là avec ses airs de tout blâmer et son genre éternelle victime. Dire que pendant deux cents ans, et surtout depuis 1940, la droite était dans la situation qui enchantait Courteline : être traitée d'idiote par une imbécile — et qu'elle ne le savait pas ! Le sait-elle seulement aujourd'hui ? Il serait temps.

JANVIER 1984

LES LÉGIONS DE VARUS

En la neuvième année de notre ère, le général romain Varus, qui occupait la Germanie et spoliait les gens autant qu'il le pouvait, fut surpris dans la forêt de Teutoburg par le résistant Arminius, alias Hermann. Celui-ci avait bien préparé son coup. L'historien italien Ferrero dit qu'il avait « la dissimulation tenace dont seuls savent user les barbares en lutte avec la civilisation ». Il extermina les légions de Varus qui étaient au nombre de trois.

Tacite peint un tableau pathétique du champ de bataille, visité par Germanicus six années plus tard : « Monceaux d'ossements secs et blanchissants, épars ou ramassés selon que les soldats avaient reculé ou combattu... Le champ était tout semé de bouts de piques et de javelots, de carcasses d'hommes et de chevaux mêlées ensemble... Là Varus reçut sa première plaie, là il mourut d'un coup de sa propre main... En ce tribunal, Arminius monta après la victoire. Ici, il fit dresser tant de gibets pour les captifs ; là, creuser des fosses d'une grandeur extraordinaire. Ce superbe vainqueur se riait insolemment des aigles et des étendards de l'Empire qu'il faisait traîner dans la boue par ignominie... »

Auguste, apprenant le massacre de Teutoburg, en fut indigné et désespéré. La tradition rapporte qu'il s'écria à maintes reprises : « Varus, Varus, qu'as-tu fait de mes légions ? »

Je pense souvent depuis deux ans au « misérable Varus » ainsi que le qualifie Tacite. Non que M. Mitterrand nous rappelle par quelque côté l'empereur Auguste, mais il pourrait reprendre à son compte, me semble-t-il, sa tragique apostrophe, et soupirer dans son Élysée crépusculaire : « Mauroy, Mauroy, qu'as-tu fait de mes électeurs ? » Chaque dimanche, des messagers de mauvais augure lui annoncent un nouveau Teutoburg, qui s'appelle Sarcelles, Antony, Villeneuve-Saint-Georges, etc., et ce n'est pas fini. Il en apprendra d'autres jusqu'au grand Teutoburg de 1986.

La gauche a raison de s'émouvoir que l'opposition, qui s'était montrée grosso modo assez déférente devant la fonction présidentielle et évitait de mettre le président lui-même trop en cause, ait changé d'attitude ces derniers temps. Il est essentiel, dans un régime monarchique comme le nôtre, que le souverain reste loin des polémiques et des injures, que la nation entière s'accorde à lui manifester le respect que l'on doit au symbole vivant de la patrie.

L'inconvénient est que le président n'est pas héréditaire, qu'il n'est élu que par la moitié du pays et qu'il est inévitable que, le premier moment de stupeur passé, l'autre moitié, qui ne l'a pas élu, laisse éclater son hostilité à sa personne, singulièrement quand le président n'a pas fait l'effort de se hausser au-dessus du parti grâce auquel il a triomphé. Il n'est pas le symbole de la patrie, mais celui de sa division.

Avec un roi qui est le fils de son père et le petit-fils de son grand-père, on évite ce genre de fureurs civiles. Le roi n'est pas l'élu du peuple à un moment de son histoire, mais l'élu des siècles. Son pouvoir repose sur quelque chose de beaucoup plus solide qu'une lubie du suffrage universel ; il s'appuie sur ce qu'il y a de plus solide au monde : une coutume. La royauté a un côté paternel qui est exactement approprié à la fonction, et qui ne se trouve nulle part ailleurs, même pas dans une monarchie déguisée en république comme celle que nous avons. Le roi est un père, sinon éternel, du moins permanent. Le président est un parâtre, et il lui arrive ce qui arrive immanquablement aux parâtres : les enfants du précédent lit le haïssent. Ils n'ont qu'un désir : le chasser de la maison.

Rivarol a eu sur la Révolution des vues d'une telle justesse qu'on fait le silence autour de lui depuis bientôt deux cents ans, de peur que les vérités qu'il a énoncées, si elles étaient connues, ne dégoûtassent les hommes à tout jamais des aventures politiques, ce qui réduirait au chômage les personnes qui vivent de l'agitation publique. A propos des attaques dont Louis XVI était l'objet, il notait : « Il en est de la personne des rois comme des statues des dieux : les premiers coups portent sur le dieu même, les derniers ne tombent plus que sur un marbre défiguré. »

La gauche actuelle, qui n'a pas lu Rivarol, semble consciente de ce danger. De là son émoi. Encore quelques coups de marteau assenés par la droite, et la statue du petit dieu du faubourg Saint-Honoré ne sera plus qu'un marbre défiguré. Affreuse catastrophe, car du président dépendent toutes choses ; en premier lieu l'existence même de la gauche qui, sans ce chef de parti mensongèrement proclamé chef de tous les citoyens, n'est plus qu'une faction minoritaire dans le pays.

La fiction aura duré deux ans et demi, à en juger par les sondages d'opinion. Alors que le Premier ministre descend à des pourcentages navrants, le président de la République qui commande à tout, pourtant, et dont le même Premier ministre n'est que le secrétaire ou l'expéditionnaire, conserve curieusement une espèce de confiance du pays, tant la dignité dont il est revêtu inspire de révérence.

Quand Varus était défait par les partisans d'Arminius dans la forêt de Teutoburg, l'empereur Auguste restait aussi intact que ses statues de marbre qui ornaient les temples et les places publiques. La destruction des légions de Varus, quoiqu'elles fussent composées de soldats d'élite, ne représentait qu'un traquenard et une bataille perdue, choses courantes dans la vie d'une nation, et dont on se remet bientôt. La gauche en France souffre d'une affection beaucoup plus grave, d'une anémie pernicieuse et implacable, d'une étrange leucocytose : ses globules rouges deviennent des globules blancs. Et voilà maintenant que le mal s'attaque au cerveau. Nous entrons dans l'agonie.

ANDROPOV OU LE MEILLEUR DES RÉGIMES

M. Andropov est-il mort ou est-il vivant ? Je me suis interrogé là-dessus et j'ai fini par conclure qu'il était vivant. S'il était mort, on le verrait davantage. On se serait au moins arrangé pour qu'il assistât au défilé commémoratif de la révolution sur la place Rouge.

Il suit de cela que M. Andropov est un peu moins commode vivant que mort. J'espère que les vieux messieurs du

Politburo en tireront la leçon et que, lorsqu'il sera trépassé pour de bon, ils n'en diront rien à personne. Ayant gouverné l'URSS pendant cent quarante jours sans lui, il n'y a aucune raison pour qu'ils ne continuent pas à la gouverner de même pendant cent quarante mois ou cent quarante ans.

Je ne vois que des avantages à ce système, le premier étant qu'un chef d'État mort ne saurait mourir une seconde fois. Ainsi l'on évite les épisodes délicats que sont les successions. Mieux encore : le grand homme n'est jamais malade, il ne vieillit pas, il bénéficie d'une longévité indéfinie, le peuple a tout le temps de s'habituer à lui.

Après une cinquantaine d'années, ayant survécu à trois ou quatre générations, il doit être tout à fait indétrônable. Enfin, s'il fait l'objet d'un « culte de la personnalité », comme cela se produit si fréquemment dans les pays totalitaires, cette adulation ne lui gâtera pas le caractère.

Nous autres Français, sous la IIIe et la IVe République, nous étions presque arrivés à cette perfection. Nos présidents étaient tellement discrets qu'un observateur superficiel aurait pu croire que l'Élysée était une sorte de mausolée. Nous constatons aujourd'hui que ce régime, quoiqu'il eût ses inconvénients, ne manquait pas de sagesse. M. Vincent Auriol, qui était bien aussi socialiste que M. Mitterrand, sinon davantage, ne nous gênait pas plus avec ses convictions que s'il eût été à dix pieds sous terre.

Les seuls bons monarques sont les monarques morts. Ou, sinon morts, n'en valant guère mieux. Je crains toutefois qu'il n'en soit de l'URSS comme des autres pays : elle finira par éprouver quelque mauvaise honte d'avoir un chef aussi peu encombrant que M. Andropov, et voudra quelqu'un de plus valide. Elle devrait se souvenir de Staline, qui n'était jamais malade.

LE SAINT-PÈRE A DES CIRCONSTANCES ATTÉNUANTES

Mon Dieu, qu'il est difficile de contenter tout le monde ! Je pensais que le geste du pape allant visiter son assassin dans sa prison et lui apportant le pardon aurait plu aux personnes qui nous expliquent depuis vingt ans que les bandits sont d'honnêtes gens qui s'ignorent et que l'on ne saurait leur manifester trop d'amour.

Eh bien, pas du tout. Ils ont jugé que le pape manquait de discrétion. Ils ont déploré qu'il y eût des photographes, que la radio et la télévision italiennes fussent là, etc. J'ai lu dans une gazette parisienne un article d'une grande élévation morale commentant en sept paragraphes une photo de la scène. La conclusion était qu'il ne s'agissait pas d'une photo mais en réalité d'une peinture d'histoire, d'une image édifiante et allégorique destinée à illustrer une éventuelle vie de saint Jean-Paul II.

Je passe ma vie à avoir honte. Il n'est pas de jour que je ne rencontre des gens plus intelligents que moi, qui me démontrent que mon premier mouvement n'est jamais le bon. Naïvement, j'avais été émerveillé par le pape ; sa visite à l'assassin m'avait paru quelque chose d'aussi beau, d'aussi touchant que la bénédiction de Mgr Myriel à Jean Valjean. J'y voyais une de ces grandes actions toutes simples, tout évidentes, dont ne sont capables que les âmes lumineuses. Quelle déception — une fois de plus — de constater que je m'étais trompé et que le geste du pape aurait été encore plus admirable si nul n'en avait rien su !

Cependant le Saint-Père a des circonstances atténuantes. Un pape ne se déplace pas comme un simple particulier. J'entends bien qu'il aurait dû y songer. S'habiller en civil, par exemple, revêtir un costume gris, avec un polo à col roulé, mettre des lunettes noires, une perruque, une fausse barbe. S'enrouler dans un manteau couleur de muraille. Sortir du Vatican par une porte de service. Prendre le métro (car Rome a un métro). Donner un faux nom au greffe de la prison. S'entretenir avec Ali Agça au parloir comme n'importe qui venant voir un prisonnier. Repartir incognito. Voilà qui eût été la perfection même. Hélas ! on ne pense pas à tout.

Notre-Seigneur Jésus-Christ, qui était pourtant fils de Dieu, ne pensait pas à tout, lui non plus. Il ne prévoyait pas l'extraordinaire délicatesse des intellectuels parisiens de la seconde moitié du XXe siècle. Sans quoi il ne se serait pas entouré de douze bavards qui n'ont rien eu de plus pressé que de raconter sa vie, ses miracles et sa passion au monde entier, de rapporter ses moindres paroles, d'entourer sa divine personne d'une propagande et d'une publicité assez choquantes quand on y regarde d'un peu près. Il est indiscutable que le christianisme serait plus satisfaisant si les Évangiles n'existaient pas et si personne n'avait jamais entendu parler de Jésus. D'ailleurs, nous n'aurions pas de pape et, par suite, Ali Agça n'aurait pas eu la tentation de tirer sur lui.

Je dois être encore dans mon tort, mais ce qu'a pensé, ce qu'a ressenti Ali Agça, lorsque le pape s'est présenté devant lui et lui a parlé, m'intéresserait énormément. Je n'ai lu là-dessus aucune supposition. Cela vaudrait la peine, pourtant, qu'on s'interrogeât un peu. Quel rayon de lumière a pénétré cette âme ténébreuse et malheureuse ? Un bandit, un terroriste, un fanatique d'aujourd'hui conserve-t-il en lui une trace de conscience ? Est-ce que quelque chose d'humain ou de divin peut s'y faire entendre ? J'ai scruté les photos. J'ai cru voir sur le visage du meurtrier une sorte de surprise gênée, mais non pas hostile, une curieuse politesse qui ressemblait à de la bonne volonté. Ce n'est pas le pape qui est au premier plan dans cette affaire : c'est le misérable qu'il est venu sauver, et qui se laissera sauver peut-être. Cela risque même de se savoir. Il faudra se faire une raison.

LES FROMAGES DE MAINTENANT NE VALENT PAS CEUX D'AUTREFOIS

Degas avait une conception très saine du mécénat d'État. Il le formulait ainsi : « Rattacher le budget des Beaux-Arts à l'Assistance publique au lieu d'encombrer, par des commandes faites aux artistes, les places publiques et les musées de province. »

Cette réflexion me revient à l'esprit chaque fois que je pense à l'UNESCO (ce qui n'est pas fréquent, soyons juste). J'imagine ce que le cher Degas dirait de cet organisme, dont le budget est à celui du sous-secrétariat d'État aux Beaux-Arts, ce que les fusées SS20 de l'Armée rouge sont aux sagaies et sarbacanes des Zoulous, et qui est certainement encore moins utile.

Les Beaux-Arts, au temps de la IIIe République, donnaient de l'argent à des peintres, des sculpteurs, des musiciens. Ils favorisaient les gens sans talent de préférence à ceux qui en avaient, mais il leur arrivait de se tromper ; de temps à autre, un artiste authentique bénéficiait de la manne officielle. Le personnel du sous-ministère, composé de quelques chefs de bureau et commis, ne coûtait pas cher.

Quand on créa l'UNESCO, après la guerre, un farceur dit que c'était « un fromage sur un nuage ». L'infériorité des fromages d'aujourd'hui par rapport aux fromages d'antan est qu'on ne sait pas qui les mange. En l'occurrence, ce ne sont plus les rapins barbouilleurs de scènes historiques, les sculpteurs fabriquant des effigies de Gambetta en complet-veston, mais des fonctionnaires internationaux, anonymes quoique opulents, et dispensés de l'impôt.

Il doit être possible de savoir si, en dehors de faire vivre ses employés, l'UNESCO sert à quelque chose. Parfois, j'ai eu des velléités de m'en informer, mais je tombais sur des choses si rebutantes que cette curiosité ne durait guère. Nulle époque autant que la nôtre, je crois, n'a chéri l'ennui. L'UNESCO, à en juger par le peu que j'en connais, me semble imbattable dans ce genre. Qui peut lire ses revues, rapports, catalogues, inventaires et documents divers ?

Vialatte, il y a une vingtaine d'années, me donna son opinion sur l'ONU, qui n'était pas fameuse. Il considérait que cet organisme était devenu « un promenoir d'anthropophages ». Il me semble que l'UNESCO est un peu la même chose. De là les manipulations politiques dont il est l'objet, car la Culture, selon le vocabulaire des brigands, est une excellente « couverture » pour les intrigues. Culture, de nos jours, veut dire n'importe quoi, et ce qui veut dire n'importe quoi peut servir à tout.

Les États-Unis, décidant de ne plus allonger leurs cinquante millions de dollars annuels à l'UNESCO, m'ont surpris. Je ne les croyais pas capables de tant d'audace, non plus qu'aucune autre nation du reste. Je serais bien content si la France suivait cet exemple, mais nous n'avons pas tant de vigueur ni, je le crains, de bon sens. Le général de

Gaulle, quand il décida que la France sortirait de l'OTAN, expédia le quartier général des forces alliées à Bruxelles. On pourrait expédier l'UNESCO à Conakry. Il est fâcheux qu'Amin Dada ne règne plus en Ouganda. Il aurait été enchanté de ce cadeau.

LA GUERRE AUX CIVILS

Je lis fréquemment dans les journaux des articles dédaigneux sur le désir de sécurité des Français. Les rédacteurs de ces morceaux que je n'ose qualifier « de bravoure » méprisent beaucoup le Français dit moyen de tenir à sa vie, à celle de sa famille, à ses petites cuillers, à ses économies. Ils jugent ces considérations mesquines au regard de la réforme de la justice à laquelle nous assistons.

Ma foi, au risque de me faire mal voir, je ne donne pas tort au pauvre Français moyen. Son instinct de conservation me paraît sain. A sa manière rudimentaire, il a compris une chose que n'ont pas comprise les personnages qui nous gouvernent et une certaine catégorie d'intellectuels : que, parmi les diverses guerres inédites dans lesquelles est plongée l'humanité de la fin du XXe siècle, il en existe une entre les bandits et les honnêtes gens, entre les terroristes et les paisibles civils.

Cette guerre est très inégale, car les bandits et les terroristes non seulement sont armés jusqu'aux dents, mais encore n'observent pas les lois de la guerre qui comportaient un peu d'honneur, celui-ci consistant, en premier lieu, à ne se mesurer qu'avec des ennemis armés eux aussi, et à épargner les femmes et les enfants.

A présent, il n'y a plus de front. Il n'y a plus que l'arrière, c'est-à-dire des populations sans défense qui supportent de plein fouet le choc de l'ennemi. Le célèbre dessin de Forain représentant deux poilus disant à propos des civils : « Pourvu qu'ils tiennent ! » n'a aucun sens aujourd'hui. L'ennemi de 1984 néglige les combattants professionnels et concentre ses coups sur l'arrière, en espérant qu'il ne tiendra pas.

On a inventé un mot pour ces actions guerrières : la déstabilisation. Mais déstabiliser un vieux pays très structuré comme la France est une entreprise de longue haleine. Le Français moyen, avec ses défauts si souvent dénoncés, a une qualité qui le sauvera peut-être : les sophismes des intellectuels ne mordent pas sur son esprit obtus. On oublie aussi que, quand il nous arrive de gagner des guerres, ce sont des Français moyens qui les gagnent. Encadrés par des Français supérieurs, certes. Il en surgit parfois, si étonnante que cette supposition puisse paraître ces temps-ci.

TOUTE LA VÉRITÉ (ENFIN) SUR L'AFFAIRE DES AVIONS RENIFLEURS

M. Yves Montand a déclaré que le gouvernement ne devrait point se livrer au « triomphalisme » à propos de l'affaire des avions appelés renifleurs, vu que la majorité actuelle pourrait bien être, à l'occasion, dupe d'une escroquerie du même genre.

Remarque pertinente, car elle évoque une constante du caractère français, qui est l'attirance pour les filous. Je l'ai observé cent fois dans la vie privée. Le bourgeois, si méfiant avec les honnêtes gens, implacable le cas échéant, a toutes les complaisances pour les aigrefins. Il écoute avec extase leurs boniments, il se laisse soutirer des millions, il se ruine, il se met dans des situations effrayantes.

L'escroc, apportant des affaires mirobolantes, qui ont l'apparence du vrai sans en avoir le côté triste et compliqué, représente, aux yeux du bourgeois, la Poésie. Devant l'escroc, le bourgeois perd tout esprit critique ; il le prend pour une bonne fée, pour un ange descendu du ciel dans l'unique dessein de l'enrichir. Pas un instant l'idée ne l'effleure que l'autre n'a aucune raison de lui faire ainsi du bien et encore moins que lui mérite ce miracle.

Il s'est passé certainement un phénomène de cet ordre lorsque les inventeurs de l'avion renifleur de pétrole et de sous-marins sont venus proposer leur marchandise aux dirigeants de la société Elf-Erap. Le romanesque de la chose, son allure de science-fiction les ont émerveillés. Ils se sont pris pour des esprits audacieux. Ils auraient été socialistes que c'eût été pareil, car les socialistes sont des bourgeois de gauche. C'est leur seule différence avec les bourgeois de droite. Pour le reste, même esprit, même caractère, même crédulité mal placée, même hostilité à l'encontre des gens sérieux ou honnêtes. Quand on est un homme grave, investi de responsabilités, maniant de grosses sommes d'argent, on est très vulnérable. Les idées politiques n'y changent rien. Je ne connais que les artistes, réputés farceurs et n'ayant en général pas d'idées politiques du tout, qui aient un nez infaillible pour dépister les crapules.

Les vertueux socialistes n'ont pas vu un autre aspect, fort cocasse, de l'affaire des avions renifleurs, à savoir qu'à sa manière celle-ci fait le réquisitoire des nationalisations. En effet, Elf-Erap est une société d'État. Ce n'est pas leur argent que ses patrons engagent dans leurs opérations financières ou dans leurs recherches, mais celui des contribuables. Les hauts fonctionnaires sont généralement consciencieux et honnêtes, ils font de leur mieux pour que marchent les entreprises qu'on leur confie. Il n'en reste pas moins que l'on a toujours quelque désinvolture avec les deniers de l'État. On les risque avec plus de facilité que s'ils sortaient de votre compte en banque. Les deniers de l'État sont comme les soldats en temps de guerre : les généraux les envoient dans des secteurs dangereux où ils n'iraient pas d'eux-mêmes.

Si Elf-Erap avait été une société privée, elle aurait peut-être plus renâclé qu'elle n'a fait à verser sept cents millions aux mirliflores qui l'ont éblouie avec leurs discours captieux, elle aurait été avare et prudente comme l'étaient les entreprises françaises jusqu'à ce que l'État en fît des services publics.

On a beaucoup médit de cette prudence et de cette avarice ; on a beaucoup dit que le retard industriel de la France s'expliquait par la pusillanimité des capitalistes qui préféraient des profits sûrs et limités aux hasards de l'audace et de l'expansion. Les capitalistes sans imagination avaient en tout cas une supériorité sur les fonctionnaires prodigues qui les ont remplacés : ils souffraient dans leur chair quand leur maison s'appauvrissait ; chaque sou gaspillé était comme une goutte de leur sang versée inutilement.

Pour user d'une autre métaphore, les capitalistes sont des acrobates qui travaillent sans filet. S'ils font un faux mouvement, ils s'écrasent par terre. Les directeurs et présidents placés par le gouvernement à la tête des entreprises nationalisées ont plusieurs filets pour les recueillir s'ils se cassent la figure et entraînent toute la boutique dans leur chute. On leur confie une autre boutique, puis une autre encore quand celle-ci est détruite à son tour, et ainsi de suite.

En démocratie, les échecs ne sont jamais des obstacles aux ambitions personnelles. Au contraire, on ne se lasse pas d'employer un garçon qui a semé les ruines sur son chemin : cela finit par lui donner une réputation de spécialiste. Et quand il est vieux un dernier filet l'attend, qui est la retraite. Avec les nationalisations, il n'y a plus de sanction pour les incapables, il n'y a plus de sélection naturelle des chefs d'entreprise. Par suite, il n'y a plus de morale commerciale.

Dernière remarque : je ne sais évidemment pas ce que c'est que la magnétométrie. Toutefois, je crois me souvenir que c'est grâce à cette jeune science que l'on a retrouvé naguère l'épave du navire *La Méduse* qui gisait au fond de la mer. Il s'ensuit que les avions renifleurs, dont le principe est la magnétométrie justement, ne sont peut-être pas tout à fait une escroquerie. Il serait plaisant qu'un jour ces avions renifleurs refissent surface, si j'ose dire, et qu'on nous les vendît une seconde fois. Ce qui serait encore plus drôle, c'est que, ce coup-là, nous n'en voulussions plus et que ce fût l'URSS qui les achetât. J'ignore si cette grande puissance possède une Cour des comptes. En tout cas, si elle en a une, je serais très étonné que la *Pravda* publiât ses rapports. Ce canard-là est plus enchaîné qu'un autre.

L'HOMOSEXUEL ET LE PRÉPOSÉ

Ayant utilisé le mot « pédérastie » dans une nouvelle, un lecteur m'a écrit pour me gronder sur l'impropriété de ce terme. D'après lui, j'aurais dû écrire « homosexualité ». Je lui répondis que l'homosexuel me semblait être au pédéraste ce que le préposé est au facteur.

Je ne croyais pas si bien dire. Tout à l'heure une jeune demoiselle portant une sacoche en bandoulière sonne à ma porte. Je lui ouvre et lui demande qui elle est.

— C'est la factrice, déclare-t-elle.

— Vous devriez dire la préposée, remarquai-je.

La demoiselle partit à rire et m'expliqua que, si elle se servait de ce vocable, personne ne la comprendrait.

— Préposée n'a pas pris, ajouta-t-elle. Tout le monde dit facteur. D'ailleurs, c'est plus joli.

— Très juste, dis-je. Mais alors pourquoi pas « facteuse » ?

— J'aime mieux factrice, comme cantatrice. Ça fait plus chic que chanteuse.

Cette petite conversation me rendit très heureux. Le langage populaire, pour une fois, avait rejeté le pédantisme euphémique de l'administration. Quand renverra-t-on au néant le triste homosexuel et reviendra-t-on au bon vieux pédéraste de nos pères ? C'est en bonne voie, je crois. Le peuple dit plutôt « pédé » qu'« homo ». N'oublions pas (même si nous sommes des fanatiques d'André Gide) la parole de Voltaire : « C'est la canaille qui fait le fonds des dictionnaires. »

BOULEVARD ARAGON

Je ne fais pas mon compliment à la municipalité de Chauvigny (Vienne) qui a débaptisé la place Aragon, ainsi nommée par la précédente municipalité, communiste, et lui a rendu son vieux nom de place de la Poste.

La gauche — et spécialement la gauche communiste — est ridicule avec sa manie de donner aux rues des noms de politiciens éphémères, français ou étrangers, pour la seule raison qu'ils ont été de bons militants. Mais le cas d'Aragon est différent. Ce grand poète, à la minute même de sa mort, a cessé d'appartenir au parti communiste. Il est entré dans l'histoire de la littérature française. De son vivant, c'était le camarade de Marchais. A présent, c'est celui de Victor Hugo.

Il est sans importance que l'on débaptise des rues Allende ou Lénine qui ne nous sont rien. Je sacrifierais tous les quarante-huitards d'un cœur léger aux revanches de la droite. Mais Aragon, halte-là ! Effacer son nom illustre en 1984 est aussi bête que de refuser, il y a cent ans, d'écouter *Lohengrin* parce que Wagner était allemand.

C'est à Paris qu'il serait beau de donner une rue ou une avenue à Aragon. Pourquoi pas le boulevard Arago ? Il suffirait d'ajouter une lettre. M. Chirac et le Conseil parisien devraient prendre cette décision. Elle ferait honneur à leur libéralisme, et à peu de frais. Il ne faut pas laisser Aragon au seul parti communiste : il ne mérite pas ce cadeau.

STRASBOURG TERMINUS

On dit que M. Delors va présider la liste des candidats socialistes aux élections européennes. On dit que M. Max Gallo sera l'un des ornements de cette liste. J'ai lu cela dans les gazettes, accompagné du commentaire adéquat, à savoir que MM. Delors et Gallo regardent avec concupiscence la gare de Strasbourg, qui m'a l'air d'être une voie de garage pour les politiciens fatigués encore plus confortable que celle du métro Luxembourg.

Il faut convenir qu'ils ne sont pas à la noce dans les postes qu'ils ont actuellement. On ne comprend d'ailleurs pas très bien pourquoi ils les ont acceptés, surtout M. Delors, seul homme raisonnable du gouvernement, qui avait prédit en détail, il y a deux ans, les calamités diverses que ne manqueraient pas d'entraîner des réformes précipitées et excessives. Voyant qu'il avait affaire à des fous obstinés qui n'entendraient jamais raison, que ne s'est-il alors retiré ? Il a préféré rester là, par abnégation sans doute, et même jouer le plus mauvais rôle, celui de ministre des Finances, qui consiste à rattraper un peu de l'argent que les autres ont jeté par les fenêtres.

Pour ce qui est de M. Gallo, il est moins surprenant qu'il ait consenti à être ministre, encore qu'on lui ait confié une tâche bien ingrate. Être le porte-parole d'un gouvernement qui ne fait que des bêtises et, par-dessus le marché, les fait maladroitement doit demander de grands efforts dialectiques. Mais M. Gallo, je suppose, comme la plupart des hommes de lettres, a la hantise du second métier. On lui en offrait un, bien payé, laissant des loisirs pour écrire des romans, lui faisant même de la publicité : il a été ébloui.

A l'usage, le second métier s'est révélé envahissant et exténuant. Sans compter que les confrères, la critique et les échotiers lui feront payer cher dans l'avenir ses splendeurs d'aujourd'hui. Député au Parlement d'Europe sera un second métier incomparablement plus agréable. A Strasbourg, M. Gallo se fera oublier autant que s'il était à Vierzon ou à Melbourne. S'il a la lubie de prononcer des discours, nulle radio ne les transmettra, nul journal ne les reproduira et, pendant qu'il babillera, ses collègues dormiront avec une parfaite obligeance sous leurs écouteurs.

Je souhaite à MM. Delors et Gallo qu'ils soient élus. Les choses étant ce qu'elles sont (et ce qu'elles seront), c'est ce qui peut leur arriver de plus heureux. L'étonnant est qu'ils le sachent. Généralement les ministres ne voient pas si loin.

ON NE RÈGNE PAS INNOCEMMENT

La politique produit des antithèses telles que nul philosophe n'oserait en rêver. Leur signification, malheureusement, est toujours la même, à savoir que le réel l'emporte à tout coup sur l'idéal.

Hormis quelques pessimistes cyniques, qui eût dit, le 5 juin 1981, que le gouvernement et le chef de l'État considéreraient comme une grande victoire d'avoir vendu pour trente-cinq milliards d'armes à l'Arabie Séoudite ?

Ce jour-là, M. Mitterrand, nouveau président de la République française, inaugurant le Salon aéronautique du Bourget, ordonna que les avions et hélicoptères militaires fussent débarrassés de leurs canons, mitrailleuses et roquettes. Il ne voulait pas que son regard socialiste fût souillé par le spectacle de ces instruments de mort. Je ne pus m'empêcher de songer aux vers de Molière :

Par de pareils objets les âmes sont blessées
Et cela fait venir de coupables pensées...

Je me le reprochai, pestant une fois de plus contre cette fichue tournure d'esprit que j'ai de rire des beaux gestes plutôt que d'en être ému. « Le président est certainement sincère, pensai-je. C'est moi qui ai tort de voir de la pose ou de la tartufferie dans son attitude. Nous entrons dans une période nouvelle de la politique, où les actions seront conformes aux paroles. Cela nous changera des affreux réalistes qui mènent le monde depuis qu'il existe. » Pour être équitable avec moi-même, j'ajouterai que cette réflexion fut très fugitive, et que je retombai aussitôt dans mon scepticisme.

Il n'est pas de vertu qui, en deux ans et demi, tienne contre les coups de la nécessité ; il n'est pas de mains si propres qu'elles ne finissent par se salir au contact quotidien des choses. L'industrie de l'armement est nécessaire à la France, d'abord pour sa sécurité propre, ensuite pour son économie. Il s'ensuit qu'il faut fabriquer autant de canons que nous le pouvons et vendre ceux que nous ne gardons pas pour nous. Le Projet socialiste peut bien proclamer le contraire, cela ne changera rien ; il faut s'y plier, socialiste ou non.

Sartre est le grand homme des gens qui nous gouvernent. Mais ils ne l'ont pas entièrement lu. Ils ne connaissent pas une de ses pièces, intitulée *Les Mains sales*. Celle-ci a pour thèse que l'on ne règne pas innocemment et que, si l'on veut faire le bonheur des hommes, on ne doit pas rechigner devant des actions que la morale réprouve. Y compris la morale socialiste, qui est supérieure à toute autre, comme on sait.

DE L'INFLUENCE DE LA CANTINE DE LA BBC SUR LES PROPHÈTES

Depuis une trentaine d'années, les gens de mon âge attendaient 1984 avec appréhension, à cause d'Orwell. Ce petit Dante anglais nous avait montré l'enfer qui nous guettait, nous autres pauvres enfants du XXe siècle. Cet enfer-là était plus effrayant que celui de la *Divine Comédie* pour deux raisons : parce qu'il n'était que l'extension à la terre entière d'une tyrannie qui existait déjà, et surtout parce que, pour y atteindre, on n'avait à franchir aucun Léthé. L'horreur était là, toute proche. Nous nous dirigions vers elle de notre pas habituel, sur nos deux jambes, avec notre corps à trente-sept degrés, nos souvenirs de bonheur, nos sentiments d'autrefois. Nous allions y pénétrer sans savoir comment, ce qui est le comble de l'infortune. Les damnés de Dante avaient choisi leur damnation ; avant qu'ils ne fussent offerts à Satan, leurs actes avaient été pesés, leur vie avait été jugée. Nous, nous étions tous promis à la Géhenne, justes et pécheurs confondus dans la même malédiction.

L'enfer humain n'est pas une éternité de douleur. Il ne dure que l'espace d'une vie. Mais, au contraire de l'autre enfer, on ne peut compter sur aucun Jugement dernier pour en arrêter les tourments. Il est absolu, il est définitif, complètement désespérant, puisqu'on décrète que, quand l'homme meurt, il tombe dans le néant, que nul Dieu n'existe pour le faire renaître dans la félicité.

En 1949, date où fut publié *1984*, j'étais à Londres. Je travaillais à la BBC. Orwell y avait travaillé aussi, pendant la guerre. Je rencontrais quotidiennement ses anciens collègues devenus les miens. Ils prétendaient qu'il s'était inspiré des menus de notre cantine pour inventer la nourriture qu'absorbaient les malheureux héros de son livre. Cela est bien possible, car les plats qu'on nous servait étaient difficilement concevables pour un Français et, si je parvenais à les décrire, plongeraient dans l'incrédulité un lecteur d'aujourd'hui, même anglais. Cela est possible, dis-je, mais cela prouve également que sur un point au moins Orwell s'est trompé.

Le propre des fables est de donner du monde une image poussée au noir afin de mettre les hommes en garde. Avec *1984*, Orwell a écrit une fable. Celle-ci est plus impressionnante qu'une autre dans la mesure où elle reproduit une illusion ou un préjugé qui a pesé sur nous trente ans durant et dont on commence à se débarrasser : la marche de l'histoire.

Cette extravagante notion selon laquelle l'humanité se dirige inéluctablement vers une certaine forme de société, à l'exclusion de toute autre, que nous devons accepter cet avenir, que rien ne sert de se rebeller puisque de toute façon les destins s'accompliront, est le triomphe de la propagande politique. Tous les despotismes, au cours des siècles, ont tâché de prouver qu'ils étaient l'aboutissement définitif de l'histoire, mais aucun n'est parvenu à le faire croire autant que le régime communiste. Il a frappé le monde d'enchantement, il l'a hypnotisé. Il lui a dit : « Dormez, je le veux » et le monde a dormi.

Dieu merci, il n'est pas de sommeil hypnotique dont un patient ne finisse par sortir. Il n'est pas de construction politique ou intellectuelle que l'action de la nature ne ronge et ne détruise. Tôt ou tard, les monuments les plus superbes tombent en ruine et l'herbe les recouvre. Peu à peu, insidieusement, l'herbe a recouvert cet étonnant monument de la superstition au XXe siècle qu'est la marche de l'histoire.

Orwell avait assez une tête à la Dante : maigre, l'œil perçant, la physionomie sévère. Comme Dante, il avait été plongé dans les convulsions politiques de son temps, et son enfer, comme celui de la *Divine Comédie*, est peuplé de ses ennemis. Il serait quand même plaisant qu'il débarquât dans le Londres de 1984. A mon avis, ce qui le surprendrait le plus, c'est de voir que son grand dictateur *Big Brother* est une dame, laquelle a été benoîtement élue ainsi que cela s'est toujours fait en Grande-Bretagne, et par des conservateurs encore. *Big Sister* change tout. Non que les femmes soient moins méchantes que les hommes, mais elles ont quelque fantaisie qui rend leur domination moins ennuyeuse. Si l'on me donnait à choisir d'être un sujet de Pierre le Grand ou de la Grande Catherine, c'est celle-ci que je prendrais sans hésitation. Il y a chez les femmes plus de probité que chez les hommes, plus de sérieux aussi, ce qui les empêche de tomber dans d'aussi grandes horreurs.

Orwell serait étonné de même par la France. Ici, *Big Brother* s'appelle « Tonton », ce qui a quelque chose de familial, de bon enfant, qui ne s'accorde pas avec ses imaginations sulfureuses. Quant au socialisme à tête de linotte que nous avons, il ne ressemble guère au socialisme à tête de méduse de *1984*.

Les vrais *Big Brothers* se trouvent évidemment à Moscou et à Washington. Mais, là encore, quelle déception pour Orwell, quel travail de termite de la nature ! Le *Big Brother* russe est si vieux et si malade qu'on n'est même pas sûr qu'il soit encore en vie. En Amérique, on est plus capitaliste que jamais, et le *Big Brother* de la Maison-

Blanche n'est pas moins réactionnaire que la *Big Sister* de Downing Street.

Je trouve très sage une réflexion de Bernanos : « L'optimiste est un imbécile heureux, le pessimiste est un imbécile malheureux. » Les prophètes sont volontiers pessimistes, quoique ce ne soit pas forcément des imbéciles. Il est plus agréable de prédire des malheurs que des bonheurs ; l'on accroche plus facilement l'attention des hommes, à qui la perspective d'un avenir tragique donne un inexplicable sentiment de grandeur, comme s'il était plus poétique d'être embêté que d'être tranquille. Le monde n'est jamais tout blanc, tout rouge, tout noir. Il est gris, que cela nous plaise ou non. Tantôt gris foncé, tantôt gris clair. Et plusieurs sortes de gris existent en même temps sur la carte. L'ennui pour les écrivains est qu'on ne fait pas un tableau très captivant avec des gris, en trouvât-on une infinité de nuances.

UNE GIFLE AU ROI DE PRUSSE

L'affaire du général allemand Kiessling, limogé parce qu'on le soupçonne de pédérastie, doit faire retourner dans sa tombe le Grand Frédéric, roi de Prusse, qui était porté sur la bougrerie, et que cela n'empêcha pas d'être le monarque le plus intelligent, le plus philosophe, le moins scrupuleux, le plus glorieux de son temps, et un excellent stratège. Il inventa le fameux « ordre oblique » qui domina l'art de la guerre jusqu'à Napoléon.

Toute l'Europe connaissait les goûts du roi de Prusse et s'en amusait. Exemple, ces vers de Palissot cités par le duc de Castries dans son ouvrage sur la marquise de Pompadour :

Peux-tu condamner la tendresse
Toi qui n'en as connu l'ivresse
Que dans les bras de tes tambours ?

Une des plaies de notre époque est le mélange des genres. La manie du XXe siècle est de fourrer de la morale partout, et singulièrement dans la politique où elle n'a que faire. Les Américains ont destitué le meilleur président qu'ils aient eu depuis cent ans pour l'espièglerie du Watergate. Je ne sais si le général Kiessling est un grand homme. Il me semble en tout cas très puéril et très bête de le chasser de la Bundeswehr à cause de ses mœurs.

S'il y a un endroit où ces sortes de choses sont traditionnelles, c'est bien l'armée. On ne compte plus les grands chefs militaires qui donnaient dans ces fantaisies, ne serait-ce que Jules César pour l'Antiquité et le Grand Condé sous Louis XIV. Nous avons eu d'autres maréchaux, et non les moins fameux, qui avaient les mêmes habitudes. De l'un d'eux, Clemenceau disait : « Cet homme-là a indiscutablement des c... au c... mais pas toujours les siennes. » Un des passages les plus touchants de *L'Énéide* est l'aventure des deux soldats Nisus et Euryale, unis dans le trépas autant que dans l'amour.

En écrivant cette défense et illustration des amitiés militaires, je ne prêche nullement pour mon saint. Elle en serait, je pense, affaiblie. Je suis tout au contraire l'admirateur convaincu du beau sexe. J'entends le féminin. Mais le mélange des genres m'exaspère, ainsi que la tartufferie démocratique, bien pire que le cynisme des aristocrates.

APPEL À L'INSURRECTION

Ordinairement, je traite de sujets badins, tels que la situation dans le monde ou la politique en France. Les lecteurs me savent gré de me cantonner dans ces bagatelles pour personnes désœuvrées. Qu'ils me pardonnent, pour une fois, de parler d'une chose sérieuse, importante, qui tient à notre âme même : la cour du Louvre.

J'ai contemplé avec atterrement comme tout le monde la maquette représentant la pyramide en miroiterie que le président de la République désire que l'on érige devant ou derrière l'arc de triomphe du Carrousel. D'après M. Pei, architecte chinois qui l'a inventé, cet objet, haut de vingt mètres, réfléchira les couleurs du ciel, comme le building des pétroles Ewing à Dallas.

Ce sera, évidemment, atroce. La cour du Louvre n'est pas un endroit où l'on peut déposer n'importe quoi. Comme disent les journaux, il y a là « un ensemble architectural ». Le Louvre, les Tuileries sont une des composantes séculaires du paysage parisien. Il faut les laisser tels qu'ils sont. Il ne faut surtout pas les « améliorer ». Je ne pense pas qu'on ait plus de talent aujourd'hui, même en se faisant aider par un architecte chinois, que sous Louis XIV ou même sous Mac-Mahon, lorsqu'on rebâtit la portion des Tuileries incendiée par les communards.

Un des charmes du général de Gaulle (parmi beaucoup d'autres) est qu'il n'avait pas la moindre idée esthétique, non plus, du reste, que ses prédécesseurs, les présidents de la IIIe et de la IVe République. Ces bonnes gens n'auraient jamais osé se mêler d'urbanisme, jugeant sans doute qu'on ne les avait pas élus pour cela.

Ils ne se prenaient pas pour le roi de France, et ils n'avaient pas tort, car il en est du roi de France comme du gazon anglais qui est ce qu'il est parce qu'on le tond depuis six cents ans. La famille Capet avait six cents ans de bon goût derrière elle. Les familles de nos présidents, si honorables qu'elles soient, ne sauraient y prétendre. De là, les gratte-ciel du front de Seine, cette effarante pyramide et diverses autres horreurs.

Il est légitime que le président de la République ait un domaine réservé. Mais restreint. A la politique. Et étrangère si possible. Mettre le nez partout, changer Paris, décréter des opéras à la Bastille et des morceaux de verre dans la cour du Louvre, c'est du despotisme. L'insurrection est le premier des devoirs.

FÉVRIER

LE MONDE EST MENÉ PAR DEUX CUIRASSIERS. GOETHE N'AVAIT PAS TORT ET LA DÉCOLONISATION A FAIT LE MALHEUR DE TOUS

La décolonisation a été une tragédie pour tout le monde. La plupart des malheurs présents viennent de là. Elle a été imposée aux vieilles nations européennes par deux superpuissances qui ne voyaient pas plus loin que le bout de leur nez. Les États-Unis et l'URSS nous ont forcé la main, les uns par puritanisme moral, l'autre par machiavélisme athée. En fin de compte, les mauvaises intentions de l'URSS étaient aussi stupides que les bons sentiments des États-Unis.

On disait autrefois que, pour faire un bon cuirassier, il fallait être « grand, fort et bête ». Le monde d'aujourd'hui est mené par deux cuirassiers qui nous obligent, nous autres, vieux généraux à la retraite, à manœuvrer comme des bleus.

Les peuples décolonisés ont plus souffert de la décolonisation que les anciens peuples colonisateurs. Ceux-ci n'y ont vu que des avantages. Posséder des colonies n'avait plus grand sens après la dernière guerre et l'essor économique qui l'a suivie. Les colonies étaient des boulets que nous traînions aux pieds et qui nous empêchaient de nous élancer dans la prospérité industrielle. Nous les avons larguées avec un mélange de soulagement et de regret hypocrite. Nous étions bien contents, au fond, de n'être plus responsables de ces pauvres qui nous empêchaient d'être riches, bien contents d'avoir eu la main forcée. Ainsi nous avions le bénéfice de la chose et nous pouvions prendre l'air martyr.

Les préjugés de la démocratie, en l'occurrence, nous ont été utiles. Surtout celui de l'égalité. On a découvert que les peuples colonisés étaient les égaux des peuples colonisateurs, qu'ils étaient mûrs pour se gouverner eux-mêmes selon les règles sublimes de l'Occident, avec deux Chambres et un gentil président. Cette imposture a causé les horreurs que l'on sait. Une partie de l'Afrique est tombée dans des tyrannies cannibales ou des marxismes aggravés par la sorcellerie, le Proche-Orient s'est entre-tué, l'Asie après diverses inhumanités connaît une misère qui l'étonne elle-même.

Le mythe de l'égalité a produit cette scandaleuse disparité : d'un côté des nations insolemment riches, de l'autre des populations inimaginablement pauvres. Il a créé un sous-prolétariat planétaire qui n'existait pas au temps des colonies. Ce sous-prolétariat a même un nom : on l'appelle « tiers monde », curieuse trouvaille, au demeurant, car si l'on voit bien où est le premier monde, on ne voit pas où est le deuxième. A moins que ce ne soit les pays satellites de l'URSS, nouvelles colonies nées du partage de Yalta.

Il est évident que, si les nations colonisatrices d'Europe occupaient encore leurs vieilles colonies, leurs protectorats et leurs mandats, nous n'assisterions à rien de ce sur quoi nous versons des larmes de crocodile. Les malheureuses populations à qui l'on a donné leur indépendance ou qui l'ont prise doivent, de temps à autre, penser nostalgiquement à ce qu'était la vie lorsque les Français (ou les Anglais) étaient là, non pas seulement pour administrer, pour « faire suer le burnous », comme on disait, mais aussi pour empêcher le malheur d'entrer.

Car il y avait cela, dans la colonisation, que personne n'ose plus évoquer aujourd'hui, de peur d'être traité de fasciste : le fort apportait sa protection au faible. Mieux que sa protection : il se substituait à lui dans les relations internationales. S'attaquer au Liban en 1925, c'était s'attaquer à la France, c'est-à-dire à l'une des grandes puissances d'alors, et la question, lorsqu'elle se posait, était vite réglée.

Plus je vieillis, plus je trouve sage une parole de Goethe qui, dans ma jeunesse, me révoltait : « Je préfère une injustice à un désordre. » Je ne savais pas ce que c'était que le désordre. Je l'ai appris par la suite. Le monde est dans un désordre affreux depuis 1945 sous prétexte de justice ou, si l'on préfère, de liberté, et nous sommes forcés de constater que l'injustice est partout, infiniment plus grande qu'aux époques prétendues injustes. Il y avait objectivement plus de justice pour les Cambodgiens quand l'ordre français régnait sur l'Indochine qu'il n'y en a aujourd'hui. Plus de liberté aussi.

Où est la liberté en Guinée chez Sékou Touré, où était-elle en Ouganda sous Amin Dada ? Quelle liberté a le Liban qui est le champ de bataille de l'Orient ? Mobutu est-il un maître plus libéral du Zaïre que le roi des Belges ne l'était du Congo ?

Les anciens pays colonisés ont à présent l'indépendance nationale. Malheureusement, ce n'est qu'un mot. On a remboursé avec un mot des peuples sur lesquels nous nous étions arrogé des droits et envers qui nous avions des devoirs. Notre devoir était, malgré les cris de l'URSS et des

États-Unis, malgré l'agitation consécutive des colonies excitées par les deux super-braillards, de rester sur place. Ce devoir-là n'était pas facile, mais quel devoir l'est ?

Nous avons renvoyé nos anciens protégés comme des domestiques, alors que c'était nos vassaux, c'est-à-dire des hommes à qui nous attachaient des liens de sang. Nous les avions intégrés dans un empire qui faisait leur force ; en leur retirant cet empire, nous les avons laissés exposés à tous les coups du destin. Et tous les coups du destin les ont frappés. Aimer, ce n'est jamais céder. Mais qui pense à nos anciennes colonies, en 1984, et qui y pense avec remords ?

C'est notre affaire du Tchad qui m'a mis dans ce train de pensée. Il y a quelque chose de déshonorant dans la façon dont nous nous conduisons là-bas. Les soldats français qu'on a cantonnés au milieu du pays, et qui ont avancé leur ligne de cent kilomètres parce que les partisans de Goukouni nous ont abattu un avion, cela me paraît le comble de la bêtise. On entérine la partition du pays, sans l'entériner tout en l'entérinant. On s'allie avec un chef de bande que l'on considérait comme un assassin il y a six ans contre un autre chef de bande soutenu par un trublion africain. Et cela se passe au Tchad, qui fut gouverné pour nous jadis par Félix Eboué, qui appartient à notre histoire, d'où partit le général Leclerc pour conquérir Koufra et rejoindre Montgomery à Tripoli !

Comment cela finira-t-il ? Comme ces sortes de choses finissent ordinairement : par un départ honteux camouflé en acte politique subtil. Dans l'honneur et dans la dignité. Dieu veuille que je me trompe. Mais je serais très étonné qu'il le voulût. Il ne nous veut guère de bien depuis une dizaine d'années.

LUNE DE MIEL À GAMBAIS

Le monde actuel m'effraie par son absence de superstition. Il ne croit ni à la chance ni aux maléfices, par rationalisme, sans doute. Aucune déconvenue ne parvient à lui faire entrer dans la tête qu'il existe des forces mystérieuses, qu'il faut fuir certains lieux ou certaines personnes, car le diable y habite ou les habite. Cela ne lui paraîtrait pas sérieux. Il ne se fonde que sur les apparences, il ne va jamais au-delà.

Quel comité a choisi la ville de Sarajevo pour y installer les Jeux olympiques d'hiver ? S'il était un endroit à éviter, c'était celui-là, dont il est sorti une guerre comme l'humanité n'en avait jamais connu, et neuf millions de morts, neuf millions de jeunes gens qui étaient la fleur de l'Europe.

Le coup de revolver tiré par le terroriste Princip sur l'archiduc François-Ferdinand n'a pas fini de retentir dans nos oreilles. Ce n'est pas les coups de revolver donnant le départ des descentes à ski qui en couvriront le bruit. Si j'étais un athlète, je refuserais d'aller m'exhiber dans une ville si manifestement élue par la fatalité. J'aurais trop peur d'y laisser ma peau. Sans compter que rien n'est dangereux comme le sport. La politique, à côté, est un métier de tout repos. Pour un archiduc tué dans l'exercice de ses fonctions, combien de champions sont morts pour avoir trop surmené leur cœur ou tout simplement se sont cassé la colonne vertébrale !

Aller à Sarajevo, c'est comme d'aller passer sa nuit de noces à Gambais pour une jeune mariée ou de prendre sa retraite à Sedan pour un général. Les Jeux olympiques étant ce qu'ils sont, c'est-à-dire non plus des rencontres sportives courtoises, mais un champ clos où les chauvinismes les plus querelleurs tâchent de s'humilier les uns les autres, et qui produisent toujours des bisbilles entre les nations, le fait qu'ils se déroulent à Sarajevo les rendra encore plus pénibles. On n'ose pas dire « plus explosifs » afin de n'être point taxé de mauvais goût.

SAVOIR ACHETER

M. Delmas-Vieljeux, l'armateur qui a commandé quatre navires aux chantiers yougoslaves sous prétexte qu'ils coûtent trois fois moins cher là-bas qu'ici, ne sait pas où est son intérêt. Il a eu de la chance que le gouvernement, avec une sagesse toute paternelle, ait annulé le marché. Il est des circonstances où l'on doit faire le bonheur des gens malgré eux.

Le bonheur de M. Delmas-Vieljeux consiste à dépenser un milliard supplémentaire pour rajeunir sa flotte. Il ne s'en doutait pas. Même aujourd'hui, je ne jurerais pas qu'il l'ait compris. Tel est le patronat, et principalement le patronat français : aveuglé par l'avarice.

C'est à croire que ces gens-là n'ont pas eu de mère. Qu'apprend une mère à son fils ? Qu'il ne faut pas acheter d'articles à bas prix, car ils reviennent plus cher que des produits d'un coût raisonnablement élevé. Ils s'usent plus vite ; les étoffes se froissent et attrapent des taches ; les chaussures durent trois mois et tombent en loques, le café au rabais a goût d'eau de vaisselle, la lessive en réclame ronge le linge, etc. Résultat : on est obligé de renouveler trois ou quatre fois la même camelote, ce qui finit par vous ruiner. Les prudentes ménagères, dans mon enfance, disaient : « Je ne suis pas assez riche pour acheter à bon marché. »

Quels rafiots en carton bouilli ajustés avec des bouts de ficelle et des boulons rouillés auraient livrés les Yougoslaves à M. Delmas-Vieljeux ! On frissonne en l'imaginant. Que serait-il advenu, sur ces cercueils flottants, de nos chers petits marins, dont la moitié au moins ne sait pas nager ? Mourir parce que l'armateur a voulu faire des économies, quelle dérision !

Avec la bonne construction navale française, M. Delmas-Vieljeux possédera des bâtiments qui défieront les siècles. L'inconvénient est qu'il n'aura peut-être plus un sou pour y mettre du carburant. Mais l'État pourra lui donner un petit milliard pour le dépanner. J'ai justement la poche grande ouverte pour qu'il vienne l'y prendre.

LA FRANCHISE EST UN VILAIN DÉFAUT, ET LA POLITIQUE PLANÉTAIRE UNE MAUVAISE POLITIQUE

Je ne suis pas enchanté par les déclarations de M. Galbraith, ambassadeur des États-Unis, à propos de M. Fiterman, ministre des Transports, qu'il a qualifié de « pauvre Français qui a mal tourné », et du parti communiste dont il a dit qu'il avait « des relations particulières avec l'URSS ».

Tout cela est exact, mais ce n'est pas à un ministre étranger en poste à Paris de le dire. Si les diplomates se mettent sur le pied d'être sincères, d'exprimer sans fard leur opinion, qui mentira ? Rien ne fait plus de dégâts que la franchise, dans la vie privée comme dans la vie publique. Les choses vont si mal aujourd'hui parce que tout le monde dit la vérité à tout le monde. Une petite bourgeoise ne peut plus tromper son mari sans tout raconter au cocu dans les vingt-quatre heures, sous prétexte de loyauté, de propreté morale et autres foutaises. De là l'épidémie de divorces. Il me semble qu'on était plus sage autrefois. Plus sage, c'est-à-dire plus discret.

M. Galbraith a été indiscret. A qui pensait-il apprendre quoi que ce fût avec ses vivacités ? Elles ne jettent même aucune lumière sur lui. On se doute bien qu'un ambassadeur de M. Reagan ne porte pas les communistes dans son cœur. Bref, il a perdu une bonne occasion de se taire.

Le général de Gaulle, du temps qu'il avait des communistes dans son gouvernement, entre 1944 et 1946, n'aurait pas goûté que l'on parlât comme M. Galbraith l'a fait. Les communistes français sont ce qu'ils sont, inféodés à l'URSS, désireux de nous imposer un régime politique qui nous hérisse, etc., mais c'est nous que cela regarde, et non pas un étranger, si proches que nous nous sentions de lui.

Ce qui m'ennuie le plus dans l'affaire est la jubilation de la droite, ravie que l'on ait envoyé son paquet au PC. La gauche non communiste ne doit pas en être fâchée non plus, mais elle n'a pas pu le montrer, au moins officiellement. Pour le privé, c'est une autre paire de manches. Le Premier ministre ayant convoqué M. Galbraith afin de lui faire des représentations, celles-ci n'ont pas dû être bien sévères, car en sortant de Matignon l'ambassadeur a révélé que M. Mauroy avait été « très gentil ». Moi qui ne suis pas socialiste, communiste moins encore, je n'aurais pas été aussi gentil.

Nos communistes, avant d'être communistes, sont français, même s'ils se sentent un cœur soviétique. Étant français, ils sont de notre famille, même s'ils proclament que leur seule famille est la classe prolétarienne internationale (pure vantardise, au demeurant : ils meurent pour la France quand il le faut, j'en suis témoin). Il est du plus mauvais ton de faire chorus avec un étranger qui se moque de quelqu'un de notre sang. On doit être aveuglément solidaire de ses proches, y compris s'ils vous mettent dans des situations ridicules ou impossibles, et les blâmât-on absolument. Quitte, ensuite, à vider la querelle entre soi. L'honneur est à ce prix.

Je regrette que M. Marchais ait été le seul à protester. J'eusse préféré que la protestation vînt d'ailleurs. M. Marchais a piqué une belle colère, il aurait eu tort de s'en priver. Il avait beau jeu de dire que M. Galbraith se croit au Honduras, au Nicaragua ou à la Grenade. C'était le genre de riposte que ses propos pouvaient lui attirer. Il aurait dû le prévoir.

On nous rebat les oreilles avec la « politique planétaire ». Il y a dans le monde deux grandes puissances qui se disputent le marché : le libéralisme et le totalitarisme. Elles se combattent partout où elles sont en présence, en actes et en paroles. Mais les anciennes politiques nationales continuent d'exister aussi, à côté. Elles ont gardé leur vieil attirail diplomatique et ses traditions. Tant que la politique planétaire ne les aura pas définitivement supplantées, il sera nécessaire d'avoir des ambassadeurs dans les capitales, c'est-à-dire des messieurs bien élevés dont le travail essentiel consiste à arrondir les angles, donner des formes acceptables aux antagonismes, s'exprimer par litotes, imposer la politesse aux monstres égoïstes que sont les États.

DERRIÈRE LE CHARABIA, IL Y A LE DIABLE

Mon camarade Chrestien, qui regarde la télévision et qui lit les journaux, m'envoie des lettres déchirantes et furibondes. Il a entendu une speakerine dire : « Jésus naquit et viva à Nazaretti. » Mon pauvre Chrestien, comment les gens ne parleraient-ils pas en charabia ? C'est quasiment forcé, avec tous les instruments à paroles qu'a créés le XXe siècle.

Les télévisions et les radios haranguent le peuple du matin au soir et du soir au matin. Cette frénésie de bavardage ne s'était jamais vue dans l'histoire de l'humanité. Il n'y a plus de silence nulle part. Or c'est dans le silence que se prépare le bon langage. Le silence de la lecture, par exemple. Quand on jacasse sans arrêt, on jacasse n'importe comment. L'essentiel n'est pas de dire des choses intéressantes ni de les bien dire ; il consiste à faire un bruit de voix, à « occuper l'antenne » selon la formule des professionnels.

La honte suprême pour un présentateur ou un commentateur serait de rester court, d'être frappé de mutisme. Cela lui paraîtrait aussi obscène que de montrer son derrière. Pour éviter cette humiliation, il vendrait son âme au diable. D'ailleurs, il la vend à sa façon, en débitant des inepties pour meubler sa fichue antenne, en faisant des fautes de français, en jargonnant franglais. Et le diable le paie (modiquement) en lui versant pour ses péchés un cachet ou un salaire. L'affaire est excellente, car le diable prend l'argent dans la poche des contribuables. Ainsi fait-il damner les uns par les autres.

PREMIER PRIX DE PRÉSIDENCE

Si j'étais politicien de mon état, j'aurais l'œil fixé sur M. Reagan, afin de lui voler ses recettes. Il représente l'unique réussite qu'ait comptée le monde depuis sept ou huit ans dans le genre présidentiel. Mrs. Thatcher, encore qu'elle se soit assez bien débrouillée elle aussi, n'a pas atteint son niveau de popularité. Je prends le pari que M. Reagan sera réélu avec soixante ou soixante-cinq pour cent des voix. Comme Nixon.

Mais je lui vois diverses supériorités sur Nixon. D'abord, il est moins intelligent. C'est très important. Les gens intelligents font peur et ont ainsi beaucoup plus d'ennemis que ceux qui n'ont pas leurs facultés ; ensuite ils commettent des imprudences, comptant un peu trop sur leur génie. Péché d'orgueil dans lequel ne tombent pas les individus moyens.

M. Nixon était avocat comme n'importe qui. M. Reagan a eu une formation politique mieux adaptée au monde moderne : il a débuté dans la vie comme acteur. On lui a appris à se faire photographier sous son bon profil, à sourire gentiment, à réciter des textes avec le ton qui convient, à avoir l'air naturel, à refléter sur son visage les sentiments les plus étrangers à sa nature.

A présent que le principal travail d'un président est de faire des numéros à la télévision, une pareille technique est inestimable. Je ne vois personne, sinon un autre acteur, qui soit de taille à se mesurer à M. Reagan, lequel, outre ses vertus intrinsèques, connaît toutes les ficelles de la publicité hollywoodienne et s'en sert chaque jour depuis trois ans.

A peine était-il élu qu'un imbécile lui tira dessus à coups de revolver et le blessa un peu. Je fus si émerveillé par tant de chance que je me demandai s'il n'avait pas organisé lui-même cet attentat. Je crois qu'au cours des quarante mois pendant lesquels il a occupé la Maison-Blanche, il n'a fait aucune faute. Avec l'affaire de la Grenade, si vite et si bien menée, il a remporté un succès encore plus brillant (et moins coûteux) que Mrs. Thatcher aux Malouines.

Enfin, les honnêtes gens qui, aux États-Unis comme ailleurs, sont la majorité, ont le sentiment qu'il est de leur bord. Cela aussi est presque unique dans le monde de maintenant. En réduisant les impôts, M. Reagan a montré qu'il honore le travail ; en approuvant les pères de famille d'avoir une arme pour se défendre, il a fait savoir aux bandits que ceux-ci n'étaient plus en sûreté.

Il n'y a rien là que du bon sens. C'est pour cela que M. Reagan est si difficile à imiter.

LEURS FIGURES !

Je ne comprends pas que l'Assemblée nationale ait autorisé le cinéma et la télévision à filmer ses séances. Les membres du Parlement britannique ne sont pas tombés dans ce piège : il est toujours interdit d'introduire des caméras aux Communes. Une Chambre où se font les lois et où l'on discute des affaires de la nation ne doit pas être une maison de verre. Le pouvoir a besoin de mystère pour que le peuple le respecte.

Je dis mystère, je ne dis pas secret. Il est légitime que les citoyens sachent ce que leurs représentants décident, discutent ou abolissent. Il est inutile qu'ils voient ces mêmes hommes dans la quotidienneté de leurs travaux (ou de leur paresse).

La plupart du temps, l'hémicycle est aux trois quarts vide. On aperçoit un malheureux par-ci par-là, tout seul dans sa travée, qui a l'air de périr d'ennui. Quatre ou cinq ministres font des messes basses ou ricanent au banc du gouvernement. Comble de tristesse, le président sur son perchoir n'est même plus en frac, à l'instar de ses prédécesseurs. Il porte un complet-veston comme n'importe qui. Bientôt, pour faire encore plus moderne, il oubliera de mettre une cravate.

Le plus accablant est les orateurs, s'ils méritent encore ce nom. Ils lisent en ânonnant un texte pâteux, interminable, bourré de clichés. Ils ont la voix blanche, le ton monocorde, ils butent sur la ponctuation. Plus personne n'improvise. Les députés montent à la tribune en croulant sous les paperasses. Où est Briand avec sa voix de violoncelle ? L'art oratoire est tombé dans la même décadence que les autres arts. Et voilà maintenant que M. Mermaz inflige des amendes aux députés qui ont un peu de vivacité dans le langage !

La Chambre des communes est plus amusante que notre Assemblée. D'abord, elle n'est pas disposée en hémicycle, ce qui lui donne quelque chose de familier. Les parlementaires sont face à face et parlent de leur place. Ensuite, ils n'ont pas le droit de lire. D'où une vie, une animation qu'il n'y a plus chez nous.

Quel dommage que le cinéma n'ait pas existé au temps du scandale de Panama que Barrès raconte dans *Leurs figures* ! Ou au temps de la Convention, quand la Montagne envoyait la Gironde à la guillotine ! C'est maintenant qu'il existe, quand il n'y a plus rien à voir.

TREIZE À TABLE OU LE CABINET DES ANTIQUES

Sherlock Holmes se plaignait que le Dr Watson, lorsqu'il relatait ses enquêtes, en fît de petits romans avec des personnages types, des dialogues colorés, des péripéties. Il aurait préféré que son historiographe se bornât à décrire le raisonnement analytique qui l'amenait à résoudre ses énigmes policières. La déduction est une science exacte, prétendait-il ; fabriquer autour d'elle un ouvrage romanesque est aussi ridicule que d'introduire une intrigue amoureuse dans la cinquième proposition d'Euclide.

Il est heureux que le bon Dr Watson n'ait rien voulu entendre, qu'il ait laissé s'exprimer sa fantaisie, son goût du pittoresque, son talent littéraire. La description abstraite du mécanisme intellectuel d'un détective eût peut-être été plus sérieuse scientifiquement, mais n'aurait pas intéressé grand monde.

Je ne puis m'empêcher de penser à Sherlock Holmes à propos du Kremlin. La politique soviétique a quelque chose de rigoureux, de scientifique, grâce à quoi elle obtient succès sur succès, comme le flegmatique héros de Conan Doyle. Tous les autres pays du monde écrivent un roman. Ils sont imprudents, emportés, ou au contraire exagérément craintifs, ils cèdent à la passion ou aux passions, ils ont des élans d'amitié ou de colère, bref ils sont humains. L'URSS écrit un traité de science politique, où tout sentiment paraîtrait aussi incongru que l'introduction d'une intrigue amoureuse dans la cinquième proposition d'Euclide.

Quand on va sur place, on constate que le peuple russe est comme les autres peuples, qu'il a son caractère, ses mœurs, ses traditions, ses sentiments ; on éprouve d'ailleurs pour lui de la sympathie, car il est chaleureux et bon. Mais il a été mis entre parenthèses. Pour ses dirigeants, la Russie n'existe que par sa superficie et son peuplement, qui lui donnent un poids politique formidable. Et toute leur affaire est d'utiliser le plus judicieusement possible ce poids politique.

On a l'impression — fausse sans doute — que le Kremlin n'est pas habité par des individus sujets aux variations affectives de l'espèce, mais par des mathématiciens ou des géomètres, qui excluent absolument de leurs calculs ces préjugés puérils que sont la morale, la droiture, la loyauté, l'équité, la charité, le désir de faire le bonheur des hommes (ne parlons pas, bien sûr, de la religion).

Aux yeux de ces savants, tout est instrument, tout est moyen. L'unique fin est la puissance de l'Empire soviétique. Puissance restreinte à une aristocratie car, l'Empire soviétique eût-il triomphé de tous ses adversaires et régnât-il sans partage sur la terre entière, le peuple russe ne verrait pas sa situation améliorée d'un iota. Il continuerait à suer la pauvreté et le servage. Sa seule consolation serait que les autres peuples ne seraient pas mieux lotis.

Staline était un tyran shakespearien. Kroutchev avait un fonds de brave homme. Lorsqu'ils régnaient, l'URSS ne donnait pas le sentiment d'efficacité impersonnelle que l'on éprouve aujourd'hui en l'observant d'un peu loin, comme nous faisons. On dirait que, depuis Brejnev, elle est entrée dans une période positiviste. Aux personnalités violentes qui avaient du génie ou de la folie, ont succédé des administrateurs habiles, mais un peu ternes, ou qui s'efforcent de le paraître. La direction collégiale l'a emporté sur le culte de la personnalité. Tout est raisonnable, maintenant, au Kremlin, tout est pragmatique et utilitaire. Je ne pense pas qu'on y revoie de sitôt de grands fauves. On y exploite l'instabilité du monde avec une prudence de père de famille.

De là cette gérontocratie qui intrigue tant l'étranger. Elle s'explique assez bien, cependant : le Kremlin est une grande école où les maîtres les plus chenus sont considérés comme les plus savants, donc les plus aptes à mener l'établissement. Les élèves brillants n'auront jamais de tour de faveur. Il leur faudra attendre d'être vieux à leur tour et d'être passés professeurs pour accéder aux hauts postes.

Moscou ressemble à la Rome du XIXe siècle où les cardinaux ont commencé à être de vieux prêtres recuits dans les intrigues ecclésiastiques, arrivés à la pourpre à l'ancienneté. Les cardinaux du Kremlin, en élevant M. Andropov à la papauté il y a quinze mois, ont imité ceux du Vatican : ils ont donné la tiare à un moribond pour écarter je ne sais qui — M. Tchernenko peut-être — ou retarder son accession au trône de saint Pierre le Grand. Il semble que M. Andropov, pendant sa courte magistrature, n'ait touché à rien, qu'il ait glissé ses vieux pieds froids dans les vieilles pantoufles de Brejnev, soit par conservatisme, soit parce qu'il était trop faible pour entreprendre quelque chose de neuf.

La dextérité politique à peu près sans faille du Kremlin nous désespère, mais elle a aussi son côté rassurant, qui est justement d'être l'ouvrage de treize vieillards (ou quasi-vieillards). Ils sont treize, en effet, treize à la table du Conseil, ce qui est un fameux défi à la superstition, à moins qu'ils ne s'en moquent, pensant que de toute façon, à l'âge qu'ils ont, la mort n'est plus très lointaine et qu'il n'y a pas d'inconvénient à la braver.

Grâce à leur système universitaire et clérical qu'ils ont si patiemment édifié, les treize vieux monstres du Politburo sont indélogeables. Il est aussi impossible à un jeune homme, voire à un homme encore jeune de se glisser parmi eux que d'entrer au Sacré Collège. Plus impossible même, car le pape de Rome qui nomme les cardinaux peut avoir de temps à autre le caprice de coiffer un jouvenceau de la barrette, tandis que le pape de Moscou ne le fera jamais.

Peut-être que, quand cette chronique paraîtra, le conclave du Kremlin aura élu M. Romanov qui n'a que soixante et un ans (encore que son nom doive le desservir : Romanov, c'est comme Capet ou Bourbon en France) ou M. Gorbatchev qui est un gamin de cinquante-trois ans, mais j'en serais surpris. Je vois plutôt sortir de l'urne quelque septuagénaire, tel que M. Grichine ou M. Tchernenko. Ou quelque antique personnage ayant tourné au symbole, comme M. Gromyko, M. Tikhonov, le maréchal Oustinov. Les assemblées de vieillards donnent les postes suprêmes aux plus vieux d'entre eux. Cela permet aux autres d'espérer qu'ils les décrocheront un jour. L'espoir, c'est la jeunesse, eût-on quatre-vingts ans.

LE SENS DES CONVENANCES

Le roi Louis XIV mourut le 1er septembre 1715 à huit heures et quart du matin. L'événement fut connu aussitôt de tout le monde : le soir de ce jour mémorable, le peuple parisien alluma des lampions aux carrefours et dansa de joie toute la nuit.

La mort de Louis XIV me revient à l'esprit chaque fois que l'on porte en terre un potentat communiste. Le contraste est aussi saisissant que pourrait le rêver le plus sardonique des philosophes. Louis XIV avait régné soixante-douze ans ; c'était le plus grand roi d'Europe. Il appartenait à l'illustre dynastie capétienne qui était la doyenne et la mère de toutes les monarchies. Il avait comblé la France de beauté et de gloire. Mieux encore : il l'avait mise à la mode pour deux cents ans. « Il ne fut regretté que de ses valets intérieurs », dit Saint-Simon. Le pays fut enchanté de voir disparaître le vieux despote.

Les démocraties populaires issues des révolutions ont mieux le sens des convenances que les monarchies absolues de droit divin. Les cris déchirants, les sanglots, les têtes de circonstance, les files de pleureurs et de pleureuses ne manquent jamais aux funérailles de Leurs Altesses les Secrétaires généraux. Si quelques farceurs s'avisaient d'allumer des lampions aux carrefours, de jucher un accordéoniste sur une estrade et de danser la gopak, le panier à salade ne tarderait pas à arriver.

Les obsèques de M. Andropov ne feront pas exception au cérémonial traditionnel. Toutefois, ayant régné moins longtemps que Lénine, Staline ou Brejnev, et par conséquent ayant tué moins de gens, il ne sera pas autant regretté. Il est vrai qu'il a dirigé assez longtemps le KGB.

A-t-on dansé à la Bastille en septembre 1715 ? C'est probable. Cette vieille prison d'État n'était pas aussi rigoureuse que l'ont raconté les manuels d'histoire de la IIIe République. Son gouverneur était un homme de bonne compagnie, qui entretenait les rapports les plus courtois avec ses pensionnaires et ne les aurait certainement pas privés de gavotte ou de rigodon. Pour une fois qu'on avait l'occasion de s'amuser un peu !

Il n'y a guère d'apparence que l'on danse dans les goulags cette semaine. D'ailleurs le cœur n'y serait pas. Non que M. Andropov fût chéri des prisonniers, mais ils se disent que son successeur sera pareil à lui — au moins en ce qui les concerne — et que ce n'est pas la peine d'allumer des lampions.

LA FILLE DE MINOS ET DE PASIPHAÉ

Pour une fois que la télévision nous offre un programme amusant, on aurait tort de bouder. Je n'aurais pas manqué pour un empire « L'Heure de vérité » de M. Le Pen mardi soir. Il s'est passé ce que j'avais prévu : la télévision socialiste a fait de son mieux pour que M. Le Pen ait un triomphe. J'oserai dire qu'elle y a mis le paquet, et M. Le Pen, à en juger par les réflexions que j'ai entendues le lendemain, n'a pas déçu ses espérances.

Si le Front national ne ramasse pas vingt pour cent des suffrages nationaux aux élections européennes, ce ne sera pas la faute de MM. de Virieu, Duroy et Jean-Louis Servan-Schreiber. Pour continuer les métaphores populaires, ils lui ont servi la soupe comme il est rare qu'on la serve.

Tout d'ailleurs a concouru au succès de M. Le Pen, à commencer par les cris et les oppositions qu'a suscités son passage à Antenne 2. On ne voulait pas qu'il fût entendu, et ensuite on a capitulé. Double bénéfice pour lui : non seulement il a parlé, mais encore il passe pour un martyr de la liberté de parole.

La petite réunion sur le plateau puait le guet-apens à plein nez. Je ne sais qui conseille M. Servan-Schreiber, mais il le conseille bien mal. Son air sinistre, son interrogatoire de juge d'instruction, ses vieux rapports de police, tout cela a fait le plus mauvais effet. M. Le Pen, rond, jovial, s'indignant de temps à autre, mais souriant le plus souvent, jouait sur le velours en face de cette triste figure.

Où M. Le Pen a touché au sublime, c'est quand il s'est levé et a observé une minute de silence pour les morts du goulag. Ah ! que j'ai souffert pour le pauvre M. Duroy, assis, ne trouvant rien de mieux que de continuer à poser ses petites questions qui tombaient dans le vide. Pendant un instant, il a eu un regard égaré, que la caméra implacable n'a laissé ignorer à personne.

Pour attirer les spectateurs sur les autres chaînes, la télévision avait mis les petits plats dans les grands : un film à chacune. Hélas ! c'était deux navets. Quinze millions de gens ont regardé M. Le Pen, l'ont trouvé homme de bon sens, plutôt sympathique, assez modéré finalement.

L'opposition dit que le gouvernement socialiste a tout raté. Ce n'est pas vrai. Il a réussi quelque chose que la droite, en vingt-trois ans de pouvoir, n'était pas parvenue à faire : donner une existence politique à M. Le Pen et au Front national.

Pendant toute l'émission, un vers célèbre de Racine me trottait par la tête : « La fille de Minos et Pasiphaé... » Je songeais en le parodiant que M. Le Pen était vraiment le fils de Mitterrand et de Georges Marchais.

LE MÉTIER DES ARMES

Si de Gaulle, de là où il est, abaisse le regard de temps à autre sur M. Hernu, il doit regretter de ne pas l'avoir pris jadis comme ministre de la Défense. M. Hernu est en train de réaliser une des idées les plus fondamentales de la doctrine gaullienne en matière militaire : la création d'une armée de métier. Le monde étant ce qu'il est devenu et l'esprit public en France étant ce que nous savons, il aurait bien fallu en venir là un jour, mais M. Hernu presse le mouvement.

Les déclarations du général Imbot, chef d'état-major de l'armée de terre, mercredi dernier à Belfort, ne laissent pas de doute là-dessus. D'ici à deux ans, la France possédera vingt régiments de professionnels. Le quart des cent soixante régiments que compte l'armée de terre sera composé d'engagés volontaires encadrés par des officiers d'active.

Tout cela est sage et raisonnable. Seuls les communistes, par nostalgie politico-folklorique, sont contre. Une armée de métier, c'est-à-dire quelques unités de vrais soldats, de techniciens de la guerre, nous aurait été bien utile le 10 mai 1940. Nous n'avions que des civils mobilisés, n'ayant guère envie de se battre, et que neuf mois d'inaction avaient fini de démoraliser.

La guerre est un état naturel à l'homme, si l'on en croit l'histoire, qui nous offre une succession ininterrompue de conflits depuis l'Antiquité. Mais ce n'est pas un état naturel à tous les hommes. Il a existé en Angleterre jusqu'au XIXe siècle une pratique appelée « la presse » qui consistait à enrôler de force des matelots pour compléter les équipages de la marine royale. La conscription, la levée en masse, inventées par la Révolution française, c'est la presse appliquée à une nation entière.

Dans certaines périodes où le pays risque de disparaître s'il ne se dresse pas tout entier contre l'ennemi, la conscription est légitime. Ces périodes, heureusement, sont rares. La plupart du temps, les conflits sont circonscrits ou ont lieu assez loin des frontières. A quoi bon infliger à des jeunes gens qui n'ont aucun goût pour cela (et à qui l'on s'efforce, en outre, depuis cinquante ou soixante ans, d'inspirer de l'aversion pour le métier des armes) des mois ou des années de service militaire ? Ils sont bien mieux à leur place dans leurs métiers pacifiques.

Les vertus que l'on exige d'un bon soldat n'ont rien de commun avec celles que l'on demande à un menuisier ou à un avocat. De même ce n'est pas avec n'importe quels garçons que l'on constitue une bonne équipe de rugby. Il y faut des types solides, désireux de vaincre, pas trop intellectuels, plus brutes que ceux de l'équipe adverse. Tout le monde n'est pas doué pour le rugby. Avec l'armée de métier, nous pouvons espérer gagner quelques matches de la Coupe du monde. Sans elle, aucun. J'espère que M. Hernu ne sera pas vexé de s'entendre dire qu'il est gaulliste.

LA RUE DE RENNES

Dans mon enfance, qui est moins lointaine que celle de M. Mitterrand, président de la République, et que celle de M. Savary, ministre de l'Éducation, on aurait été foudroyé de voir quatre cent mille personnes descendre dans la rue pour défendre l'école libre à Rennes.

Pourquoi les gens qui nous gouvernent nous donnent-ils toujours l'impression d'avoir des facultés inférieures à celles de l'homme moyen ? On dirait que quelque méchante fée leur enlève le bon sens, l'esprit de prévoyance, la mémoire, et jusqu'à la plus humble possibilité de raisonnement logique, à la seconde même où ils accèdent au pouvoir.

Laissons de côté M. Mauroy qui est fatigué et ne doit plus avoir toute sa tête. Comment se fait-il que MM. Mitterrand et Savary, moins surmenés, aient oublié ce qu'était l'école libre quand ils avaient dix ou quinze ans ? Car ils ont été des bambins comme nous tous, ces puissants. Sauf pour quelques familles chrétiennes attachées à leurs traditions, comme celle de M. Mitterrand par exemple, et qui tenaient à ce que leurs enfants fussent élevés dans la religion, l'école libre était un pis-aller.

On y mettait les cancres, les rossards, les arriérés, qui n'arrivaient pas à se maintenir au lycée. Cela ne se faisait pas sans douleur, attendu qu'elle était payante, tandis que le lycée était gratuit. Elle est toujours payante et le lycée toujours gratuit. D'où vient que les Français, aujourd'hui, se battent pour payer, alors qu'il y a quarante ans ils se seraient battus pour le contraire ?

La réponse à cette question est si simple qu'il faut être ministre au moins pour ne pas la trouver. C'est que l'enseignement public est devenu si insuffisant, si lamentable que les Français, en dépit de leur avarice nationale, ne refusent plus de dépenser leur argent afin d'être sûrs que leurs enfants auront un minimum d'instruction sérieuse.

Il est étonnant que ni M. Mitterrand ni M. Savary n'aient été effleurés par l'idée que la seule manière de tuer l'école libre était d'avoir un enseignement public si supérieur à elle qu'elle en devînt sans objet. Et que, tant que l'on n'est pas parvenu à ce résultat, qui n'est pas pour demain, mieux vaut ne toucher à rien.

LE LANGAGE, AUSSI IMPORTANT EN POLITIQUE QU'EN LITTÉRATURE

Depuis qu'il est passé à la télévision, je n'entends parler que de M. Le Pen. Huit personnes sur dix m'expliquent avec gravité que le gouvernement socialiste s'ingénie à lui faire de la réclame, à le gonfler, afin que les électeurs du RPR et de l'UDF votent pour le Front national, affaiblissant ainsi les deux grands partis de l'opposition. Les bonnes gens voient du machiavélisme partout. Or, il n'y en a nulle part. Les hommes politiques sont bien trop talonnés par la nécessité pour qu'il leur reste du temps pour combiner des intrigues, machiner des faux-semblants, jouer un ennemi contre un autre. Je ne crois pas le gouvernement actuel, composé principalement de têtes de linotte, capable d'exécuter des manœuvres aussi profondes, ni même de les concevoir.

Les cris d'horreur de la gauche dès que M. Le Pen se manifeste sont authentiques. Exagérés, sans doute, mais sincères. M. Le Pen la hérisse. Elle lui jette son aversion au visage en toute ingénuité : il est Hitler, Mussolini, Franco en une seule personne, soyons vigilants, faisons bonne garde ! Empêchons le hideux poussin de devenir un gigantesque oiseau de proie ; ces choses-là arrivent sans qu'on sache comment : un beau jour, on se retrouve avec l'incendie du Reichstag sur les bras et le parti nazi au pouvoir.

Comparer M. Le Pen à Hitler, plus encore qu'excessif, me paraît inadéquat. Pour une raison évidente : à savoir que le présent n'est pas le passé. Mais comment empêcher les gens de retarder de cinquante ans, comment leur faire comprendre que le monde n'est plus le même, que les cartes ont été redistribuées ? Évoquer le IIIe Reich et l'Italie du Duce, nous mettre en garde contre une résurgence possible de ces abominations, c'est partir en guerre contre des fantômes.

Il y a cinquante ans, le grand danger de l'Europe était le fascisme. Aujourd'hui le fascisme est mort et enterré. Si l'on en relève quelques traces par-ci par-là, ce n'est que l'impuissante nostalgie d'une espèce disparue. Les périls de 1984 ne sont pas ceux de 1934. Tout le monde sait parfaitement où ils se trouvent. Tout le monde sait où sont les camps de concentration, la police politique, l'antisémitisme, le militarisme, l'esprit de conquête, et qui les exploite.

Il se peut que M. Le Pen ait l'ambition d'être Adolf ou Benito, mais comment y parviendrait-il ? Je ne vois nulle puissance voisine susceptible de le financer, nul courant politique ou idéologique international qui le porte. D'ailleurs, l'étiquette d'« extrême droite » qu'on lui met sur le dos (et qu'il revendique) est antinomique du fascisme, lequel est plutôt un phénomène de gauche, un paroxysme de la démocratie. Les fascismes que nous avons connus étaient des socialismes autoritaires. M. Le Pen est un bon réac ; la Sociale n'est pas son fait. Il réclame le retour à des valeurs et à des situations traditionnelles. Il n'a pas de programme. Il n'a que des sentiments. C'est de là que vient son succès. Les partis ont tort de dauber sur son indigence d'idées. Eux n'en ont que trop, des idées, et les électeurs se sont bien aperçus que ce n'est pas avec des idées que l'on gouverne, que l'on fait la tranquillité et la prospérité du pays. Il y faut autre chose. Quoi ? Ce qui ne se trouve dans aucun programme, justement : l'énergie, le caractère, le bon sens, le courage d'assumer des responsabilités graves, le désir de mettre de l'ordre dans la cité à n'importe quel prix.

M. Le Pen et ses candidats, lorsqu'ils s'adressent au peuple, ont un grand avantage sur les partis de la majorité et de l'opposition : n'ayant aucune philosophie, ils ne peuvent pas se cacher derrière elle. Ainsi le peuple a l'impression — grisante nouveauté — de se trouver non en présence de fonctionnaires qui lui rabâchent des arguments et des raisonnements qu'il a déjà ingurgités mille fois, mais en face d'hommes pareils à lui, s'exprimant dans son langage, l'entretenant de ce qui l'inquiète ou le tracasse, expliquant que tout peut s'arranger à condition qu'on voie la situation telle qu'elle est et qu'on s'attaque à elle brutalement.

Le langage est aussi important en politique qu'en littérature. Depuis quarante ans, les partis parlent en clichés. Les clichés sont commodes, non pour masquer l'absence de pensée mais l'absence de cœur. Je ne dis pas que M. Le Pen et ses amis aient plus de cœur que les autres, mais ils ont le privilège d'ignorer la « langue de bois » des politiciens. Ils n'ont pas appris cet idiome si particulier. Leurs phrases, leurs mots ressemblent à ceux que nous employons entre nous. Leur public les comprend tout de suite. Il n'a pas besoin de décoder leurs propos, ce qu'il est obligé de faire avec les politiciens officiels, travail décevant, car, le décodage terminé, il constate qu'on ne lui a rien apporté de nouveau ou de réconfortant.

Les virtuoses de la langue de bois étant les communistes, c'est chez eux que M. Le Pen racole le plus d'électeurs. Il n'y a rien là, du reste, que de naturel : les extrêmes vont aux extrêmes. Sans compter que le Front national en appelle surtout aux petites gens, qui sont plus désarmés devant les abus ou les dangers que les riches, et le PC est le parti des petites gens. L'opposition a moins à craindre des fuites à droite, ne serait-ce que parce qu'elle est l'opposition, qu'elle est soudée par deux ans et demi de guerre politique et la perspective d'une victoire assez proche.

Je souhaite que M. Montand ne se formalise pas si je hasarde que, d'une certaine façon, il offre aux Français un pareil sujet de satisfaction que M. Le Pen. Ils ne disent pas la même chose l'un et l'autre, bien sûr, et je vois aussi bien que n'importe qui la distance qui les sépare, mais ils ont en commun ce qui attire les gens d'aujourd'hui : ils parlent comme l'homme de la rue. Leurs paroles touchent directement les cœurs. Il est quand même révélateur que les seules personnalités nouvelles dans notre paysage politique si connu soient ces deux-là. D'ailleurs, leurs ennemis sont les mêmes.

MODESTE PROPOSITION POUR RENFLOUER LA SÉCU

La Sécurité sociale est la seule compagnie d'assurance ne prévoyant dans ses polices aucun « bonus » pour les clients qui ne lui coûtent rien ou lui coûtent peu. L'explication de ses difficultés est là. L'assuré se dit qu'il aurait tort de se gêner avec un organisme aussi peu équitable, et qu'à tant faire que de payer, on ait au moins la consolation d'en profiter.

D'où une foule de malades imaginaires et de tire-au-flanc qui se font délivrer des arrêts de travail de complaisance. Si l'on avait la certitude qu'après un an sans médecin et sans médicaments remboursés on verrait sa cotisation diminuée de moitié, la France soudain se porterait beaucoup mieux.

Il faudrait que la part de cotisation versée par l'employeur fût diminuée, elle aussi. Cela attacherait d'autant l'employeur à l'employé. Quelle joie, pour un patron, d'avoir dans son entreprise des individus bien portants et fiers de l'être, donc moins onéreux que les autres, jamais absents si ce n'est pour marier leur cousine ou enterrer leur grand-mère, ne se plaignant d'aucun rhumatisme, ramenant les rhumes à des dimensions raisonnables, etc. ! Il les comblerait de bienfaits et de gratifications. L'allégement d'une charge sociale est de nature à tourner la tête aux plus âpres avaricieux.

Inversement, il serait juste que la Sécu infligeât des « malus » aux personnes qui lui expédient sans arrêt des feuilles de maladie ou qui vont passer quinze jours à l'hôpital pour une foulure. Cette perspective les inclinerait à se préoccuper moins de leur petite santé, ce qui, dans neuf cas sur dix, leur serait très salutaire. Augmentation concomitante, bien entendu, de la part de cotisation patronale.

Je ne me fais aucune illusion sur le succès de ma suggestion. Je n'ai écrit ce petit morceau que pour le plaisir de passer pour un monstre.

COMME EN MAI...

Lorsque le président de la République invita les communistes à participer au gouvernement, cette décision me parut judicieuse. Il les prenait en otages. Participant au pouvoir, ils étaient garants de la paix sociale. Car le président, quoiqu'il incarnât la gauche, avait sur ce point les mêmes craintes qu'un président de droite : il n'imaginait pas qu'il pût y avoir une agitation qui ne fût pas d'origine populaire. Avec la CGT enchaînée, il était tranquille.

Je félicitai *in petto* M. Mitterrand d'avoir bien vu que les seuls adversaires contre lesquels il lui fallait se précautionner étaient dans son camp. On ne saurait trop se méfier de ses amis, de ses alliés, de ses frères. Généralement, c'est eux qui vous poignardent. Outre cela, un homme de gauche trouve toujours un homme de gauche plus à gauche que lui qui le discrédite.

L'état lamentable de l'opposition en 1981 autorisait une telle analyse, et l'on pouvait compter que la droite mettrait longtemps à se guérir du coup qu'elle avait pris sur la tête. Or elle s'est requinquée beaucoup plus vite que prévu. Concomitamment, le pouvoir accumulait tant d'erreurs qu'il ne lui fallut pas six mois pour détruire le fameux « état de grâce » dont il se targuait si imprudemment.

Les malheurs ne viennent jamais par le côté où on les attendait. Les manifestations de camionneurs qui bloquent en ce moment les routes de France sont un phénomène caractéristique d'opposition. Et il y a quelque chose d'ironique dans le fait que le ministre des Transports, à qui revient la tâche d'y mettre fin, par la négociation ou la force, soit précisément un des communistes du gouvernement.

M. Mitterrand s'était gardé à gauche. Il n'avait pas envisagé que la gauche s'affaiblirait au point d'être un jour à la merci de la droite. Cela se dessinait pourtant depuis un an et demi. Mais, lorsqu'on a fait un certain raisonnement (et qu'il est subtil), on a difficilement le courage de le remplacer par le raisonnement inverse. Le gouvernement est aujourd'hui dans la position critique d'un général qui a massé ses troupes à l'est et qui est attaqué par l'ouest.

La grève des routiers peut, si elle dure, désorganiser le pays comme il le fut en mai 68. Elle est d'autant plus grave que ses motifs sont futiles. Elle a été déclenchée parce que les douaniers avaient froid aux pieds dans leurs cabanes, comme Mai 68 avait été provoqué par des étudiants mécontents qu'on ne les autorisât pas à emmener des demoiselles dans leurs thurnes.

La France n'est pas le Chili, et il n'y a pas de Pinochet pour fomenter un putsch. N'empêche que, si j'étais le président et que si j'avais, comme on dit qu'il l'a, le « complexe d'Allende », je serais fort contrarié par cette grève des camionneurs. Ne serait-ce que par superstition. C'est par une grève des camionneurs qu'a commencé la révolte au terme de laquelle le gouvernement marxiste chilien a été balayé.

JOUER LE CADAVRE

Il ne faut pas désespérer en avenir, c'est-à-dire se désoler pour des malheurs qui n'arriveront peut-être pas. Le présent est assez contrariant avec ses réalités sans qu'on y ajoute la prévision de calamités hypothétiques. Or je ne vois que des gens affligés de ce prophétisme inutile.

Ils ont beau avoir eu cent démentis depuis quarante ans, ils n'en continuent pas moins à se ruiner la santé en déduisant des guerres, des révolutions, des esclavages, des famines, à partir de la conjoncture actuelle. C'est à croire que ce pessimisme les réjouit secrètement, qu'ils trouvent en lui ce que La Fontaine appelait « les sombres plaisirs d'un cœur mélancolique ».

Je me suis toujours bien trouvé d'avoir la disposition inverse. Cela tient à mon manque d'imagination. Je suis incapable de me représenter ce qui adviendra demain. A plus forte raison dans deux ans ou dans dix ans. Grâce à quoi je suis assez gai. Les malheurs présents ont cet avantage sur ceux à venir qu'on ne tarde pas à s'apercevoir qu'ils sont supportables. On s'en arrange vaille que vaille. Cette expérience rejoint celle du soldat en campagne : il a peur avant la bataille. La peur s'en va quand on est dans l'action.

Au moment de la guerre de Corée en 1950, tout le monde était sûr qu'elle dégénérerait en conflit mondial. Pour moi, je n'y ai pas cru une minute. J'étais le seul insouciant au milieu de l'affolement universel. Je trouvais extrêmement grotesque que des individus privés, des particuliers comme moi, incapables de rien changer à la marche du monde, eussent les sourcils froncés et la mine sinistre, comme s'ils portaient sur leurs épaules le destin de l'humanité. Quand on ne peut rien, le pessimisme ne sert pas à grand-chose, si ce n'est à vous donner une idée encore plus accablante de votre impuissance. Il faut laisser le pessimisme aux hommes d'État ; cela fait partie de leurs attributions.

J'ai remarqué enfin qu'on ne prévoit jamais les malheurs réels. Ceux-ci nous fondent dessus inopinément. L'instant d'avant, nous ne les soupçonnions pas. Qui avait pensé que nous perdrions la guerre de 1939-1940 comme nous l'avons perdue, avec l'exode, les bombardements, les quatre ans d'occupation, la gestapo et le reste ? Voilà un événement qui nous eût terrifiés, et à juste titre, si on nous l'avait décrit à l'avance. Je l'ai vécu pourtant quand il a été là. Je m'en suis accommodé, et le peuple français s'en est accommodé aussi.

Nul n'aurait osé imaginer l'extermination des juifs par les nazis. En 1942, on y croyait encore à peine. Cela passait l'entendement. Et pourtant c'est une chose qui s'est produite et dont le gouvernement de Vichy s'est fait le complice.

Les juifs eux-mêmes ne voyaient pas cette malédiction qui pesait sur eux. En 1940 j'étais un gamin, toutefois j'avais déjà rencontré des gens qui faisaient activement de la Résistance. Mon père et moi, nous avions comme voisin de palier un juif réfugié pour lequel je tremblais beaucoup. Je lui offris vingt fois de lui fournir de faux papiers d'identité et de lui faire passer la ligne de démarcation afin qu'il fût en sûreté. Il refusa tout avec un entêtement de mule : « Que voulez-vous que les Allemands me fassent ? disait-il. Et que ferais-je à Nice ? Je n'y connais personne. » Deux mois plus tard, il fut arrêté. On ne le revit plus.

Pareil aveuglement avec le goulag russe. Pendant quarante ans, l'Occident n'a pas voulu le voir. Et pourtant Victor Serge en avait parlé dans ses livres dès 1930, Kravchenko l'avait décrit en 1950. Il a fallu Soljenitsyne et une infinité de témoignages pour qu'enfin l'Occident consentît à ouvrir les yeux. Le goulag, aussi, passait l'entendement.

L'écriture m'a emporté un peu loin. En commençant, je ne voulais parler que de la pyramide en verre que M. Mitterrand et son architecte chinois naturalisé américain, M. Pei, ont le projet de déposer dans la cour du Louvre. J'ai respiré en apprenant que ce monticule ne serait mis en place que dans trois ans. D'ici à trois ans, bien des choses auxquelles nous ne pensons pas peuvent se mettre à la traverse. Là encore, La Fontaine a dit ce qu'il fallait dire :

Avant l'affaire,
Le roi, l'âne ou moi, nous mourrons.

Je ne souhaite ni au roi ni à moi de mourir, mais enfin le roi peut avoir abdiqué. Quant à l'âne, je veux dire M. Pei, qui sait s'il ne sera pas retourné à New York, préférant être payé en dollars pour ses verreries plutôt que dans notre pauvre monnaie socialiste ?

Il en est de toute la politique du gouvernement comme de la pyramide du Louvre. Nous avons bien assez à nous plaindre de ce qu'il a déjà fait, de sa voracité fiscale, de ses piteuses équipées militaires, de ses nationalisations absurdes, de son désastre économique, de sa sottise dogmatique, sans, par-dessus le marché, nous mettre martel en tête pour ce qu'il annonce ou pour ce que nous supposons qu'il va faire. Il sera bien temps d'y songer et d'y faire face quand nous y serons.

Il existe une expression cynique qui me paraît convenir à la situation : « Jouer le cadavre. » Je l'ai entendu employer dans diverses circonstances : par des gens qui avaient acheté une maison en viager, ou qui étaient en procès avec quelque vieillard querelleur et s'ingéniaient à faire traîner la procédure en espérant que leur adversaire leur ferait la grâce de mourir. Je l'ai entendue également dans la bouche de certains assureurs qui misaient sur le trépas d'un client trop onéreux.

Il faut « jouer le cadavre » avec nos maîtres de maintenant. Comme nous ne pourrons nous dépêtrer d'eux qu'en 1986, cela fait deux ans d'inertie, de mauvaise volonté, de manœuvres dilatoires en perspective. Le Sénat du reste, sans avoir expressément prononcé la formule, la met en pratique. Qu'ils ne mollissent pas, surtout, les chers Pères conscrits ! Qu'ils avancent d'un pas de tortue dans le fouillis des textes que leur expédie pour ratification l'Assemblée nationale. La loi sur la presse, par exemple, est le type même de la chose à propos de laquelle, comme on disait plaisamment autrefois, « il est urgent de surseoir ».

On m'objectera que le propre des cadavres sur lesquels on joue est justement de ne pas vouloir mourir. J'en conviens. Mais certains organismes sont parvenus à un point de vieillesse ou d'usure tel que la mort est inéluctable à plus ou moins brève échéance et que l'on peut faire entrer celle-ci sans trop d'optimisme dans les prévisions. Le cadavre de la gauche commence à sentir. Les fraudes électorales lui donnent une odeur qui ne trompe pas.

NOSTALGIE

Heureux temps où les seuls attentats étaient des attentats à la pudeur !

LA BATAILLE DE DRAGUIGNAN

Le général de Gaulle, quand il organisait un référendum sur telle ou telle question qui lui tenait à cœur, demandait au pays « un oui franc et massif ». Qu'il ait parfois obtenu cette franchise et ce déplacement en masse montre quelle confiance, quelle audace l'animaient.

Les partis politiques au pouvoir sont plus prudents. Le oui franc et massif est la chose qu'ils redoutent le plus, pour la raison que ce oui pourrait bien être un non et qu'ils se retrouveraient alors dans la pire des situations : désavoués officiellement par la majorité du corps électoral. Depuis le départ du Général à la suite d'un référendum perdu, nul ne s'est hasardé à tenter l'épreuve. L'équivoque, le malentendu, les choses non dites, les mécontentements diffus permettent de vivre longtemps. Il y a de l'héroïsme dans les référendums. Les hommes de parti ne sont pas des héros, mais des réalistes. Ils ne sont pas des joueurs, mais des calculateurs.

Si l'on additionne les démentis et les humiliations infligés au gouvernement actuel depuis trois ans, on peut en conclure que, s'il offrait au peuple l'occasion de lui dire massivement ce qu'il pense, il se retrouverait avec quarante pour cent environ des suffrages. La leçon à en tirer ne serait que trop claire. Surtout pas de clarté ! Nous avons encore deux ans à vivre dans la pénombre.

« La France a perdu une bataille, elle n'a pas perdu la guerre », proclamait le Général en 1940. Le gouvernement socialo-communiste, s'il n'a rien de gaullien sur le chapitre des référendums, semble en revanche avoir repris à son compte cette fière parole. A une différence près toutefois : ce n'est pas une bataille qu'il a perdue, mais cent ou mille. La dernière étant la bataille de Draguignan avant-hier, où il n'a même pas eu le privilège de François 1er à Pavie qui, au moins, avait conservé l'honneur : lui, il a été battu après une fraude électorale. Quant à l'issue de la guerre en 1986, on n'a jamais vu une succession de désastres aboutir à une victoire.

MARS

RAPPORTS AVEC LES PRINCES

Je n'ai pas reçu que des lettres d'approbation à propos de la pyramide du Louvre. Quelques personnes se déclarent tout à fait charmées par elle. Un lecteur particulièrement émotif m'écrit que je fais de cette pauvre pyramide « une exploitation politique inqualifiable » et me rappelle que tous les conservateurs du Louvre ont approuvé le projet « sans réserve ». A quoi je réponds qu'au temps de Louis XIV tous les prêtres catholiques de France ont approuvé la révocation de l'édit de Nantes et les persécutions consécutives des protestants. Pourtant, c'était des spécialistes en matière de charité et de morale chrétienne.

On est très amer parce que je n'ai pas grondé M. Chirac qui a pris parti pour la pyramide. On voit là une manifestation de ma courtisanerie et de ma mauvaise foi habituelles. Eh bien, mon Dieu, puisqu'il faut le dire, je trouve que M. Chirac, en l'occurrence, aurait mieux fait de se taire. Quelle mouche l'a piqué d'aller mettre son grain de sel dans cette querelle ? Son affaire est de faire de la bonne politique, non d'être un esthète urbaniste. Êtes-vous contents, mes bons censeurs ? J'ai désavoué mon idole. Je ne serai pas ministre quand M. Chirac sera à l'Élysée.

« Vous vous gardez bien de citer Beaubourg, encore plus monstrueux que les tours de la Défense », écrit furieusement mon lecteur émotif, qui poursuit : « C'est que ce fut le caprice du Prince Pompidou, bon prince à vos yeux... » Eh oui, Pompidou était un bon prince, et je pleure chaque jour des larmes de sang en pensant aux douceurs de son règne. Je ne suis pas le seul. Cela n'empêchait pas qu'il eût un goût exécrable en matière d'art et d'architecture. J'ai publié ici même deux ou trois articles sur Beaubourg. L'un s'intitulait *Le Palais de Béotie,* ce qui donne une idée assez nette de ce que j'en pense.

Quels animaux étranges que les Français ! Ils ne parviennent pas à admettre que l'on soit sincère dans les critiques que l'on fait à un adversaire politique. Ils pensent que l'on dénigre tout systématiquement, parce qu'il est rouge et qu'on est blanc, ou le contraire. Si cette pyramide du Louvre (ainsi que l'opéra de la Bastille, d'ailleurs) avait été proposée par des gens de mon bord, j'aurais poussé exactement les mêmes cris de réprobation.

Cela dit, il est exact que je ne trouve pas grand-chose à louer dans ce qu'a fait le gouvernement socialo-communiste depuis trois ans qu'il est au pouvoir. Mais ce n'est pas trop ma faute.

TRANSFERT DE MAGIE

Il est intéressant d'observer comment, sans que nul ait eu l'air d'y toucher, par substitution quasi insensible, l'école « libre » est devenue l'école « privée ». Pour une fois le gouvernement a fait preuve de finesse et d'adresse.

La finesse consistait à sentir que l'adjectif « libre » était magique et à juger qu'il est imprudent de laisser ses adversaires jouer avec des mots magiques. Ce sont des grenades qui peuvent à tout instant vous éclater en pleine figure pour peu que le grenadier vise bien (ce qui, par bonheur, n'est pas fréquent).

L'adresse a été de ne rien laisser paraître de ce raisonnement judicieux, de dire ingénument « école privée », qui implique les notions de capitalisme, de commerce, de profit, avec l'espoir que ces nuances péjoratives seraient saisies par le peuple.

Le peuple a très bien saisi. Mais le gouvernement avait oublié ceci : que ce qui était péjoratif il y a dix ans, ou même encore il y a quatre ans, ne l'est plus aujourd'hui. Les Français ont eu, depuis mai 1981, une telle indigestion de socialisme que la magie a changé de camp.

Ces choses-là se font sans tambour ni trompette. Les ministres enfermés dans leurs tours d'ivoire sont les derniers à les discerner. Ils ne savent pas encore que les vocables « marxisme », « nationalisation », « laïcité », « service public », « collectivisme », etc., ont perdu leur sortilège. On a trop vu ce qu'ils recouvrent. Inversement leurs contraires ont repris du poil de la bête. Le capitalisme est devenu un rêve, le libéralisme une nostalgie. Le profit, depuis qu'il a disparu, enflamme les imaginations comme un trésor caché.

« Privé » est peut-être le mot le plus magique de la nouvelle mythologie linguistique. Il a une musique délicieuse dans les pays de l'Est où tout est public, y compris la vie privée. Cette musique commence à être entendue chez nous. « Privatisation » évoque des coins de paradis où l'État ne mettrait plus son nez pour nous tracasser, nous ligoter, nous ruiner, nous flanquer des dépressions nerveuses.

Il est des temps où tout se retourne contre vous, les grandes et les petites choses. Ce temps-là est venu pour notre gouvernement. Il joue de malheur même quand il est habile.

EXÉGÈSE DU MARDI GRAS

Comme je ne regarde jamais mon agenda, afin d'oublier les corvées qui y sont inscrites, j'avais oublié aussi que le 6 mars était jour de mardi gras. Me promenant dans l'après-midi, j'ai rencontré des jeunes gens et des jeunes filles qui s'amusaient à taquiner les passants.

Il règne généralement une telle chienlit dans Paris que j'ai mis une bonne heure avant de comprendre qu'ils étaient déguisés. Je ne voyais pas grande différence entre leur accoutrement et celui qu'ont la plupart des gens en temps ordinaire.

Les personnes aspergées de farine riaient plutôt jaune, sans toutefois aller jusqu'à se fâcher. Les adultes de notre temps ont honte de leur âge. Ils se croient obligés de sourire avec complicité quand des gamins leur font de mauvaises farces. Ce qui ne les empêche pas de râler dans leur for intérieur, ni de grommeler de féroces injures entre les dents aussitôt que les petits espiègles ont tourné les talons.

Il entre dans ces attendrissements une certaine dose de trouille. Le spectre de Mai 68 est toujours là. On ne sait jamais si la rigolade enfantine ne tournera pas en incendies de bagnoles. Sans compter qu'on peut récolter un coup de poing dans le nez. Les jeunes sont comme des chiens : capables de vous mordre si votre tête ne leur revient pas. On a beau avoir horreur des chiens, il est prudent, lorsque deux ou trois d'entre eux viennent tourner autour de vous, de leur faire des grâces, de dire qu'ils sont de bonnes bêtes bien gentilles et, s'ils lèvent la patte contre votre pantalon, de s'esclaffer sur leur sens de l'humour.

Quant à moi, qui aime les chiens (réciproquement les chiens m'aiment, peut-être parce que je leur dis quelquefois : « Allez coucher ! »), j'ai trouvé que nos chers jeunes, avec leurs monômes et leurs chahuts, en faisaient beaucoup. Sur eux aussi planait le spectre de Mai 68, la nostalgie de la grande récré du siècle. Ils étaient la génération romantique, dont les pères, les heureux pères avaient fait les guerres de Cohn-Bendit ; ils venaient trop tard dans un monde trop vieux, un monde où l'on ne peut plus lancer que de la farine, tandis que les grands ancêtres lançaient des pavés.

J'ai senti cela malgré leur bonne humeur. Ils m'ont paru plus énervés qu'il eût été normal. Il faut dire que l'air cafard, vaguement apeuré, des pépères et des mémères n'était pas fait pour les calmer. S'ils avaient quelque finesse, ils devaient s'apercevoir que ces gens-là manquaient au moins de dignité. Ce n'est pas encore ce coup-ci que les adultes auront reconquis l'estime de la jeunesse.

Ce qui m'a franchement déplu, c'est que le gouvernement ait envoyé des compagnies de CRS contre les Pierrots miteux et les Colombines au rabais du mardi gras socialiste. C'était répondre à de petits excès par un grand excès. Quelle nation de veaux sommes-nous donc devenus, qu'il faille mobiliser « les forces de l'ordre » parce que les gamins ont envie de s'amuser sur la voie publique ? Les Français sont-ils si lâches, si méprisables qu'ils n'inspirent plus un minimum de respect aux enfants et qu'on soit obligé de recourir à la troupe ?

Je ne sais ce que seront les moutards du mardi gras de 1984 à quarante ou cinquante ans. S'ils ressemblent à leurs parents, qu'ils ne comptent pas sur moi pour les plaindre quand ils recevront de la farine sur la tête et des œufs sur leur costume.

LE BOUQUET DE LA MARIÉE ÉTAIT UNE COURONNE MORTUAIRE

Bismarck disait : « La politique est l'art du possible. » En contemplant ce qui se passe en France depuis trois ans, on est tenté de répondre en citant La Fontaine : « Nous avons changé de méthode. » Le succès des socialistes vient de là. J'entends leur succès électoral de 1981. Il est plus amusant de proposer au peuple l'impossible que de lui déclarer : « Nous ferons ce que nous pourrons, ne vous attendez pas à des miracles. »

Le peuple est insatisfait de nature, comme les femmes. Si l'on veut obtenir ses faveurs, il faut caresser ses rêves. Une femme ayant à choisir entre un garçon sérieux qui ne lui fait pas de promesses inconsidérées et un mirliflore qui lui raconte qu'avec lui elle vivra comme une princesse, dans une fête perpétuelle, c'est le second qu'elle élit. Moyennant quoi elle ne tarde pas à être malheureuse comme les pierres.

En trois ans, la charmante idylle, joyeuse comme une comédie américaine, entre les Français et le gouvernement socialiste a tourné à la scène de ménage atroce dans le genre de *La Danse de mort* de Strindberg. La triste réalité n'intéressait pas l'aimable époux socialiste. Il voulait changer la vie, faire la révolution, relancer l'économie par la consommation intérieure, prendre l'argent des riches pour le distribuer aux pauvres, épargner la guillotine aux assassins, qui n'étaient que de malheureux dévoyés à qui n'avait manqué qu'un peu de compréhension.

Trouvaille exquise pour un soupirant : il disait tout cela « avec des fleurs » comme dans les réclames des horticulteurs. Les roucoulades de 1981 s'accompagnaient d'une pluie de roses. La France croulait sous les roses, non comme une fiancée, mais, la suite l'a montré, comme un cercueil. Les bouquets de mariage étaient des couronnes mortuaires. Que le premier geste du président de la République fût d'aller les déposer sur des tombes aurait dû nous mettre la puce à l'oreille.

Lénine déclarant : « Les faits sont têtus » exprimait d'une autre façon la même idée que Bismarck. Les faits ont été extrêmement têtus en France depuis 1981. La vie n'a pas changé : elle est pire que sous l'ancien régime ; le nombre des chômeurs a augmenté inexorablement ; le fameux « pouvoir d'achat » que nous brandissions comme le drapeau du monde moderne s'effiloche de mois en mois ; la révolution a consisté à nationaliser à grands frais quelques banques et quelques grosses entreprises, sans que cela modifiât d'un iota la situation générale. Les riches ont peut-être un peu moins d'argent que naguère (encore que cela soit à vérifier) mais les pauvres en ont moins, eux aussi. Quant aux bandits, ils sont tués à coups de revolver par la police au lieu de passer aux assises et d'avoir une chance de sauver leur tête.

C'est vrai que la droite, avec son pragmatisme, son absence de rêve, sa superstition de la gestion prudente, sa manière grincheuse de ne faire que ce qui est possible et même parfois, par pusillanimité, de rester en deçà, n'est pas emballante. Du moins n'est-elle pas coûteuse. La gauche coûte les yeux de la tête. En politique comme ailleurs il ne faut pas chercher le bien, qui n'existe pas, mais le moindre mal. Les Français, malgré leur tête de bois, semblent quand même l'avoir compris. Depuis un an, on leur demande à peu près chaque dimanche où est le moindre mal, et ils ne se trompent plus jamais.

LETTRE À GONZALEZ

Si M. Mauroy, au lieu de m'ignorer comme il fait depuis trois ans, m'avait consulté avant de partir pour Madrid, je lui aurais expliqué ce qu'il fallait dire à M. Gonzalez. Ou plutôt ce qu'il fallait lui écrire, car le moment était mal choisi pour aller faire une promenade *tra los montes.*

Il était couru que, dès que M. Mauroy mettrait le pied sur la terre ibérique, il recevrait des pommes cuites. Mon premier conseil eût donc été qu'il prétextât quelque grippe ou entorse qui lui permît de remettre la rencontre au mois prochain. J'aurais poussé la complaisance jusqu'à écrire la lettre moi-même. D'ailleurs je l'ai écrite. La voici :

« Cher don Felipe, je regrette que la marine française ait tiré au canon sur vos pêcheurs de sardines, mais c'est un peu votre faute. L'Espagne ne sait pas s'y prendre avec nous. Pardonnez-moi de vous le dire : elle est maladroite.

« A quoi cela ressemble-t-il, de venir nous voler nos petits poissons devant La Rochelle ? Ce n'est pas ainsi que l'on se conduit de nos jours quand on veut avoir de bonnes relations avec la France. Je suis surpris que vous, qui êtes un garçon intelligent et observateur, ne l'ayez pas encore compris.

« Les exemples ne manquent pas, pourtant. Si vous désirez, comme je le crois, obtenir notre considération, notre amitié même, pourquoi pas ? soyez un peu sérieux : tuez-nous quelques dizaines de parachutistes, abattez-nous un Jaguar en plein vol, envoyez des équipes d'artificiers poser des bombes dans nos aéroports, faites assassiner trois ou quatre ambassadeurs en poste à Paris. Vous verrez, alors, comme nous serons gracieux. La marine nationale ne vous tirera pas même un coup de semonce.

« Autre erreur (dont heureusement vous êtes en train de revenir) : vous proclamez que l'Espagne est l'amie de la France. Dites-nous plutôt que nous sommes des gens affreux, des suppôts du diable et qu'il nous tombera toutes sortes de tuiles sur la tête si nous ne ramenons pas la limite de nos eaux territoriales à cinquante centimètres des côtes, spécialement en face de La Rochelle. Voilà le langage que nous aimons. Apprenez à le parler. Nore docilité vous enchantera.

« Je vous suggérerais bien de bombarder Perpignan, afin de consolider définitivement nos relations de bon voisinage. Mais vous risqueriez d'endommager la gare de cette localité, que votre grand Dali aime tant.

« Voilà, cher don Felipe, quelques idées que j'ai jetées à la hâte sur le papier. Méditez-les et voyons-nous dans quelques semaines pour en causer, dans l'honneur et dans la dignité. Votre Pedro Mauroy. »

L'ARTICLE 114

Qu'est-ce qui répugne le plus au Français, qui lui cause de l'angoisse, sinon de l'horreur ? Réponse : que ses voisins soient au courant de ses ressources et apprennent ainsi qu'il n'est pas tout à fait aussi pauvre qu'il s'en donne l'air. C'est là un trait typiquement démocratique et républicain. Avant la Révolution, les aristocrates étaient tout le contraire. Ils avaient la folie de paraître, ils se seraient damnés pour qu'on les crût puissants, opulents, généreux, prodigues, même s'ils étaient couverts de dettes. Les bourgeois et le peuple, exaspérés par cette ostentation, leur coupèrent la tête pour leur apprendre à être plus discrets.

Depuis 1789, les Français cachent soigneusement leurs revenus. C'est qu'ils connaissent le péché mignon (quoique capital) de leurs compatriotes, à savoir l'envie. Celle-ci s'est beaucoup développée depuis l'admirable invention de la lutte des classes, qui remonte à une centaine d'années.

Pourquoi le gouvernement est-il toujours si contrariant ? Quel aveuglement ou quelle perversité le pousse à faire ce qui peut nous être le plus désagréable ? Grâce à l'article 114 de la loi de finances pour 1984, les gens pourront désormais connaître au centime près le revenu de leurs amis et de leurs ennemis, l'impôt qu'ils paient sur les grandes fortunes et même la valeur du patrimoine déclaré. L'administration, dans son jargon, appelle cela « améliorer la transparence fiscale ».

Les lettres anonymes dénonçant des fraudes vraies ou fausses vont pleuvoir rue de Rivoli, comme jadis elles pleuvaient sur les kommandanturs. On n'aura pas le plaisir de faire fusiller les personnes dont la tête ne nous revient pas, mais on peut espérer toutefois que le fisc les torturera tant qu'elles attraperont des dépressions nerveuses, lesquelles, avec un peu de chance, les conduiront au suicide.

Autre conséquence de l'article 114 : il va considérablement faciliter le travail d'une catégorie très active de citoyens : les cambrioleurs, braqueurs, perceurs de coffres et monte-en-l'air. Plus de déceptions pour ces braves gens qui, trop souvent, visitent des logis où il n'y a pas grand-chose à récolter. A l'aide des renseignements obligeamment fournis par le ministère des Finances, ils mettront directement le cap sur le magot.

LES VOYAGES DE CARMEN OU LA SUCCESSION DU GÉNÉRAL

Il est heureux que Bizet ait lu Mérimée et qu'il ait eu envie de mettre *Carmen* en opéra. Cette dame nous est bien utile aujourd'hui. Elle remplace le général de Gaulle qui, comme on le disait du temps qu'il était président de la République, « vendait la France » à l'étranger, vendre, ici, n'étant pas pris dans le sens de trahir, mais de glorifier, donner du renom, proclamer que nous étions puissants, bienfaisants, opulents, dignes d'être aimés et recherchés.

Le Général, pendant dix ans, a vendu la France à toutes sortes de patelins qui n'étaient pas particulièrement disposés à l'acheter. Mais il était, comme Carmen, mieux qu'un être humain : un personnage de roman ou d'épopée, une figure quasiment mythique. Les foules se dérangeaient pour aller l'applaudir. Elles étaient curieuses de contempler ce monument de l'histoire contemporaine. Et, quand le Général entonnait le grand air du toréador, c'était du délire.

Tout le monde a encore dans les oreilles les ut de poitrine qu'il a lancés à Mexico et à Montréal. *« La mano en la mano »* et « Vive le Québec libre » sont aussi célèbres dans le répertoire que « L'amour est enfant de Bohême ».

En Mai 68, lorsque les émeutes éclatèrent à Paris, le Général était en train de vendre la France à la Roumanie, et Pompidou de la vendre à l'Afghanistan, qui n'était pas encore devenu lui-même une marchandise.

Depuis la disparition du Général, la France se vendait mal. A la vérité, elle ne se vendait plus du tout, et l'on se demandait si elle se revendrait de nouveau. On ne distinguait chez nous aucun commis voyageur capable de la prouesse consistant à persuader des indifférents d'acquérir cet objet de luxe, assez inutile à vrai dire dans le monde actuel, composé pour moitié de commerçants qui ne pensent qu'à l'argent et de malheureux qui tâchent d'attraper un bout de pain.

Le destin de Carmen ressemble à celui de De Gaulle. Ses débuts n'ont pas été plus faciles. La première représentation donnée à l'Opéra en 1875 eut à peu près le succès de l'Appel du 18 juin : peu de gens entendirent. La France officielle eut une réaction vichyssoise : elle poussa des cris d'horreur et décréta Carmen hors la loi. Seuls quelques mélomanes avertis comprirent qu'un des plus beaux chefs-d'œuvre de la musique française venait d'éclore.

Carmen a eu sa traversée du désert. Qu'elle fût un chef-d'œuvre, personne, au bout d'un certain temps, n'en douta. Mais c'était un chef-d'œuvre qu'on avait relégué au musée. Le jeune Pelléas, avec son genre moderne, la remplaça dans le cœur des connaisseurs. D'autant qu'elle se ressentait, la pauvrette, de son livret fabriqué par deux vaudevillistes du Second Empire, qui avaient largement gommé la brutalité de Mérimée. Bref, elle n'était plus à la mode. Elle se promenait en province et aux colonies, tout comme de Gaulle quand il lançait le RPF.

La traversée du désert a pris fin. Depuis qu'elle est dans le domaine public, la chère Carmen est revenue furieusement à la mode. On tourne film après film sur elle. Les opéras des deux hémisphères se jugeraient déshonorés de ne pas l'inscrire à leur programme une saison sur deux au moins. Ils la représentent avec ce mélange curieux d'incompréhension et de respect tatillon qu'on a de nos jours pour les œuvres, dans des mises en scène effarantes, tandis que la musique et les paroles sont reproduites avec scrupule, ce qui est heureusement l'essentiel. Des ténors allemands, des cantatrices brésiliennes ou yougoslaves chantent « Ma méreu cheu la fois, voï, cheu la fois tans mon fillache... », « Soubiens toâ, boui soubiens toâ qu'on oïlle noâr té legarde et que l'amor tatane. »

Mais peu importe l'accent. Le doux ramage du français résonne dans des endroits où l'on ne l'entendait plus depuis quarante ans. A elle seule, avec sa mantille, son manzanilla, ses castagnettes et son neuf de pique, Carmen en fait plus que les divers hauts comités et commissariats généraux de la langue française que le gouvernement crée chaque semaine : elle donne envie de parler le langage de Victor Hugo et de Balzac à des gens qui n'y pensaient pas.

Comprendra-t-on cette leçon : que, pour être estimé ou admiré à l'étranger, il faut être estimable ou admirable ? Je dis bien : être. Il ne suffit pas de l'avoir été. Pour que l'on parle français ailleurs que chez nous, nous ne devons pas seulement le souhaiter, mais fournir de bonnes raisons de le faire. Nous connaissons la recette. Nous l'avons inventée sous Louis XIV. Elle n'est pas compliquée : il suffit d'avoir les meilleurs écrivains, les meilleurs artistes, les meilleurs artisans, les meilleurs soldats du monde. Tout est facile, alors : le monde veut nous copier. Pour nous copier, il commence par apprendre le français, et il devient sans objet d'introniser des hauts comités ou des commissariats généraux.

En d'autres termes, il faut épater le genre humain. Carmen s'est attelée à la question. Ne nous reposons quand même pas entièrement sur cette excellente fille. N'oublions pas qu'elle est née en 1875. Il est temps de penser à la relève. Cela ne devrait pas être un travail surhumain. Après tout, nous n'avons à concurrencer que les États-Unis et l'URSS, qui n'ont, en fait d'atouts, que Hollywood et Karl Marx.

L'ÉLÉPHANT MOINS LOURD QUE L'ÂNE

Observant la politique américaine, j'ai longtemps cherché quelle différence il pouvait bien y avoir entre l'âne et l'éléphant, c'est-à-dire entre le parti démocrate et le parti républicain. L'un me paraissait vaguement à gauche, l'autre vaguement à droite, et encore je n'en étais pas bien sûr. Finalement j'ai posé la question à un ami qui habite New York.

— Il y a une différence très grande, me répondit-il de façon elliptique : les démocrates veulent un État ; les républicains n'en veulent pas.

Cela signifie que les démocrates désirent de plus en plus

contrôler la vie nationale, sinon la diriger, à l'instar des gouvernements européens, tandis que les républicains sont partisans de laisser le plus d'indépendance possible aux citoyens. Il s'agit là d'une différence fondamentale, de deux philosophies antagonistes. Nous sommes bien devant une droite et une gauche.

Ce qui nous abuse — du moins ce qui m'abusait —, c'est que la gauche américaine est allée beaucoup moins loin que les diverses gauches européennes, barrée qu'elle était périodiquement par la droite qui corrigeait ses orientations. De là l'âpreté des batailles pour le pouvoir. De là aussi la nécessité du *spoils system* qui consiste, quand un parti succède à l'autre, à licencier aussitôt l'administration précédente, et qui nous paraît, de loin, si étrange et si injuste. Un président républicain ne peut conserver les auxiliaires de son prédécesseur démocrate, sous peine d'être trahi à chaque instant.

Vu l'expérience que nous avons de la gauche, nous avons tout intérêt à souhaiter la victoire de Gary Hart sur Ronald Reagan. Celui-ci, après la lamentable présidence démocrate du pauvre Carter, a, grâce à son libéralisme républicain, redonné une force économique formidable aux États-Unis. Le dollar à huit francs est une catastrophe pour l'Europe en général, et surtout pour la France, qui est engluée jusqu'au cou dans la gauche. Avec l'excellent Gary Hart (qui va sans doute éliminer son concurrent démocrate Mondale, lequel est si nul, dit-on, que même ses partisans s'en aperçoivent), nous aurons une Amérique gaucharde, fascinée par nos échecs, tâchant de nous ressembler, et le dollar nous fera enfin le plaisir de redescendre des altitudes où il vole actuellement.

L'URSS regarde Gary Hart avec concupiscence, sachant bien, elle aussi, ce que la gauche apporte de désordre, de pauvreté et par suite d'impuissance à un pays. Carter faisait son affaire, tandis que Reagan est sa bête noire. Cela est évidemment ennuyeux, car une Amérique affaiblie devant une Russie d'autant plus forte n'est guère souhaitable pour nous autres, pauvres Occidentaux. Nous voilà une fois de plus devant ce dilemme désolant : choisir d'être bouillis ou d'être rôtis. Cela dit, il y a gros à parier que Reagan sera réélu, et le dollar n'est pas près de nous fiche la paix.

COUP DE PISTOLET AU CONCERT

Qu'y a-t-il de si abominable dans la prétendue fuite qui a rendu public le rapport que M. Fougier, préfet de police, a adressé au ministre de l'Intérieur le 15 février ?

Je comprendrais l'émoi du gouvernement si le rapport avait révélé des scandales shakespeariens : que le président avait fait assassiner son prédécesseur et jeter ses enfants à la tour de Nesle, ou que le Premier ministre avait vendu à la principauté de Monaco le plan des bottillons à semelles de crêpe, avec fermeture Éclair sur le côté, dont on va doter l'armée française.

M. Fougier déclare simplement qu'il n'y a pas assez de policiers à Paris et que les honnêtes gens ne sont plus en sécurité. A part les quarante-neuf personnes composant le gouvernement, qui ont été foudroyées par cette révélation, je ne vois pas à qui le rapport aura appris quelque chose. Chacun des cinquante millions de Français aurait pu l'écrire lui-même, et y ajouter quelques détails vécus que M. le Préfet a dû omettre.

M. Fougier va-t-il sauter ? Dire des vérités, même

connues de tout le monde, n'est jamais un bon moyen de plaire à ses supérieurs. Ceux-ci ne veulent entendre que des bêtises lénifiantes, comme ils en débitent eux-mêmes quand ils haranguent les citoyens. Surtout les supérieurs socialistes, pour qui la réalité a un vice majeur : elle ne cadre pas avec leurs théories.

En revanche, je puis informer M. Fougier que son rapport a fait plaisir aux pauvres bougres dans mon genre. Que quelqu'un dans la haute administration ne soit ni aveugle ni sourd, c'est bouleversant. Voilà de l'inattendu, voilà du nouveau. Nous avons tellement l'habitude d'entendre nos maîtres chanter : « Tout va très bien, Madame la Marquise... », tandis que le château brûle, que nous sommes charmés de voir le préfet de police en personne tirer un coup de pistolet au milieu de ce concert.

« Tiens, pensons-nous, il est de notre côté celui-là ! Comme c'est étrange ! Enfin un important personnage daigne s'apercevoir que nous sommes assassinés ou volés à chaque coin de rue, et qu'il faudrait un peu songer à nous protéger. Pas possible : nous avons dû mal comprendre. Et, si nous avons bien compris, il ne fera pas de vieux os dans son poste, le malheureux ! »

Ainsi raisonne le menu peuple. Je le note au cas, très improbable, où le gouvernement le lirait.

LA FRANCE AU FÉMININ

Le décret nº 84-153 paru au *Journal officiel* du 3 mars constitue une mine de réflexions pour le philosophe et l'observateur du genre humain. Il « porte création d'une commission de terminologie relative au vocabulaire concernant les activités des femmes ». Le Premier ministre et Mme Roudy l'ont signé sans se douter, je pense, des effets d'un tel texte.

« La féminisation des noms de professions et de titres, dit orgueilleusement le décret, vise à combler certaines lacunes dans l'usage de la langue française. » En lisant de pareilles déclarations, on se demande comment, avec un instrument aussi rudimentaire, Voltaire, Balzac, Hugo, Proust et quelques autres sont arrivés à se faire comprendre, et au surplus à mettre des nuances dans leurs ouvrages.

La commission inventera des féminins qui n'existent pas ; elle « proposera des termes nouveaux pour les fonctions dont la féminisation apparaît impossible » ; elle pourchassera « le sexisme dans les offres d'emploi ». Cette dernière tâche nous apprend qu'elle est optimiste, car les offres d'emploi ne pullulent pas de nos jours.

« Vaste programme, messieurs ! » dit un jour le général de Gaulle entendant quelques chefs de la France libre s'écrier : « Mort aux c... ! » La commission Roudy, qui ne veut la mort de personne, s'est mis elle aussi sur les bras un vaste programme. Il ne s'agit pas moins que de bouleverser dix siècles d'habitudes de langage. Quand on entend les gens compter encore en anciens francs, quoique les nouveaux existent depuis vingt-cinq ans, on ne les imagine guère adoptant les trouvailles de la commission Roudy.

Comment celle-ci va-t-elle se débrouiller avec l'expression « Madame le ministre », qui est évidemment une monstruosité, non de sexisme, mais de grammaire ? « Madame le professeur » n'est pas fameux non plus. « Madame l'enseignante » a quelque chose de sanglant qui éveille des idées pénibles.

Encore une fois on n'a fait les choses qu'à moitié. Pour

écraser le sexisme masculin, il faut le remplacer par le sexisme féminin. Le *Journal officiel* n'est pas fait pour les chiens. Il suffit de décréter que la langue et la vie françaises dans leur entier doivent être mises au féminin, quitte à masculiniser quelques bricoles par-ci par-là. Exemple : les ministres deviendront officiellement des « ministresses ». Si l'on attribue (par mégarde) un portefeuille à un homme, on l'appellera tout simplement : « Monsieur la ministresse ». D'ailleurs on s'est déjà engagé sur cette voie avec les aides-accoucheurs que l'on désigne sous le titre de « Monsieur la sage-femme », quoique l'Académie, j'en porte témoignage, ait suggéré le terme de « maïeuticien ». On convoquera la plombière, non pour la consommer au dessert, mais pour déboucher « la » lavabo.

Au milieu de boulangères barbues, de menuisières, de barytonnes, de commises voyageuses, d'éboueuses, de maçonnes, d'électriciennes, de mineures (ou mineuses ?) du sexe masculin, l'existence aura une saveur très particulière. Certains messieurs, à ce que j'ai cru remarquer, parlent déjà ce langage, et, bien qu'on ne les mît pas à l'asile, on disait volontiers qu'ils étaient des « folles ». Calomnie ! C'était des précurseurs.

LA FRANCE N'EST PAS LA SUÈDE ET LES FEMMES NE SONT PAS DES HOMMES

« Une fille ! Une femme ! ah ! que ces noms sont doux ! Qu'ils sont intéressants ! » Ainsi soupire Chérubin dans *Le Mariage de Figaro.* Je n'ai plus l'âge de Chérubin depuis un certain temps, mais je suis toujours comme lui : je ne puis entendre les mots femme ou fille sans émotion. La femme est le roman de l'homme. Qu'on soit constant ou qu'on soit coureur, la vie n'a point de signification sans elle.

Voilà pourquoi j'aime tant les Mémoires de Casanova. Les femmes ont été son seul souci de l'âge de dix ans jusqu'à sa mort. Vieux et pauvre, il se consolait de ne plus faire l'amour en racontant (avec génie, tant ses souvenirs lui étaient chers et présents à l'esprit) ses campagnes, ses victoires, ses conquêtes. Jusqu'à ses échecs l'attendrissaient. Jusqu'à ses véroles !

Il y a chez Casanova un goût du corps féminin, une curiosité de la peau féminine qui ne sont jamais rassasiés. Et aussi un intérêt passionné pour l'esprit des femmes, qu'il étudie comme un naturaliste, tâchant de découvrir les catégories mentales des lionnes ou des biches, apprenant leur langage pour converser avec ces espèces animales si différentes de l'homme, mais si sensibles à son charme.

Les Italiens ont une façon admirable de déclarer leur amour. Ils disent : *Ti voglio tanto bene,* je te veux tant de bien. C'est le contraire du donjuanisme. Don Juan est méchant, il hait les femmes ; il ne leur veut aucun bien, il ne veut que les rendre malheureuses.

Le philosophe espagnol Marañon a analysé ce personnage avec profondeur. D'après lui, Don Juan est un peu femme lui-même ; à la limite, c'est un pédéraste. Cette vue explique l'impossibilité de Don Juan d'éprouver de l'amour pour ses victimes. Elles sont des ennemies qu'il faut faire capituler, et qui ne sont vaincues que lorsqu'on a ravagé leur territoire de fond en comble. L'attrait qu'éprouvent les femmes pour Don Juan vient de ce qu'elles reconnaissent un être qui leur ressemble ; elles le regardent comme un miroir, comme un double.

Bref, Don Juan, quoique ce soit un spécimen humain assez rare, nous a fait le plus grand tort, à nous autres individus masculins qui nous sentons, dans l'ensemble, les alliés des femmes, et qui nous jugeons inférieurs à elles dans divers domaines. Celui de la famille, par exemple, des sentiments, de la conduite générale de la vie, du caractère.

Les femmes nous dominent, à ce que j'ai observé depuis mon âge le plus tendre. C'est elles qui nous choisissent, contrairement à ce que nous croyons, ou à ce qu'elles nous font croire. Le langage, d'ailleurs, ne trompe pas. Qui « met le grappin » sur qui ? La femme, évidemment, sur l'homme. Jamais l'inverse. Le grappin était un crochet d'abordage que les flibustiers lançaient sur les paisibles navires de commerce afin de s'approcher près d'eux et de les capturer.

Il est indéniable qu'il existe un caractère féminin, de même qu'il existe des caractères nationaux, et qu'un Anglais ne ressemble pas à un Italien. Souvent, du temps que M. Giscard d'Estaing présidait aux destinées de la France, j'ai eu le sentiment que ni lui ni son gouvernement n'avaient bien compris ce qu'étaient les Français. Ils s'adressaient à nous comme si nous étions des gens d'une autre latitude, plus au nord, des naturels des polders ou des fjords, lents, endurants, réfléchis, raisonnables, alors que nous ne sommes rien de tel, et qu'il est bon de le savoir si l'on veut nous gouverner avec une chance de succès. « Ils se trompent de peuple », pensais-je. J'avais raison ; l'événement l'a prouvé.

Un peuple déteste qu'on le prenne pour un autre. Il voit là une injure. Pis que cela : il voit la négation de son être, et il ne le pardonne pas. A certaines périodes, cela tourne au tragique. Pendant la Révolution, la colère populaire s'était cristallisée sur la reine Marie-Antoinette, qu'on appelait « l'Autrichienne » pour bien montrer qu'elle n'était pas de notre sang. Sous Giscard, on disait de M. Poniatowski qu'il était polonais pour des raisons analogues. Heureusement, l'époque était moins féroce.

Les Français, tout au moins au début, se sont assez reconnus dans le gouvernement que nous avons maintenant. Ses actions avaient quelque chose de fou, d'insouciant, de prodigue qui leur a plu. Cela a duré six mois environ. Les socialo-communistes, d'ailleurs, n'en revenaient pas. C'était un état de grâce, comme ils disaient. Puis l'état de grâce a passé, les Français se sont réveillés de l'enchantement. Ils se sont aperçus que la gauche, elle aussi, les prenait pour un autre peuple, qu'elle croyait trouver en eux une population résignée et facile, capable de supporter la médiocrité des pays socialistes, attendant pendant des lustres que « l'expérience » réussisse.

Or la patience n'est pas notre fait. Elle l'est d'autant moins que le plus obtus des citoyens voit bien aujourd'hui que tout se dégrade impitoyablement et qu'on devra encore endurer « l'expérience » pendant deux ans. Tout le monde, dès 1982, avait compris que l'affaire était fichue, qu'une fois de plus le gouvernement de la France gouvernait autre chose que la France.

Dans le domaine plus restreint des femmes, il se produit quelque chose du même genre. On les prend pour des hommes, ce qu'elles ne sont nullement et ne désirent pas être, je crois, dans leur grande majorité. L'autre jour, causant de cela avec Jean-Yves Plancot (qui vient de publier un roman plein d'idées profondes, *Le Style Toutenant*), il me fit cette remarque : « Les femmes sont dans la position du général de Gaulle à Londres : leur faiblesse les accule à être irréductibles, elles ne transigent sur rien. Leur destin est celui de la France libre, qui n'a pas d'armes et qui conquiert le droit à la parole par sa seule force d'âme. »

Quel homme, quel animal masculin ne sait cela ou ne l'a senti ? La partie n'est jamais égale entre l'homme et la femme. Les femmes sont en acier ; les hommes sont en caoutchouc, toujours prêts à accepter des compromis, à « sauver les meubles », attitude qui fait horreur aux femmes, lesquelles, à tout instant, jettent les meubles par la fenêtre.

C'est vrai qu'elles ne sont pas les égales des hommes dans l'organisation de la société, mais elles leur sont supérieures partout ailleurs. Il est dangereux de toucher d'une main trop brutale à ce que la nature a fait avec lenteur, à ce qui s'est arrangé insensiblement au cours des siècles. C'est là le péché des révolutionnaires. Ils démolissent à coups de canon ce qui ne nécessite qu'un dépoussiérage délicat à coups de plumeau.

Il est de bon ton pour les hommes de prendre le parti des femmes, de faire chorus avec les féministes, de dire qu'en effet il faut les « promouvoir » (joli mot de néo-français) et leur établir un « statut », de proclamer que leur esclavage n'a que trop duré. Quel esclavage ? La différence des sexes est bien une des idées stupides du XXe siècle, du même genre que la différence entre les jeunes et les vieux, et que toutes les différences que le monde s'ingénie à trouver. Il n'y a que des différences d'individus.

Certains chefs d'orchestre accomplissent la prouesse de rendre Mozart ennuyeux. Il arrive la même chose aux femmes avec les chefs d'orchestre de notre temps. Ce sujet exquis, si passionnant, qui fournit les plus belles rêveries des hommes, nous fait bâiller comme le récit des luttes syndicales. Molière, cher Molière, où es-tu, qui disais : « La grande ambition des femmes est d'inspirer l'amour » ? Cela doit bien être encore un peu vrai, en dépit de ce qu'on raconte sur elles.

LA PREUVE PAR VAN GOGH

L'État, qui pratiquait le mécénat par le truchement du sous-secrétariat aux Beaux-Arts, a laissé Van Gogh sombrer dans la folie et crever dans la misère. Ses faveurs — c'est-à-dire ses commandes — allaient aux peintres que l'on appelle pompiers. Le pauvre Van Gogh n'a pu subsister et continuer à peindre que grâce au Dr Gachet et à son généreux frère Théo, c'est-à-dire grâce au secteur privé.

Ce que je dis de Van Gogh vaut pour toute l'école impressionniste. Qui, de leur vivant, achetait les toiles de Manet, Monet, Renoir, Degas, Pissarro, Cézanne ? L'étranger. Pendant ce temps, l'État couvrait d'or Bouguereau, Paul Baudry, Gérôme, Bonnat et consorts, dont les productions encombrent les caves des musées de province, tandis que les impressionnistes font le renom du Metropolitan et de l'Ermitage.

Il n'y a aucune raison pour que des politiciens et des fonctionnaires s'y entendent en peinture. Pourquoi s'y entendraient-ils mieux en sidérurgie, en construction automobile, en transports en commun, en organisation bancaire ? Ces choses-là sont moins difficiles à comprendre que la peinture, sans doute, mais elles ne sont pas simples non plus. Elles aussi demandent, en sus des connaissances, un certain don, une espèce de vocation. Il est déjà beau que les politiciens sachent faire de la politique et que les fonctionnaires sachent fonctionner.

Avec les nationalisations, l'État sous-entend qu'il sait tout faire, qu'il est Pic de la Mirandole. Or il ne l'est pas. Et la punition de son orgueil ne tarde pas : il ruine à peu près tout ce qu'il s'approprie, et il ruine le pays qu'il gouverne. Nous voyons cela depuis soixante ans en URSS et dans les pays socialistes.

L'État français a fini par rendre justice à Van Gogh. Quand un de ses tableaux passe en vente, il l'achète un demi-milliard. En 1890, il aurait pu l'avoir pour quarante francs. Nous avons aussi le plaisir culturel de contempler *Les Tournesols* sur le calendrier des Postes où ils ont remplacé le coucher de soleil à Pornichet.

AVRIL

LA DESCENTE EN ENFER

Le spectacle de notre pauvre gouvernement se débattant dans des difficultés affreuses nous enseigne qu'en politique il y a une chose plus dangereuse que de faire des promesses : c'est de les tenir.

En arrivant au pouvoir en 1981, il a eu à cœur de réaliser les merveilles du Programme commun : trente-neuf heures, augmentation du SMIC, nationalisations, embauche massive de fonctionnaires, etc. Tout cela pourquoi ? Pour qu'on ne puisse pas l'accuser d'avoir trompé ses électeurs, ce qui est une puérilité.

Les électeurs ne sont pas aussi bouchés qu'on le croit. Ils s'attendent à être trompés par les partis politiques. Ils se disent que c'est inévitable et que c'est même à souhaiter. Un parti, dès la minute où il a le pouvoir, doit changer d'optique. Gouverner, c'est prévoir. Prévoir, c'est être sage, prudent, économe, passer du genre optimiste au genre rabat-joie, bref, mécontenter tout le monde.

Le gouvernement socialo-communiste a voulu faire plaisir. Ce péché lui a procuré six mois de paradis, qu'il paie par une descente en enfer. Naturellement, les plus ardents contre lui sont ceux pour qui il s'est damné et qui lui reprochent ses folies.

En 1981, les socialistes ont trouvé un héritage dont ils ne parlent pas, mais qui était bien là : un énorme magot que MM. Giscard et Barre, avaricieux célèbres, avaient entreposé dans les caves de la Banque de France. Ce trésor les a éblouis. Ils l'ont cru inépuisable. Il a fondu si vite que la France, aujourd'hui, doit cinquante-quatre milliards de dollars à l'étranger.

C'est maintenant que le magot de l'ancien régime serait utile. Pour adoucir les malheurs de la sidérurgie, par exemple, qui étaient très prévisibles il y a trois ans. Ou pour augmenter les effectifs de la police, ce qui était également prévisible, vu la montée constante de la criminalité. Mais il n'est plus là. Il a servi à nous donner des roses. Les roses sont fanées et nous n'avons pas de quoi acheter du pain.

LA GAUCHE EST UN BLOC

Il est de bon ton, dans l'opposition, de concéder que le gouvernement, ici ou là, a été moins maladroit qu'il ne l'est d'ordinaire, que telle mesure qu'il a prise pourrait avoir du bon, que tel projet a des chances de réussir, etc. On se donne de la sorte un air de bonne foi, de bonne volonté, qui fait chic dans la polémique. Sous-entendu : nous ne sommes pas des fanatiques, nous autres, nous reconnaissons les bons côtés de nos adversaires qui n'étaient pas aussi fair-play quand nous étions au pouvoir.

Messieurs de l'opposition, j'ai le regret de vous dire que vous vous mettez le doigt dans l'œil, et même plusieurs doigts dans les yeux : tactiquement, stratégiquement, philosophiquement. Personne ne vous sait gré de votre élégance. Elle irrite vos partisans qui, formant la base, sont plus radicaux que vous ou, si vous préférez, plus manichéens. Pour eux les choses sont simples : ils rejettent en bloc la gauche qui leur paraît toute noire. Ils ne veulent pas entendre parler de nuances. Ils pensent (en quoi ils ont raison contre vous) que l'heure n'est pas aux politesses.

Ils font la guerre totale. Votre guerre en dentelles, votre chevalerie ne sont à leurs yeux que des bêtises frisant la trahison. Quand l'ennemi a envahi le territoire, quand il courbe tout sous sa loi, il ne s'agit que d'une chose : le chasser. On ne dit pas à un peuple en pleine insurrection : « Vous savez, ce n'est pas si mal, ce que vient de décider l'occupant. Cela pourrait être mieux, bien sûr, mais il y a de l'idée. » Le peuple insurgé reçoit ces paroles sur la tête comme une douche froide. Elles ne peuvent que le décourager et le démobiliser.

Quant à la gauche, ne croyez pas qu'elle sera touchée par votre généreuse équité. En premier lieu, elle s'en fout. En second lieu, elle se servira de vos approbations pour sa publicité : « La droite elle-même s'incline devant notre œuvre. La preuve : elle nous félicite d'avoir fait ceci et cela, elle admire notre action dans tel domaine, etc. »

C'est sur le plan philosophique que votre attitude est le plus indéfendable. « La révolution est un bloc », disait Clemenceau, suggérant ainsi qu'on devait l'accepter ou la rejeter dans son entier. Idem pour le pouvoir actuel. Ce n'est pas un buffet où l'on choisirait un bon sandwich au milieu d'une pile d'aliments avariés ou une coupe de champagne buvable parmi des litres de vin éventé. Il est des buffets dont il ne faut même pas s'approcher.

Tout est bloc, en ce monde. Je veux dire que tout est animé par une volonté propre, qui est bonne ou mauvaise.

Étant au pouvoir, la gauche est un bloc, et ce qu'elle entreprend découle d'un dessein général auquel on adhère ou non. Si l'on refuse le dessein, il faut refuser aussi les conséquences, même si dans deux ou trois cas particuliers elles semblent plutôt bénéfiques.

Les gens qui combattent la gauche doivent poser en principe que ce qu'elle apporte est globalement mauvais. Cela n'est pas du sectarisme, mais une réaction de prudence, comme celle que l'on a devant les actes d'un individu dont on connaît le caractère et les facultés intellectuelles, dont on sait, par exemple, que c'est un imbécile. Un imbécile, aussi, est un bloc. Ce qu'il décide, ce qu'il accomplit, même si, par un heureux concours de circonstances, cela tourne bien, n'en est pas moins une décision ou une action d'imbécile. Les heureux concours de circonstances ne sauraient entrer dans les prévisions.

Remettre son destin entre les mains d'imbéciles est dangereux. Ils vous conduisent à la ruine. Il faut les écarter sans faiblesse, pour leur bien autant que pour le nôtre. Chercher à la loupe un petit domaine où, par extraordinaire, il n'ont pas fait de dégâts est une niaiserie et une perte de temps. La question n'est pas là. D'ailleurs, la question n'est jamais dans les détails (sauf en littérature, mais c'est un autre sujet).

La gauche, qui gouverne comme nous voyons, a une bien meilleure technique de l'opposition que la droite. Nous l'avons observé pendant les vingt-trois années que celle-ci a détenu le pouvoir : la gauche n'a pas cédé un pouce de terrain, trouvant tout mauvais, sans exception, alors qu'il y avait une quantité de réalisations excellentes, et plus d'une remarquable.

Cet art de n'être content de rien lui vient de ce qu'elle a eu très peu l'occasion, en deux cents ans, de diriger le pays.

Quand on est constamment opposant, on finit par connaître à fond le métier. Elle a été particulièrement inspirée dans ce rôle sous le Second Empire, où ses tenants s'étaient donné le nom d'« Irréconciliables ». Trouvaille d'autant plus ingénieuse que Napoléon III était le type même du souverain progressiste, réformateur, socialisant, qui avait toutes les raisons de plaire à la gauche. Comparée à l'Empire, la IIIe République marque un retour en arrière, une reprise en main du pays par les riches.

Curieusement, aujourd'hui qu'elle gouverne et qu'elle détient un pouvoir absolu, c'est encore dans l'opposition que la gauche montre son savoir-faire. Elle dépense la moitié de son énergie à piétiner le régime qui l'a précédée. Pour elle, ce temps de souffrance n'est jamais révolu. Vitupérer la Ve République de De Gaulle, de Pompidou et de Giscard, exorciser la droite démoniaque est son épopée, son saint livre. Pendant deux ans et demi, elle nous a rompu les oreilles avec ce qu'elle appelait « l'héritage », c'est-à-dire les difficultés et les crises qu'on lui avait prétendument léguées, sans souffler mot de la puissance industrielle et de la prospérité, uniques dans toute notre histoire, qu'a créées la république gaullienne, et qu'elle dilapide à toutes mains.

A présent elle n'ose plus guère invoquer l'héritage ; elle a changé un peu de musique, mais la chanson est pareille : elle proclame qu'il est urgent de « moderniser » la France, ce qui est assez cocasse (mais que nul ne relève) dans une nation qui a produit le Concorde, l'Airbus, la fusée Ariane, et surtout qui est devenue, malgré l'obstination de cette gauche si furieusement moderniste, une des cinq puissances nucléaires du monde.

Napoléon a été finalement vaincu parce qu'il avait enseigné la guerre à l'Europe. Dieu sait que la gauche actuelle n'est pas Napoléon. Du moins il y a une chose à apprendre d'elle : son sectarisme si bête et si efficace. On disait de M. Mitterrand, avant son élection, qu'il était le « ministre de la Parole ». Étant entendu que la parole est invective. Rien d'autre.

LE COUP DE GRÂCE

Tout est beau, tout est exemplaire dans la mort du général Delfosse, tué par deux bandits au cours d'un cambriolage de banque à Lyon. Dans les dangers actuels, qui sont crapuleux et obscurs, où les gens sont abattus comme des bêtes, le général Delfosse a montré que l'on pouvait mourir dignement.

Apostrophé par un des voleurs, il s'est écrié : « Je vous interdis de me tutoyer. Je vous donne l'ordre de vous rendre. » Qui parle ainsi aux criminels, de nos jours ? Il est le seul, à ma connaissance. Les dialogues habituels des autorités avec les voyous sont très différents.

Le général Delfosse était en uniforme. Il a refusé de déshonorer cet uniforme en se couchant par terre comme les autres clients de la banque, et ne s'est pas laissé intimider par les revolvers des assassins. Ils l'ont tué alors qu'il avançait le bras héroïquement pour les appréhender. Ils ont tiré cinq fois sur lui. La cinquième balle, disent les journaux, était « le coup de grâce ». Ces braves garçons étaient déconcertés que quelqu'un osât leur tenir tête. S'ils sont arrêtés un jour, leur avocat servira cet argument en guise de circonstance atténuante, j'en prends le pari.

Le coup de grâce donné au général Delfosse est un coup de grâce administré à ceux qui ont supprimé la peine de mort. Sachant qu'ils risquaient leur tête, les bandits de Lyon n'auraient pas achevé leur victime. Ces sortes de gens sont des lâches que seule la peur peut retenir. Mais pourquoi se gêneraient-ils ? Il n'y a plus de sanctions à la mesure des crimes.

L'ÉTAT DE L'UNION

Le parti communiste et le parti socialiste sont en train de vivre la tragédie des vieux couples. Ils se haïssent, ils se jettent des horreurs à la tête, chacun souhaite la mort de l'autre, mais aucun des deux ne veut divorcer, parce que le divorce coûte trop cher et que cela ferait mauvais effet dans le quartier.

Les voisins se souviennent encore du mariage et des festivités qui l'ont marqué. Les époux leur ont-ils assez cassé les pieds avec leurs bouquets, leur marche nuptiale, François en jaquette, Georgette en blanc avec une couronne de fleurs d'oranger ! C'était le plus beau mariage de la Ve République. Le bon peuple n'a pas été le dernier à se réjouir. On a dansé partout.

Et maintenant il faudrait se séparer piteusement, donner raison aux tristes figures qui prédisaient que le joli roman se terminerait par des coups de poing et des assiettes cassées ? Ah non ! plutôt crever ensemble, face à face, l'écume à la bouche, dans la détestation absolue, dans le désespoir.

Il y a l'appartement, aussi. C'était une bonbonnière quand les mariés du mois de mai s'y installèrent : tentures fraîches, meubles neufs, rideaux de satin rose, bibelots précieux hérités du précédent locataire. Qu'est-ce devenu ?

Un champ de bataille ! Les bibelots sont en miettes, les fauteuils n'ont plus que trois pattes, les rideaux pendent comme des drapeaux en berne, affreux résultat des querelles et des violences quotidiennes. Non seulement on n'a plus d'argent pour refaire les peintures et réparer les chaises, mais encore on en doit partout.

Un jour, les deux vieux épouvantails seront tellement à la cote qu'ils ne pourront pas payer le terme. Alors, on les mettra à la porte et ils seront bien forcés d'aller chacun de son côté, en poussant des soupirs de soulagement. Le bonheur sera de nouveau possible. Comme disait plaisamment Giraudoux parodiant Lamartine : « Un seul être nous manque et tout est repeuplé ! »

EN FINIRA-T-ON UN JOUR AVEC LE MYTHE DE TALLEYRAND ?

L'autre soir, dînant chez des amis, j'eus avec un des convives l'éternelle conversation sur le président de la République : est-il sincère dans ses convictions ou joue-t-il à l'homme de gauche par ambition personnelle ?

— Il est sincère, dis-je. Le socialisme a été pour lui un drame de la ménopause. Il a rencontré Karl Marx alors qu'il atteignait un âge critique. Il en est tombé amoureux fou, comme une rombière découvrant le yoga et le riz complet, et qui convertit ses élans amoureux en élans mystiques.

— Allons donc ! s'écria mon interlocuteur. Il n'a pas plus lu Marx que vous, que moi, que neuf dixièmes des marxistes. Marx dit le contraire de ce que racontent les socialistes et les cocos. Sa doctrine est qu'il faut affaiblir l'État au profit de l'individu. Le gouvernement actuel fait l'inverse. L'URSS de même, ainsi que tous les pays qui se prétendent marxistes.

Je concédai que le président n'avait sans doute pas lu *Le Capital,* mais qu'il n'en était pas moins marxiste au sens où l'on entend ce mot aujourd'hui et que, comme tous les convertis, il en rajoutait.

— Je l'imagine, dis-je, tombant à genoux au Congrès d'Épinay comme Pauline dans *Polyeucte* et proclamant : « Je vois, je sais, je crois, je suis désabusé ! »

— C'est possible, rétorqua mon bonhomme, mais il mentait. Il ne croit à rien de ce qu'il dit.

— Pardon, objectai-je. Il n'y croit peut-être pas avant de l'avoir dit, mais il y croit après l'avoir dit. D'ailleurs, c'est ce qui se passe pour la plupart des gens.

Là-dessus, la discussion prit un tour assommant. Mon contradicteur me fit un long exposé sur la carrière politique de M. Mitterrand, dont il ressortait que celui-ci avait toujours eu des idées et des manières de droite. Le gaillard était terriblement informé. J'eus droit à toutes sortes de détails que je m'empressai d'oublier, mais qui étaient impressionnants. Mitterrand, homme d'ordre, homme d'autorité, s'était métamorphosé en socialiste militant à la minute où cela avait été avantageux pour lui. N'y avait-il pas là une étrange coïncidence ?

— Il est très rusé, très habile, très fort, ajouta-t-il. Le parti socialiste et le parti communiste ne sont pour lui que des marchepieds. Il s'en débarrassera dès qu'ils ne lui serviront plus. Il ne veut qu'une chose : rester à l'Élysée. Vous verrez qu'il y restera, quitte à renier tout ce qu'il a fait pour y entrer.

A ce point de la conversation, il m'arriva ce qui m'arrive ordinairement en pareil cas : je fus saisi de découragement.

Je pris l'air stupide, ce qui ne me coûte pas d'effort, et j'acquiesçai à tout. Quand je m'ennuie, je suis capable des plus insignes lâchetés.

Comment faire comprendre à mon interlocuteur que son analyse cynique, dont il paraissait assez fier, ne reflétait que l'illusion courante du petit-bourgeois qui se figure que l'intérêt mène les hommes, alors que c'est les passions ? Je préférai feindre d'avoir été convaincu. Il faudrait avoir sans cesse présente à l'esprit la maxime si profonde de Ballanche : « On ne peut discuter que si l'on est du même avis. »

Les convictions socialistes du président de la République, quoi qu'on puisse me raconter, me semblent indiscutables, et c'est bien en cela que je le trouve dangereux. Que j'aie raison ou non avec mon histoire de ménopause, il n'en reste pas moins que l'on ne saurait juger un homme d'État sur autre chose que ses paroles et ses actes. S'il est un domaine où la philosophie existentialiste s'applique quasi mathématiquement, c'est la politique.

Prêter des sentiments secrets à un homme public est une niaiserie. Dans mon enfance, quelques historiens s'échinaient à démontrer que Napoléon avait horreur de la guerre, mais qu'il y était sans cesse acculé par les coalitions qui se formaient contre lui. Je le veux bien. Cependant, il faut convenir qu'il ne faisait pas grand-chose pour éviter les conflits et qu'il prenait quelquefois la décision de les déclencher lui-même. Les deux plus décisifs, l'expédition d'Espagne et l'invasion de la Russie, sont bien de son fait.

J'ai beau chercher dans les actions de M. Mitterrand, je ne vois rien depuis trois ans qui ne soit pas d'un socialiste. Je confesse même que j'ai été étonné, au début de son septennat, qu'il se dépêchât tant dans ses réformes. Il les jetait à pleines mains au peuple, qui n'en demandait pas tant, et surtout qui ne le demandait pas si vite.

Avait-il besoin, s'il jouait la comédie, de prendre des ministres communistes dans son gouvernement ? C'était rompre les ponts pour toujours avec la droite, c'était brûler ses vaisseaux. D'autant qu'il ne ligotait nullement le PC de la sorte : nous le voyons bien à présent. Selon moi, il croyait tout à fait à l'union de la gauche. Il était persuadé que, grâce à cette ligue fraternelle, il allait changer la société française. C'était là une grande ambition, et bien digne d'un grand ambitieux, puisqu'il en est un, selon les petits Machiavels des dîners en ville qui oublient qu'au-delà d'un certain degré d'ambition on cesse d'avoir des intérêts égoïstes, on confond sa propre personne et l'œuvre qu'on a entreprise. Le désir de la gloire est encore plus fort que celui du pouvoir.

Aujourd'hui, M. Mitterrand fait une politique de droite, mais je donnerais ma tête à couper qu'il ne l'avait pas prévue, qu'il ne s'y résigne que parce que le monde a résisté à sa volonté et qu'il lui est impossible d'agir autrement. C'est la mésaventure habituelle des doctrinaires. Cela ne signifie pas qu'il soit un opportuniste ou un arriviste ordinaire. Si la réalité desserrait son étreinte, il reviendrait aussitôt à ses conceptions marxistes (ou prétendues telles). Avec les gens avides seulement de pouvoir et d'honneurs, on peut s'entendre un jour ou l'autre, rien n'est jamais irréversible, rien n'est jamais perdu. Avec des gens comme je pense qu'est le président, seule la guerre est possible et, au bout, un vaincu et un vainqueur.

Les Français vivent sur le mythe de Talleyrand ; ils croient que plus un homme est intelligent, plus il est malléable, plus il se plie aux événements, quitte à se renier périodiquement, tout cela au nom des intérêts supérieurs de la France. Or ce n'est pas vrai. Il est des hommes qui ne se renient pas et qui, pour ce qui est des intérêts supérieurs du pays, jugent qu'ils les connaissent mieux que personne. Je crains que nous n'ayons un homme de cette trempe à notre tête. Quand on a voulu être Robespierre, on ne devient pas Tallien.

LE MUR D'ARGENT

Il y a deux façon de se libérer de ses dettes : les payer ou ne pas les payer. Nous avons beaucoup pratiqué la première. C'était un sujet de fierté pour les manuels d'histoire qui, dans ma jeunesse, n'avaient pas assez de louanges pour M. Thiers, appelé le « libérateur du territoire » parce qu'il avait réglé rubis sur l'ongle les cinq milliards de francs-or réclamés par Bismarck après la guerre de 1870.

Autre héros de la probité commerciale : le baron Louis, auteur de la célèbre formule : « Faites-moi de bonne politique, je vous ferai de bonnes finances. » Lorsque Louis XVIII le prit comme ministre en 1815, le Trésor était vide. Il eut deux idées géniales : déclarer que les créanciers de l'État étaient sacrés et devaient être remboursés en priorité ; faire assumer par le roi les dettes de l'empereur.

Ne pas payer est un système qui a aussi ses avantages. Jusqu'à présent nous en avons été les victimes, notamment avec les Chemins de fer russes. Le gouvernement soviétique a empoché l'argent prêté au tsar par la petite épargne française et n'en a pas rendu un kopek.

Pour se livrer à une fantaisie de ce genre, il faut être de gauche. On ne la tolérerait pas d'un régime de droite. Je crains que notre gauche ne soit pas tout à fait assez à gauche pour s'offrir le luxe d'être malhonnête avec l'étranger. Elle a tout juste le pouvoir de l'être avec les Français. Il faut dire que là elle n'y va pas de main morte.

D'après M. Christopher Hughes qui collabore au *Monde,* notre dette extérieure se monte à cinq cent quatre-vingt-huit milliards de francs. N'espérons aucun moratoire : nous payerons jusqu'au dernier centime. Cela vaut mieux, même si l'on doit se serrer la ceinture jusqu'à l'an 2000, que de devenir une république populaire.

Quand même, il serait plaisant que le gouvernement fît « de bonne politique ». Je ne sais si cela nous donnerait de bonnes finances. En tout cas, elles pourraient difficilement être pires qu'elles ne sont. « Un État qui veut avoir du crédit doit tout payer, mêmes ses sottises », disait avec rudesse le baron Louis à Napoléon. Certes, cher baron, mais il est un peu fatigant qu'il ne paye que ses sottises.

IL MANQUAIT UNE PANCARTE

Rien n'est plus inquiétant que les euphémismes, surtout quand ils commencent par le préfixe « re ». Ce « re » signifie que les autorités ont fini par s'apercevoir que quelque chose n'allait pas et qu'elles ont l'intention, soit de le changer en pire, soit tout simplement de le supprimer.

Les pauvres salariés sont documentés là-dessus. Quand un patron (libre ou nationalisé) les convoque pour leur expliquer que l'entreprise envisage une « restructuration », leur cœur se serre. Ils savent où mène ce préambule. Le patron, après quelques considérations sur la dureté des temps et la nécessité de se moderniser, leur annonce qu'il est « impératif » de procéder au licenciement de six douzaines de personnes, lesquelles auront de la sorte le loisir de « se recycler », autrement dit de mourir de tristesse en tâchant d'apprendre un nouveau métier qu'elles n'exerceront jamais.

Que peut faire le pauvre salarié quand on agite devant lui le spectre de la restructuration ? Rien. C'est comme une malédiction qui lui tombe sur la tête et dont il ne peut même pas tenir rigueur à son employeur, car la dureté des temps et la modernisation ne sont pas de vains mots, encore qu'il arrive assez souvent qu'on les prenne comme prétextes.

Si les gens qui se servent des euphémismes savaient que ceux pour qui ils les inventent les traduisent aussitôt et éprouvent un redoublement d'amertume qu'on leur dore ainsi la pilule, ils reviendraient à un vocabulaire plus brutal. Mais ils sont dupes des mots, eux aussi. Ils seraient les premiers choqués par des termes tels que « saquer », « virer » ou « débaucher ». Et puis « restructuration » leur donne un vague espoir dans l'avenir. L'espoir d'on ne sait quel miracle économique.

Selon M. du Marsais, auteur du *Traité des tropes* (1770), l'euphémisme sert à « déguiser des idées désagréables, odieuses ou tristes sous des noms qui ne sont point les noms propres de ces idées ; et ils en expriment de plus agréables, de moins choquantes ou de plus honnêtes selon le besoin. C'est ainsi que le bourreau est appelé par honneur le Maître des hautes œuvres ».

Le plus inquiétant dans le plan acier du gouvernement est la formule qu'il a trouvée pour le faire avaler à la Lorraine, à savoir : « Redéploiement industriel ». Selon le mécanisme euphémique, redéploiement signifie amenuisement. Mais c'est un très beau mot, évoquant un aigle qui aurait fermé ses ailes et qui soudain les rouvrirait avec plus d'envergure qu'auparavant pour s'envoler dans des altitudes jamais explorées encore, alors que le malheureux oiseau est perclus de rhumatismes, aussi déplumé qu'on peut l'être, et qu'à vouloir le remuer on risque plutôt d'aggraver son état que de le guérir.

Les sidérurgistes lorrains, en défilant vendredi de la Nation au Champ-de-Mars, ont oublié une pancarte : « A bas l'euphémisme, vive la vérité ! »

L'AVENIR DE LA GAUCHE

Il y a trois ans, cherchant les raisons qui avaient poussé les Français à élire M. Mitterrand à la présidence de la République et à garnir l'Assemblée d'une majorité socialo-communiste, j'en trouvai une qui me parut péremptoire : c'est que les citoyens étaient exaspérés par la politique de gauche que faisait la droite et qu'ils espéraient, en donnant le pouvoir à la gauche, que celle-ci ferait — enfin — la politique de droite à laquelle ils aspiraient.

J'exposai cette idée. Deux ou trois lecteurs attentifs s'en souviennent peut-être. Bien entendu, le gouvernement, selon sa coutume, ne me lut pas. En quoi il eut tort car, s'il m'avait lu et s'il avait tenu compte de mes avis, il aurait gagné trois ans.

Quel gâchis pendant ce temps ! Le prétendu changement n'était que l'aggravation du « libéralisme avancé » qui nous avait tant hérissés. C'était bien la peine, assurément, de changer de gouvernement pour entendre les mêmes balivernes qu'auparavant, et passer notre temps à pester contre des gens qui nous coûtaient encore plus cher que leurs prédécesseurs tout en étant plus incommodes qu'eux.

La démocratie est un régime fatigant, car on n'y prend de décisions qu'après avoir fait l'expérience des catastrophes, alors qu'on se les épargnerait avec un peu de raisonnement.

En exonérant de cotisations sociales les entreprises lorraines qui créeront des emplois, le gouvernement s'est enfin engagé dans cette heureuse politique de droite qui est la seule capable, les choses étant ce qu'elles sont, de redonner quelque espoir et quelque confiance aux Français.

Maintenant que le premier pas est fait, pourquoi ne pas rétablir la peine de mort, par exemple, et guillotiner une cinquantaine de scélérats couverts de crimes ? Le peuple pousserait des cris de joie à cette nouvelle. On pourrait également inciter les capitalistes français à ouvrir des comptes bancaires en Suisse, encourager le travail au noir, ce qui résorberait la moitié ou les trois quarts du chômage, rendre la Sécurité sociale facultative, dénationaliser ce qui n'a pas besoin d'être sous la coupe de l'État, etc. Il y a trente ou quarante mesures réactionnaires à prendre, que le gouvernement devrait avoir prises depuis longtemps déjà.

Il a tout intérêt à le faire. Cela lui permettrait de gagner les élections de 1986. M. Mitterrand serait président à vie, tant on serait content de lui. Les communistes seraient heureux aussi car ils pourraient taper sans retenue sur leurs ennemis héréditaires, les socialistes. Il ne faudrait pas oublier de débaptiser les diverses avenues Allende de la banlieue parisienne. On pourrait les appeler avenue Thatcher ou, au choix, boulevard Reagan.

LA VIE LITTÉRAIRE À PARIS

En 1976, j'acquis la certitude définitive que le meilleur second métier pour un écrivain était d'être président de la République. Je le soupçonnais depuis quelques années et je pensais que si, par chance, je décrochais ce petit poste (comme dit le duc de Maulévrier), cela aiderait, par la réclame que cela me ferait, à la vente de mes ouvrages en prose.

J'eus quelque velléité en 1974 d'être candidat, mais j'avais alors un roman en train, qui m'amusait, que j'écrivais avec plaisir. Je me tins le raisonnement suivant : « Il est très difficile de composer un roman, tandis qu'il est à la portée du premier chien coiffé venu d'être président de la République. Puisque mon roman marche bien, il ne faut pas le lâcher, il faut le conduire d'une main de fer jusqu'au dénouement. Il sera bien temps, dans sept ans, de faire le guignol. »

On se rappelle que les deux candidats restés face à face au second tour des élections étaient M. Mitterrand et M. Giscard d'Estaing. Quoique leur compétition ne m'intéressât que médiocrement, je faisais des vœux pour le second plutôt que pour le premier. C'est que M. Mitterrand avait publié plusieurs volumes et, bien qu'il fût officiellement un homme politique, on pouvait dire qu'il était aussi homme de lettres. Ma faveur allait à celui qui ne m'ôtait pas le pain de la bouche en exerçant mon métier.

M. Giscard m'inspirait une confiance absolue. C'était un matheux sorti de Polytechnique, ayant fait carrière dans les finances. Lorsqu'il discourait, on avait le sentiment agréable que les jolies périodes, les antithèses bien équilibrées, les métaphores lui étaient complètement indifférentes. J'eus cependant un moment de panique quand il déclara qu'il avait « regardé la France au fond des yeux ».

Je détectai là une poussée de poésie d'autant plus dangereuse que je ne parvenais pas à comprendre ce qu'il voulait dire. Comment avait-il fait son compte, d'abord pour trouver les yeux de la France, et ensuite pour les examiner ? Cette ophtalmologie politico-littéraire me tracassa tant que je me demandai si, finalement, je ne voterais pas pour son rival. En fait d'yeux, M. Mitterrand était suffisamment occupé par les siens propres pour ne pas s'inquiéter de ceux de la France. Il battait des cils, coulait des regards de velours, baissait tendrement les paupières et les relevait en dévoilant un œil de tigre. On pouvait être tranquille avec cet homme-là : il ne regarderait jamais autre chose que lui-même.

Tout bien pesé, je votai pour M. Giscard. Certes, il y avait ces yeux de la France au fond desquels il avait plongé les siens ; il avait même aggravé son cas en confiant qu'il lisait avec ferveur Flaubert et Maupassant, détail qui avait accentué ma mauvaise impression. Qu'allait-il chercher chez ces auteurs ? Des récits, des anecdotes, des intrigues romanesques, des sentiments, du style enfin, toutes choses bien alarmantes. Le passif de M. Mitterrand, c'est-à-dire trois ou quatre mille pages sorties de sa tête pensante, des phrases amoureusement ciselées, des maximes « frappées dans le bronze », comme disent les critiques, était incommensurablement plus lourd.

M. Giscard fut élu, comme on sait, et je m'en réjouis. Il avait quarante-huit ou cinquante ans, et pas une ligne imprimée à se reprocher. Ce n'est pas à cet âge qu'on débute dans les lettres. Je pensai en outre que son nouveau métier l'absorberait, qu'il n'aurait ni le loisir ni le repos d'esprit nécessaires à la création littéraire, et que cela ferait autant de concurrence en moins.

Patatras ! M. Giscard, au milieu de ses travaux, trouva le temps de griffonner cent cinquante pages, qu'il offrit à un éditeur, lequel en tira un livre, qu'il vendit à un million ou davantage d'exemplaires, en dépit du titre lamentable de *Démocratie française,* propre à décourager les rats de bibliothèque les plus endurcis.

On imagine ma tristesse et ma colère. J'avais derrière moi vingt-cinq ans d'exercice quotidien de la littérature, j'avais écrit plus de trente bouquins, pleins de beautés, et dont les titres étaient bien dignes d'allécher le chaland. A part un petit succès par-ci par-là, dû en général à des malentendus, mes tirages ne dépassaient guère dix ou quinze mille exemplaires. Et voilà qu'un débutant, à son premier essai, me remettait ignominieusement à ma place de besogneux, de gagne-petit des lettres, pour l'unique raison qu'il habitait faubourg Saint-Honoré.

Je dois convenir que j'ai moins de crève-cœur avec M. Mitterrand. Ses débuts à la présidence de la République avaient pourtant de quoi m'effrayer. Lors de son élection, un illustre critique avait intitulé l'article qu'il lui avait consacré : « Un écrivain né ». J'avais frémi. Je le voyais publiant un livre tous les trimestres, passant chaque semaine à « Apostrophes », mobilisant des pages entières d'exégèse dans les journaux, réimprimé à tour de bras, bloquant l'entrée des librairies par les piles de ses ouvrages, chassant à tout jamais mes pauvres productions des foyers français alphabétisés.

Or, pas du tout. M. Mitterrand est un confrère exemplaire : depuis trois ans, pas une ligne, pas un placard de publicité, rien. Si l'on réédite ses anciens ouvrages, on le fait avec tant de discrétion que je n'en entends point parler. Mieux encore, le cher homme me fouette l'inspiration (en tant que président, bien sûr, non en tant que barbouilleur de papier), et c'est moi qui publie des livres dont il est le héros. Il y en a déjà trois, et ce n'est pas fini. Le dernier en date s'intitule *Le Septennat des vaches maigres.* Avouez que cela a plus de ragoût que *Démocratie française* et même que *La Paille et le Grain.*

Le seul inconvénient de M. Mitterrand est que, par l'intermédiaire de M. Delors, il me prend la majeure partie de mes droits d'auteur. Jalousie de sa part, sans doute. N'écrivant plus, cela l'agace de voir que d'autres n'ont pas perdu leur fécondité, qu'ils l'entretiennent même sur son dos.

On ne peut, malgré tout, être jamais tout à fait tranquille. Voilà qu'on reparle ces temps-ci d'une brochure de M. Mitterrand : *Le Coup d'État permanent.* Je ne sais qui a eu l'idée d'aller déterrer ce factum dans les caves de son éditeur, d'en acheter quelques centaines d'exemplaires invendus, d'en faire une espèce de service de presse et une distribution publique, mais je ne lui fais pas mon compliment.

Ce *Coup d'État permanent* est d'une lecture assez piquante. On y voit l'auteur faire son propre procès, expliquer qu'il est un dictateur, un tyran liberticide, Dieu sait quoi encore. Curieusement, il s'y donne le nom de De Gaulle et situe la chose il y a vingt ans. Le succès d'un tel ouvrage peut être grand, et cela n'a pas échappé à M. Mitterrand qui a fait savoir qu'on allait en avoir une édition nouvelle cette semaine. Tout le monde va se jeter dessus, évidemment, et cela gênera la vente de mon *Septennat des vaches maigres.* La vie n'est pas simple.

Pour en revenir à M. Giscard d'Estaing, il n'a plus, Dieu merci, les triomphes qu'il avait avant que M. Mitterrand lui ait pris sa place. Son dernier livre, *Deux Français sur trois,* ne s'est vendu qu'à cent cinquante mille exemplaires. Vous me direz que ce n'est encore pas mal pour quelqu'un qui n'est pas du métier, et qu'il me sied bien, à moi, de faire la petite bouche. Sans doute. Mais nous sommes loin des tirages présidentiels.

Chers lecteurs, cette chronique a été si déprimante à écrire que j'ai grand besoin de repos. Aussi ne publierai-je rien la semaine prochaine ni celle d'après. Profitez de cette absence pour lire *Deux Français sur trois* et *Le Coup d'État permanent.* A mon retour, mon style vous paraîtra exquis.

MAI

LES DEUX IMPÔTS

Il est rare qu'un service public entérine officiellement la victoire du mal sur le bien. La société, en toute circonstance, conserve un minimum d'hypocrisie. Les affiches que la RATP a placardées dans le métro afin que les voyageurs se précautionnent contre les voleurs disent clairement aux étrangers qui empruntent ce moyen de transport : « Attention ! les Français sont un peuple de brigands ! » Voilà qui va donner au tourisme un essor nouveau.

Jadis, les affiches du métro conseillaient aux usagers de se taire et de se méfier car les murs avaient des oreilles. A présent, les murs ont des mains, qui tantôt vous subtilisent votre argent, tantôt vous plongent un couteau à cran d'arrêt entre les omoplates. Les murs sont aussi dangereux en temps de paix qu'en temps de guerre.

Les slogans de la RATP m'ont fait penser à M. Badinter et m'ont aidé à comprendre pourquoi ce pauvre homme, si honorable au demeurant, était si impopulaire. C'est qu'il double M. Delors.

Nous payons deux impôts, en effet : l'un au fisc et l'autre

aux bandits qui raflent ce que le fisc laisse. Deux impôts, c'est un de trop. Être écorché légalement, passe encore, l'être illégalement, c'est intolérable. M. Badinter, garde des Sceaux, ayant œuvré pour qu'on supprimât la peine de mort, paraissant n'avoir de considération ou de compassion que pour les délinquants, a fini par passer aux yeux du public pour un second ministre des Finances dont les agents sont les innombrables coquins qui opèrent partout en toute tranquillité et contre lesquels il n'y a pas plus de recours que contre les percepteurs.

Le gouvernement n'a que le mot de solidarité à la bouche. Vivant dans l'insécurité perpétuelle, quelle solidarité les Français peuvent-ils éprouver pour leurs concitoyens ? Ils voient en chacun un ennemi qui veut leur arracher le peu que l'État n'a pas pris lui-même. Ils vivent derrière des portes blindées et les moins lâches ont un fusil de chasse dans leur placard à balais.

LES CHAUSSURES DU POÈTE LOPEZ OU : RENTRER, C'EST MOURIR UN PEU

Les poètes disent quelquefois des bêtises qui, pour leur malheur, ne tombent pas dans l'oreille d'un sourd. Henri de Régnier aurait mieux fait de se taire quand il lâcha l'aphorisme célèbre : « Vivre avilit. » De même Haraucourt en énonçant : « Partir, c'est mourir un peu. » Du moins eut-il la chance que Prévert fît une contrepèterie avec sa délicate pensée : « Martyr, c'est pourrir un peu. »

Moi qui ne quitte guère mon rond de cuir et mes paperasses, je suis parti pour l'autre bout du monde en espérant, comme Baudelaire, trouver du nouveau. Mais il n'y a plus de nouveau nulle part, à présent. Tout est pareil partout.

Où qu'on aille, c'est Sarcelles. Les seuls endroits qui aient gardé un peu de charme sont les plus pauvres : on n'a pas eu assez d'argent pour les enlaidir. Il faudrait en dresser la liste, car cela ne durera pas. Bientôt des spéculateurs les découvriront et y construiront les horreurs spécifiques de notre siècle.

Dans mon périple j'ai quand même vu un monument curieux, à Carthagène, en Colombie. Il représente une paire de souliers en bronze, sur un socle, mesurant trois mètres de long. L'un des souliers est posé à plat, l'autre sur le côté. On dirait que quelque géant vient de les enlever. Ce sont, agrandies dix fois, les godasses du poète Lopez, gloire locale qui, d'après ce que j'ai compris, a composé un poème dans le genre dantonien où il dit en gros qu'on n'emporte pas la patrie à ses semelles.

Cette idée a beaucoup plus aux habitants de Carthagène (comment les appelle-t-on ? des Carthaginois ? des néo-Carthaginois ? J'ai oublié de me renseigner là-dessus). Elle leur a paru forte, originale, exaltante, et, pour l'avoir constamment présente à l'esprit, ils ont pensé que rien n'était plus indiqué qu'un moulage des chaussures de l'homme de génie qui avait de pareilles illuminations. Je pense en effet qu'il s'agit d'un moulage, agrandi au pantographe, vu l'air réel, presque pathétique qu'elles ont en dépit de leur taille.

Le poète Lopez n'était sûrement pas bien riche. Ses pauvres pieds n'étaient guère soignés, et il faisait durer longtemps ses croquenots. Ceux-ci ne nous laissent rien ignorer de ses oignons, de ses cors, de ses affaissements plantaires. Ils rebiquent du bout, n'ayant point connu d'embauchoirs. On n'en est que plus attendri. J'ai rêvé un bon moment devant ce tas de bronze saugrenu, plus poétique en somme que la plupart des statues dédiées aux poètes.

C'est en rentrant, non en partant, que j'ai cru « mourir un peu » selon la formule d'Haraucourt. La doulce France est devenue un pays qu'on n'aborde plus qu'en tremblant, du moins quand on est français. Pour les étrangers, ce serait plutôt une bonne affaire. Le moindre épicier américain ou helvétique vit à Paris comme un nabab avec ses dollars à huit francs cinquante et ses francs suisses à trois francs soixante.

Dans mon courrier, en sus de l'avertissement relatif au second tiers provisionnel des impôts, j'ai trouvé quatre papiers du percepteur, auxquels je ne comprends goutte, mais dont je vois bien que le total triple le tiers provisionnel susdit. Tout cela à payer avant un mois sous peine de châtiments épouvantables.

Ayant déjà des difficultés à régler le tiers normal, j'ignore comment j'honorerai les rallonges. Tout le monde me conseille de ne rien verser du tout, d'attendre tranquillement les papiers verts et roses notifiant les amendes pour retard de paiement. Il paraît que je peux gagner de la sorte un an ou dix-huit mois de délai, qu'étant donné la dévaluation inexorable du franc les amendes s'annulent, etc. !

Ce genre de raisonnement ne m'apporte aucune consolation, et je dirai même qu'il m'effraie. Dans un an, dans dix-huit mois, je ne serai pas plus riche qu'aujourd'hui. Mes patrons ne m'ayant pas augmenté d'un radis depuis trois ans, il y a peu d'apparence qu'ils le fassent maintenant. A moi et à mes pareils la dévaluation du franc ne permet aucune spéculation. Je me dévalue du même pas que lui.

Par chance, j'ai le caractère gai, pour ne pas dire insouciant. Sinon, à voir arriver un matin sur deux les enveloppes du ministère des Finances, il y aurait de quoi se pendre ou se jeter à la Seine. Chaque fois que j'en décachette une, je ne puis m'empêcher de penser à la formule : « Davantage de justice ! » que les gouvernements me cornent aux oreilles depuis bientôt dix ans et que je n'entends pas sans frémir. De quelle justice peut-il s'agir quand toute l'industrie de nos maîtres consiste à nous prendre la majeure partie de ce que nous gagnons à la sueur de notre front ?

J'ai écrit dix ou vingt fois dans cette chronique que l'excès d'impôt pourrit une nation. Les ministres sont les seuls à ne pas s'apercevoir de cette évidence. N'ont-ils jamais entendu citer le vieux proverbe : « Toute peine mérite salaire » ? L'humanité vit là-dessus depuis le fond des temps, et elle n'est pas près de changer. Si le salaire n'est plus proportionné à la peine qu'on se donne, on ne se donne bientôt plus de peine du tout, et le pays sombre dans la paresse. C'est ce qui arrive en France.

J'ajouterai ceci, qu'il y a entre les citoyens et l'État une sorte de contrat, plus commercial que social. Un gouvernement peut demander des efforts aux contribuables dans la mesure où il leur fournit ce qu'ils sont en droit d'attendre de lui : une police qui assure leur sécurité, une justice raisonnablement sévère pour les malfaiteurs, une administration prudente des richesses de la nation, une politique extérieure ménagère de l'honneur et de la dignité de la patrie.

Le gouvernement actuel ne nous donne rien de tel. Les bandits volent et tuent partout, les richesses du pays ont été gaspillées en bêtises, l'étranger n'a plus la moindre considération pour la France, qui est devenue ce qu'elle était sous la IVe République : l'homme malade de l'Europe. Quant à nos armes, au Liban et au Tchad, n'en parlons pas. Kolwezi, à côté, c'était Austerlitz. L'État nous vend des harengs saurs au prix du caviar. Voilà un beau thème pour l'émission intitulée « Cinquante millions de consommateurs » que la télévision nous impose sur les trois chaînes, et qui est si ennuyeuse : tout à coup elle serait passionnante !

C'est bien la peine d'aller à neuf mille kilomètres de chez soi, d'admirer les chaussures du poète Lopez, de visiter une des trente ou quarante maisons natales de Bolivar, pour retrouver dix jours plus tard nos vieux vampires assoiffés de notre sang et se dire qu'aucune droite ne nous a jamais exploités comme eux !

LE BON EXEMPLE

Les vrais amis de l'Allemagne ont écrasé une larme d'attendrissement en apprenant que treize mille métallurgistes de Bade-Wurtemberg se sont mis en grève pour obtenir la semaine de trente-cinq heures. Ces braves gens, après trois ans, se sont aperçus que le socialisme faisait le bonheur de la France. Ils ont été enfin touchés par la force tranquille qui émane de notre gouvernement, ils ont envié nos réussites, ils se sont dit : pourquoi pas nous ?

Oui, pourquoi pas eux ? Pourquoi serions-nous les seuls, nous Français, à jouir du progrès social et des avantages qui en découlent ? Nous étions trop humbles. Il ne nous venait pas à l'esprit que nos voisins eussent l'idée de nous imiter.

Le choix du pays de Bade est très judicieux. C'est là que se trouve la majeure partie de l'industrie automobile ouest-allemande. Il paraît que huit jours de grève suffiraient à paralyser les chaînes de montage de plusieurs firmes.

Comme toujours, les Allemands, dans un domaine où

nous pensions naïvement être les premiers, nous dament le pion. Avouons que nous avons l'air bien timide, comparés à eux, avec l'occupation de l'usine Citroën d'Aulnay. M. Krasucki aurait intérêt à faire un voyage dans le Bade-Wurtemberg pour prendre des leçons de syndicalisme.

Le drame des Allemands est qu'ils ne font pas les choses au bon moment. Leur grève pour la semaine de trente-cinq heures est un peu tardive. Que ne l'ont-ils faite en 1936, par exemple, et que ne se sont-ils à cette époque, à l'instar de la France, donné un gouvernement de Front populaire ? Au lieu de perdre la guerre en 1945, ils l'auraient gagnée. Car c'est bien ce qui nous est arrivé, n'est-ce pas ?

JEAN-JACQUES, SUCCESSEUR DE DESCARTES

Cocteau disait que la France est peuplée de cinquante millions de cartésiens qui n'ont pas lu Descartes. Cette boutade est amusante mais elle n'est vraie qu'à moitié : les Français ne sont pas cartésiens. C'est même le peuple le moins cartésien de la terre.

Ayant constaté que le socialisme, sous le nom de travaillisme, avait mis l'Angleterre à deux doigts de la ruine, on pouvait penser que nous ne ferions pas la sottise de donner un jour le pouvoir à nos propres socialistes. D'autant que, je m'en souviens, nous contemplions avec une certaine satisfaction les malheurs de la stupide Albion sous la houlette de M. Harold Wilson et de ses successeurs.

Nous étions très fiers, alors, de notre prospérité, de notre prudence politique, de notre poids dans le monde, de notre industrie du bâtiment qui couvrait fébrilement l'Hexagone d'horreurs en béton, de nos rapports affectueux avec la Germanie occidentale, etc. Pour que cet insolent bonheur fût complet, nous avions le plaisir de voir à quarante kilomètres de nos côtes l'Angleterre, paralysée par des syndicats déments, aller de faillites en faillites, s'endetter à mort, devenir ce que nous avions été nous-même jadis : « l'homme malade de l'Europe ».

D'authentiques cartésiens auraient fait sans peine l'opération de logique élémentaire consistant à déduire que ce qui avait mené la Grande-Bretagne au désastre aurait un résultat analogue chez nous, attendu que les mêmes causes, généralement, produisent les mêmes effets. Or, pas du tout. Les Français étaient de mauvaise humeur. M. Giscard d'Estaing les avait indisposés par une série de petites maladresses. Ils voulaient lui donner, comme ils disaient, « une leçon ». Certes, il la méritait. Mais en la lui infligeant c'est surtout nous que nous avons punis.

René Descartes vivait et écrivait au XVIIe siècle. Son influence bénéfique s'est exercée pendant une centaine d'années. Après quoi, seuls les philosophes professionnels ont continué à le lire. Puis Jean-Jacques a débarqué de Genève, avec sa *Nouvelle Héloïse,* ses idées sur l'éducation des enfants, son *Contrat social,* et l'effusion sentimentale a remplacé la logique. Autrement dit, nous sommes devenus idiots.

SOUS LE SIGNE D'IVAN KARAMAZOV OU : DIEU EN CINQUANTE VOLUMES

Quand cette chronique paraîtra, M. et Mme Sakharov auront peut-être un sort plus doux qu'en ce moment. Toutefois, cela m'étonnerait. M. Mitterrand, président de la République française et de la Communauté européenne, peut bien adjurer M. Tchernenko, celui-ci ne fera qu'en rire, à supposer qu'il rie, ce qui n'est pas certain, vu sa personnalité et son état de santé.

Au nom de quoi M. Tchernenko userait-il de clémence à l'égard de Sakharov ? Il a toutes les raisons d'être exaspéré par ce savant qui se mêle de politique et de morale, matières qui ne sont pas du domaine des physiciens. L'URSS est un pays dont la devise pourrait être : chacun à sa place et les vaches seront bien gardées. La place des physiciens est dans leurs laboratoires, celle des ouvriers dans les usines, celle des soldats en Afghanistan, celle des politiciens et des doctrinaires au parti communiste. Chacun doit avoir les idées de son état, sinon c'est l'anarchie, comme en Occident.

M. Sakharov, qui parle des droits de l'homme, de la tyrannie, de la liberté, n'a pas des idées au-dessus de sa condition, mais en dehors d'elle. C'est là qu'est son crime. Plus encore qu'un esprit subversif, il est un facteur de désordre intellectuel. Si, contaminés par cet exemple, les citoyens soviétiques se mettent à réfléchir, on va à la révolution. Les dirigeants soviétiques sont parfaitement conscients que le seul endroit sur terre où une révolution soit légitime est l'URSS justement, où règne une inégalité telle qu'il n'en existe dans nulle autre nation civilisée, et où le peuple ne sait du reste du monde que ce que les maîtres permettent qu'on lui dise.

On cherche bien des clefs pour expliquer l'attitude du gouvernement soviétique. Il y en a une, très grosse, très visible, que personne ne semble avoir remarquée. Elle se trouve dans un roman de Dostoïevski : *Les Frères Karamazov,* où l'un des personnages, Ivan, dit : « Si Dieu n'existe pas, tout est permis. »

Réflexion profonde sous son allure d'évidence. Dieu est

le seul rempart de l'homme contre le mal, non parce qu'il nous récompensera de nos bonnes actions ou nous punira de nos mauvaises, mais parce que son existence inscrit la nôtre dans l'éternité. Avec lui, notre destin n'est pas limité à quelques années de vie sur la terre ; par suite, notre âme n'est point une chose que l'on ose noircir d'un excès d'horreurs.

Une âme qui vit soixante ou quatre-vingts ans, c'est une âme d'insecte, ce n'est rien ; il est sans importance qu'elle soit belle ou laide puisqu'elle disparaîtra à la seconde où le corps aura exhalé le dernier soupir, et que ce sera comme si elle n'avait jamais existé. Une âme immortelle est d'un tout autre poids. Avoir la conviction ou seulement le soupçon que rien ne finit quand on meurt, que l'on aura à traîner ses abominations à travers l'éternité, qu'à cause d'elles on s'est enfoncé dans des régions hideuses dont on ne sortira peut-être jamais ; pis encore, que l'on a choisi délibérément l'enfer, cela empêche l'homme de créer des situations irrémédiables.

On m'objectera que Dieu n'existe plus guère en Occident. C'est vrai. Mais il existe encore un peu. Rome est là, le pape est là. Les croyants ne transgressent point de loi civile quand ils pratiquent leur religion. On ne les persécute pas. En dépit de la déchristianisation générale, l'Occident vit toujours sur des idées chrétiennes. Il y a des actions qu'il ne commettrait pas, parce que sa conscience en serait gênée. Il s'imagine qu'il ne s'agit que de morale, mais il se trompe : la morale toute seule n'est pas assez forte pour s'opposer à certaines nécessités. L'Occident a des restes d'élégance chevaleresque, c'est-à-dire de délicatesse chrétienne. Il n'a pas atteint au pragmatisme total des athées.

Dans la Révolution française, Dieu a été le premier guillotiné. Dans la Révolution russe, Dieu a été le premier liquidé. Cette opération est indispensable quand on veut instituer un régime supérieur aux autres, c'est-à-dire qui ne soit entravé par aucune considération d'humanité, qui puisse tuer et détruire sans plus d'émotion qu'un jardinier qui coupe de l'herbe.

Il ne faut pas attendre de fantaisie de ces régimes-là. J'entends par fantaisie des douceurs ou des clémences inespérées dues à de la pitié pour des malheureux ou à de l'admiration pour un ennemi magnanime. Les seuls accommodements possibles avec un pouvoir athée sont ceux que l'on obtient par la corruption de tel ou tel de ses membres, qui pourrait voir son intérêt matériel dans une bonne action.

La principale raison pour laquelle l'URSS est si puissante, et pourquoi, d'une façon générale, les pays communistes remportent tant de succès en ce moment, est qu'ils se sont débarrassés officiellement de Dieu. La partie n'est pas égale entre des gens qui se permettent tout parce qu'ils ont décrété que Dieu n'existait pas et des gens qui ne se permettent pas tout parce que Dieu existe. Cependant ce sont les derniers qui tiendront le dernier quart d'heure. Ce dernier quart d'heure peut se faire attendre longtemps, mais il arrivera. Il n'y a pas d'exemple dans l'histoire universelle que les superbes n'aient fini par être abaissés, fussent-ils absolument rationalistes, c'est-à-dire absolument diaboliques. La caractéristique du Prince de ce monde est d'être périodiquement chassé des royaumes dont il s'empare, encore qu'il ait l'air de les tenir d'une main de fer.

Je ne me suis pas si éloigné de Sakharov qu'il y paraît. En effet, M. Mitterrand et M. Tchernenko sont, sur ce sujet, deux sourds, comme ils sont sourds sur la guerre en

Afghanistan. L'un parle le langage des chrétiens, même s'il ne s'en doute pas. Les raisons qu'il donne sont des raisons qui proviennent d'une conception chrétienne de la vie terrestre. L'autre n'entend que des propositions saugrenues. C'est à peu près le dialogue entre un poète et un banquier. Que Sakharov meure, cela ne fera ni chaud ni froid au gouvernement soviétique. Il n'y verra qu'un gêneur de moins. De même, si tous les Afghans sont tués, cela ne fera que dix ou quinze millions de gêneurs en moins. Tout bénéfice.

Comme on ne peut pas se passer absolument de Dieu, le régime a inventé un ersatz de Dieu, qui est la *Grande Encyclopédie* soviétique, sur laquelle on devrait méditer un peu au lieu d'en faire des moqueries sous prétexte qu'on la tripatouille à chaque édition et que tel qui y jouissait de vingt colonnes est réduit à un demi-paragraphe quand il ne disparaît pas corps et biens, selon les circonstances politiques.

Cette *Grande Encyclopédie* est la forme qu'a prise le Jugement dernier en URSS. A cette variante près que le Jugement dernier, chez les athées, est sujet sans cesse à révision. Ceux-ci ne croient qu'au présent, qu'à l'instant, qu'au relatif. La vérité, l'absolu, le transcendental sont des notions n'ayant pas plus de valeur à leurs yeux que la morale chrétienne, la conscience et tous ces vieux oripeaux d'autrefois, dont nous autres Occidentaux sommes encore partiellement affublés. Seul les intéresse ce qui est immédiatement utile.

La *Grande Encyclopédie* est un ouvrage précieux dont les hommes d'État occidentaux devraient acquérir les éditions successives : c'est le Grand Livre du Dieu soviétique, où sont inscrits les élus et les damnés. Ce qui n'y figure pas ou ce qui en a été ôté n'a jamais eu lieu. C'est effacé de l'Histoire. Le Dieu de la Bible grave dans la pierre des lettres de feu. Le Dieu de Moscou écrit au crayon, avec une gomme.

Il serait bon de vérifier si Sakharov figure encore dans la *Grande Encyclopédie.* S'il n'y est plus, c'est pis que s'il était mort : c'est comme s'il n'avait jamais vécu. En quoi un personnage totalement irréel peut-il retenir l'attention des potentats du Kremlin ? M. Mitterrand et l'Europe derrière lui leur parlent d'un concept, d'un être abstrait. Bien aimable à eux, encore, d'avoir chargé le petit télégraphiste Marchais de nous faire savoir que l'être abstrait avait été transporté à l'hôpital et que son état de santé était « satisfaisant ». Satisfaisant pour qui ? Pour lui ou pour le Politburo ?

LE TRIOMPHE DE THIONVILLE

Il s'agissait des élections municipales de Thionville. A huit heures pile, après le boum-boum-boum-crac-crac-crac de l'indicatif de la télévision, le présentateur, d'un air affairé, concentré, efficace, s'écrie : « Thionville ! Est-ce que vous m'entendez, Thionville ? Avez-vous des résultats de vote, avez-vous déjà une fourchette ? »

« Allons bon ! pensai-je incontinent, la gauche pour une fois a gagné. »

Lors des dix dernières municipales, lorsque le destin de Sarcelles, de Villeneuve-Saint-Georges, de La Seyne, de Draguignan, etc., était en jeu, on ne se pressait pas de satisfaire notre curiosité. Il fallait attendre onze heures du soir pour avoir un petit renseignement, jeté négligemment en fin de journal.

A huit heures et trente secondes, Thionville apparaît sur l'écran. Gros plan sur le monsieur de la télé en plein émoi : « Paris, je ne vous entends pas. M'entendez-vous, Paris ? Il y a un instant, M. Souffrin était élu avec cinquante virgule cinq pour cent des voix, mais aux dernières nouvelles il serait en ballottage. On ne sait plus où on en est. Dans quelques instants, on y verra plus clair... »

Quelques instants après, vers huit heures cinq, le présentateur parisien s'interrompt dans sa litanie quotidienne de catastrophes et dit d'un ton gourmand : « Ah ! Ah ! nous avons de nouveau Thionville. A vous, Thionville ! »

« M. Souffrin, maire sortant, est réélu au premier tour avec cinquante virgule quatre pour cent des voix », trompette l'envoyé spécial dans son micro, d'une voix brisée par l'émotion, le visage inondé par la félicité.

Au second plan, les électeurs de M. Souffrin, hilares, lancent des vivats. Je note qu'on ne mentionne pas que M. Souffrin est communiste. On parle uniquement de « liste d'union de la gauche ». Serait-on gêné ?

Je note également qu'il n'a pas une seule fois été question, au cours du journal télévisé, de l'élection municipale de Dammarie-les-Lys qui s'était déroulée dimanche elle aussi. M. Mignon y avait été élu au premier tour, comme M. Souffrin, mais avec soixante pour cent des suffrages. Il est RPR.

Après cela, il est amusant d'entendre les déclamations sur le thème : « L'homme du XXe siècle a le droit d'être informé. »

LE TOMBEAU DE MARX

Les chefs d'État de l'Europe occidentale « ont envoyé dire à Tchernenko que la sénilité ne saurait être un alibi de plus aux violations continuelles des droits de l'homme par la machine soviétique ». Où ai-je lu ces lignes féroces ? Dans *Minute* ? Non : dans un journal de gauche, voire d'extrême gauche, et pas plus tard que cette semaine.

L'ennui de l'expérience ou, si l'on préfère, de la mémoire est que la leçon qu'on en tire est toujours la même, à savoir que ce qui est vénéré à telle époque ne vaut plus la corde pour le pendre à telle autre. Il y a vingt ans, l'URSS, le PC étaient des sujets tabous pour tout ce qui n'était pas de droite, et même pour une bonne partie de la droite. Aujourd'hui il n'y a plus que les communistes à n'être pas anticommunistes. Et ils sont de moins en moins nombreux.

Les deux grands responsables de ce renversement d'opinion sont Kroutchev et Cohn-Bendit. Le premier a révélé que Staline était un monstre, mais cela n'aurait pas suffi à conjurer l'envoûtement. Il a fallu que le second, en mai 1968, montrât qu'on pouvait faire la révolution en dehors des communistes ou contre eux et que la jeunesse rejetait leur tyrannie ainsi que la volonté de puissance soviétique plus violemment encore qu'elle n'attaquait les vieilles sociétés réactionnaires.

Il y a des processus irréversibles. Celui-là en est un. L'URSS n'incarne plus le rêve des prolétaires. Elle apparaît pour ce qu'elle est : un empire expansionniste, soutenu par une armée formidable et une police vigilante. Quant au

PC français, il a de plus en plus de peine à convaincre les électeurs que le régime qu'il nous apporterait, si par extraordinaire il avait un pouvoir sans partage, serait différent de celui de Moscou, de Prague, de Varsovie, d'Hanoï.

Il est toujours passionnant de saisir sur le vif la mort des idéologies. Le marxisme (ou ce qu'on appelle ainsi) est en train de jeter ses derniers feux. La situation actuelle n'est pas très confortable, avec les missiles soviétiques pointés sur nous, les quatre millions de soldats de l'Armée rouge et les implacables vieillards du Kremlin. Du moins elle est claire. Elle reproduit le schéma habituel de l'humanité : les forts et les faibles. Ce n'est pas le moment, pour les faibles, d'être, en plus, idiots.

LES JEUNES, LES VIEUX ET L'ÉTAT

Jusqu'à présent les professeurs de l'enseignement supérieur, les magistrats hors hiérarchie de la Cour de cassation, les membres des grands corps de l'État prenaient leur retraite à soixante-huit ans. Désormais, ils la prendront à soixante-cinq. On est en train d'arranger une loi en vue de cela. Cette mesure n'est pas une simple stupidité, comme on pourrait le penser à première vue ; c'est le moyen qu'a trouvé le gouvernement de se débarrasser de quelques vieux réactionnaires qui s'opposaient à ses folies.

Dans ce cas précis, il y a au moins une raison sérieuse d'éliminer des hommes d'expérience : il s'agit de politique. L'âge n'est qu'un prétexte. Mais, dans tous les autres cas où l'on pousse hors du travail, c'est-à-dire hors de la vie, des gens dont la force n'est en rien entamée, il n'y a qu'une lubie d'époque, un préjugé d'autant plus saugrenu que la France est tout ce qu'on voudra sauf un pays jeune. D'abord parce qu'elle ne fait plus guère d'enfants, ensuite parce que la médecine est un peu plus efficace, dirait-on, qu'au temps de Molière (encore que la plupart des médecins n'aient pas changé depuis M. Purgon).

Je ne sais si l'on vit plus longtemps aujourd'hui qu'au XVIIe siècle et même qu'au XIXe, mais on garde plus longtemps, sinon la jeunesse, du moins un air de jeunesse. Les femmes de quarante ans en paraissent vingt-cinq. Les quinquagénaires qui étaient encore en 1880 – et même en 1930 – de gros messieurs chauves et cravatés, pleins de cholestérol et de morale, sont aujourd'hui des jeunes hommes au ventre plat, vêtus de polos et chaussés de baskets, qui parlent aussi mal que leurs enfants.

Or jamais on n'a autant prononcé les mots de retraite, de repos, de relève des générations, etc. Il faut à tout prix écarter ce qui a dépassé la soixantaine, à croire que nous disposons d'un réservoir inépuisable de garçons et de filles, affamés comme des loups, voulant tout manger.

Pauvres petits loups ! Au rythme où procréent les foyers français, à qui l'on offre de l'argent pour qu'ils consentent à fabriquer un troisième moutard, on devra bientôt les chercher à la loupe. Il serait plaisant qu'un jour on allât tirer les retraités de leur retraite, faute de main-d'œuvre ou de compétence. Nous ne sommes pas tout à fait arrivés au point où en était le IIIe Reich à la fin de la guerre, quand Hitler en était réduit à meubler son *Volksturm* de vieillards tremblotants, mais on y vient.

Une des décisions les plus sottes du précédent régime, et s'inscrivant bien dans l'illogisme national, a été d'abaisser la majorité légale à dix-huit ans. Nul ne le demandait, et la plupart des enfants ainsi émancipés ont éprouvé plus de désarroi que de satisfaction. Avoir dix-huit ans en 1975 ou 1976, c'était comme d'avoir douze ans un siècle plus tôt. La vie n'est plus si courte qu'autrefois. Elle est longue, affreusement longue ; elle se prolonge interminablement dans l'oisiveté et le regret. Supprimer aux enfants trois ans d'enfance, les jeter dans l'âge d'homme pour rien, par démagogie ou par zèle, était non seulement une mauvaise action, mais encore le témoignage d'une méconnaissance complète de notre temps, de la situation actuelle, de la réalité.

Les malheurs de la France viennent de sa basse natalité. Peut-on dire d'un foyer composé des parents et d'un ou deux enfants que c'est une famille ? Tout au plus une petite cellule sociale très fragile, constamment menacée par les facteurs de désagrégation de la vie moderne, du divorce, du travail des femmes, etc. Pour qu'une famille soit solide, il faut qu'elle soit nombreuse, soudée par l'intérêt et l'amour. Un enfant, deux enfants ne soudent rien. Ils recherchent au-dehors les sœurs et les frères que leurs parents ne leur ont pas donnés. De là un déracinement général des enfants français, qui se lient avec n'importe qui, imitent n'importe qui, font des « expériences » parce que personne ne les en dispense en leur expliquant ce qu'est la vie. La basse natalité d'un pays produit deux phénomènes dont on prend son parti en les baptisant « phénomènes de société », par pudeur ou paresse d'en chercher la cause. L'un est la morosité, l'autre la délinquance.

Les familles nombreuses, riches ou pauvres, sont gaies. Elles vivent dans une passion et une excitation continuelles. Elles possèdent ce qui apporte la plus grande joie à un groupe : le patriotisme de clan. Beaucoup d'enfants dans un foyer s'élèvent les uns les autres et comprennent sans qu'on le leur explique qu'il faut respecter leurs parents, lesquels n'ont pas besoin de leur dire qu'ils les aiment car ils ont prouvé leur amour en les mettant au monde. La France d'autrefois était un peuple gai, car elle fourmillait d'enfants.

Un peuple honnête aussi, ce qui n'est plus le cas. Les enfants respectaient leurs parents, mais les parents aussi respectaient leurs enfants. Ils étaient sévères, et leur amour se manifestait comme l'amour se manifeste toujours : par des contraintes, des exigences, un désir profond d'améliorer ceux qu'on aime. Dans les maigres foyers d'aujourd'hui, où tout est permis, on ne trouve ni amour ni respect réciproque. Rien que des étrangers qui rentrent coucher chez eux comme à l'hôtel.

Il est triste de vivre dans un pays de vieux. Je le ressens chaque jour, et plus je vieillis, plus j'y suis sensible. Je ne suis pas le seul. Rien ne fait peur aux retraités, aux vieillards de toute sorte comme la perspective de ce que l'on appelle euphémiquement des « maisons de repos », qui sont l'équivalent pour l'Europe de ce que sont les réserves d'Indiens aux États-Unis, et où l'on fourre tout ce qui est censé avoir passé l'âge de l'action. Il est affreux pour les vieillards d'être enfermés avec des vieillards, de ne plus vivre, comme jadis, avec les autres générations. Ils en sont d'autant plus accablés qu'ils voient bien que la jeunesse est une minorité dans la nation.

Quelle dérision que les belles déclarations sur le racisme qu'on lit et qu'on entend partout depuis une quinzaine d'années ! Le racisme n'a jamais été plus violent que de nos jours. Les immigrés n'en sont pas les seules victimes.

LES MOULINS À VENT

Don Quichotte, dans son délire, prend un troupeau de moutons pour une armée de janissaires, se jette sur des moulins à vent qui lui apparaissent comme des géants maléfiques agitant leurs grands bras, délivre au nom de la liberté un cortège de bagnards que l'on conduit aux galères, et cent autres folies. Brave homme, au demeurant, et non dépourvu de sagesse, sauf quand il s'agit de chevalerie.

Je ne cesse de penser à Don Quichotte depuis trois ans que les socialistes sont au pouvoir. Eux aussi sont de braves gens, et pas plus bêtes que d'autres, mais le socialisme remplit leur tête de fumée. Ils ont lu Marx comme Don Quichotte lisait *L'Amadis de Gaule* et *Tiran le Blanc* : en croyant que tout était vrai.

De là une foule d'aventures déplorables et burlesques, car Marx est un vieil auteur qui vivait à l'époque fabuleuse appelée XIXᵉ siècle et qui rêvait d'un monde plus doux pour les malheureux. Les socialistes s'imaginent que le monde n'a pas changé depuis lors. Marx est leur Enchanteur Merlin.

Don Quichotte, avec son plat à barbe sur la tête et son gros Sancho qui le suivait sur un âne, ne faisait pas de bien grands dégâts. Ses excentricités amusaient les badauds. Quand il se jetait sur les moulins à vent, il en était aussitôt puni, car ceux-ci se mettaient à tourner, leurs ailes enlevaient le héros dans les airs, qui se débattait ridiculement, et retombait avec force courbatures.

L'inconvénient des socialistes est qu'ils démolissent tous les moulins à vent qu'ils aperçoivent, qu'ils exterminent les troupeaux de moutons et qu'on ne rattrape pas les galériens qu'ils délivrent. Moyennant quoi, le pays n'a plus rien à manger et est infesté de brigands.

Le dernier moulin à vent de notre Don Quichotte socialiste est la presse. Il fait saisir les enregistrements de la chaîne FR3 de Lille et jette au cachot M. Tagnière, journaliste à *Match,* parce qu'il possède des photographies dont il refuse de dire la provenance.

L'avant-dernier moulin était l'école libre, auquel nul ne pensait, qui faisait partie du paysage français, et sur lequel les socialistes se sont jetés la lance haute, afin de la pourfendre.

Le drame d'avoir Don Quichotte au pouvoir est que tout lui obéit. Il ne suffit pas du curé et du barbier pour le ramener chez lui et le mettre au lit avec une tisane. Il y faut la population entière, et elle ne se met en branle que tous les cinq ans.

IL FAUT CONSOLER M. KOHL

Je comprends un peu M. Kohl d'avoir désiré que l'Allemagne fût présente aux cérémonies commémorant le quarantième anniversaire du débarquement allié en Normandie. Cela signifiait que la RFA ne se sent rien de commun avec le IIIe Reich et qu'elle se réjouit autant que nous autres de l'effondrement nazi.

Ces bons sentiments méritaient qu'on les prît en considération, et non pas que l'on acculât M. Kohl à un démenti pour ne pas perdre la face. Si j'avais été M. Mitterrand (mais je ne le suis pas, comme on sait), je lui aurais ouvert tout grand les bras. Je lui aurais dit que l'Allemagne avait davantage de raisons d'être là que la France, vu que, en juin 1944, il y avait sur les plages de Normandie beaucoup plus de soldats allemands que de soldats français.

Le seul inconvénient est qu'ils n'étaient pas à la bonne place. Pour bien célébrer un débarquement, il faut débarquer. Je suppose que c'est ce qu'ont pensé les organisateurs de la fête. Ils se sont dit que les tommies et les G.I's avaient eu le mal de mer et s'étaient mouillé les pieds, tandis que les Feldgrau étaient bien tranquilles derrière le mur de l'Atlantique, à chanter des lieder et à boire des chopes. Cette différence de confort a dû emporter la décision. Je ne vois pas d'autre motif à l'exclusion de nos amis d'outre-Rhin.

Après cela, je me demande pourquoi nous autres Français nous nous sommes mêlés de cette affaire. Le débarquement était une entreprise anglo-américaine, commandée par un général yankee. Cela s'est passé chez nous parce que cela ne pouvait pas avoir lieu ailleurs. Il n'y a vraiment pas de quoi allumer des lampions. On pourra me raconter tout ce qu'on voudra, je n'arriverai jamais à prendre le 6 juin pour le 11 novembre.

Il faut trouver quelque chose pour consoler M. Kohl. Commémorer l'armistice de juin 40, par exemple. Nous n'inviterons ni les Britiches ni les Amerloques. Nous ferons cela entre nous.

JUIN

QUAND LES TIGRES SONT DEHORS, IL FAUT SE METTRE DANS LA CAGE

J'entretiens depuis quelques années un commerce épistolaire avec un homme que j'aime bien, quoique je ne l'aie jamais rencontré. Il doit avoir la cinquantaine — ou dans ces eaux-là. Il a fait ce qu'on appelle « des bêtises », autrefois, mais, chose rare (et plutôt mal vue, je crois), il s'en est repenti. Au lieu de sortir de prison plein de haine et de projets de vengeance à l'égard de la société, ainsi qu'il est recommandé si l'on veut plaire à l'élite pensante, il a médité sérieusement et sincèrement sur son cas. Il est arrivé à la conclusion tout à fait inattendue qu'il était le principal responsable de ses malheurs, qu'il lui fallait changer de vie, accepter la pauvreté, reprendre tout à zéro.

La pauvreté, il y a eu droit, le malheureux, ainsi qu'aux déboires et à la solitude. Nul ne s'intéressait à lui : non seulement il ne se glorifiait pas de ses exploits, mais encore ils lui faisaient horreur. En outre, il était allé se terrer en province. Pas de travail, pas de famille, pas d'amis, pas d'argent, tout était bouché. Son désespoir est arrivé à un degré tel qu'il a tenté de se suicider. Heureusement il s'est raté et s'est retrouvé pour quelques semaines à l'hôpital. J'ai appris tout cela par une de ses lettres, après.

Un des aspects du caractère de mon correspondant qui me plaît, en dehors de son courage, c'est qu'il ne manque pas d'humour. Je veux dire par là qu'il n'est pas plongé comme un aveugle dans ses ennuis. Au milieu des situations les plus dramatiques, il lui reste un peu de réflexion, qui lui permet de prendre du recul, de juger les événements, le cas échéant d'en rire. Sa dernière lettre que j'ai reçue la semaine passée est digne d'un philosophe et d'un observateur du monde tel qu'il est.

Après sa « tentative loupée de passer l'arme à gauche », il a voulu se rendre compte qu'il était décidément inapte à vivre. Il en avait par-dessus la tête du patelin où il était allé s'encroûter, de son logis qui ne devait pas être bien luxueux, des tracas administratifs, et un beau jour il est parti.

« J'ai d'abord prospecté mes anciens amis, du temps des aventures pas du tout glorieuses, m'écrit-il. On m'a offert les grands hôtels, les grandes tournées, puis on m'a proposé des affaires mirobolantes pouvant se terminer par vingt ans de galères. J'ai dit non. J'ai tout envoyé promener.

« Je me suis retrouvé à la cloche. J'ai fréquenté les gitans qui, eux non plus, ne valent pas la corde pour les pendre. J'ai couché à la belle étoile ou dans des salles d'attente de gare, dont on me foutait à la porte par des temps à ne pas mettre un chien dehors. J'ai souvent sauté un repas, sinon deux, et j'ai regretté mes années de prison, où j'étais nourri aux frais de la princesse, sans casse-tête, sans impôts, sans ces obligations de toutes sortes qui rendent la vie impossible. »

Entre regretter la prison et le désir d'y retourner, il n'y a pas loin. Mais mon pauvre copain comptait sans la morale d'aujourd'hui, sans l'humanité, sans la douce compréhension des bonnes âmes contemporaines, qui font l'existence encore pire qu'elle n'est.

« Pour terminer, dit-il, j'ai attaqué une bijouterie. Quand je dis attaquer, c'est une histoire à la Crainquebille ! Je suis entré dans la boutique, j'ai braqué tout le monde avec un pistolet d'alarme, je n'ai rien demandé, puis je suis allé me constituer prisonnier. Personne n'a compris que je voulais me détacher de tout, ne plus avoir de soucis, vivre enfin gratis, nourri, logé, en dehors de toutes les tracasseries administratives. »

C'est là que son calvaire commence : au lieu de l'abandonner tranquillement à son sort, les grandes consciences du coin se sont intéressées à lui. Elles ont vu une victime de la société alors que ce n'était qu'un malheureux qui essayait de réintégrer la société justement, et par le seul chemin qui lui était laissé. La presse et la radio se sont apitoyées à qui mieux mieux. Les avocats se sont précipités pour le défendre. « A tel point, dit-il, qu'il m'a fallu bien du mal pour décrocher six mois de prison, le bijoutier lui-même n'ayant pas voulu porter plainte. Sur six mois, on m'a offert quarante-deux jours de grâce administrative. Depuis le 15 mai, me revoilà plongé dans cette galère qu'est devenue la vie, avec toutes ses contraintes, impôts, retenues, loyer, nourriture et tutti quanti. »

« Je suis donc revenu dans ma tanière, je vais réduire mon train de vie au strict minimum, envoyer au diable tous les mendiants administratifs. J'attends de pied ferme les papiers bleus, verts ou bien tricolores du ministère des Finances. Je suis tout disposé à payer mes impôts par contrainte par corps... »

On n'entend parler que de la réinsertion des délinquants dans la société. Quelle société ? Quels délinquants ? Si quelqu'un méritait, entre tant d'autres, qu'on s'occupât un peu convenablement de lui, c'est bien l'homme dont je parle. Je ne dis pas qu'il soit le seul de son espèce à regretter ses errements passés et à aspirer à revenir « dans le droit chemin », comme on disait jadis, mais enfin il faut bien constater que ses semblables ne sont pas foule. Il en est toujours ainsi, sans doute. Tout est facile aux canailles et aux fourbes. Tout est difficile aux gens de bonne volonté. C'est une vieille loi du monde, et elle n'est pas près de changer.

Mon Crainquebille du XXe siècle conclut sa lettre par cet excellent conseil, que je suivrais, ma foi, si j'avais un peu de bon sens : « Cher Monsieur Dutourd, si vous voulez être tranquille, prenez vos précautions : essayez de vous faire mettre en prison ; vous avez droit à sept cents francs par mois qu'on ne peut pas toucher ; cela sera pour vos frais de cantine. Croyez-moi, avec cette petite somme, si l'on est pas trop exigeant, on peut vivre. Ayez un poste de radio pour vous tenir au courant des événements et écouter un peu de musique. Vous disposez d'un bon lit, vous serez servi à heures fixes. Quand vous sortirez, vous ne devrez plus rien à personne, vous vous serez reposé quelques mois et vous aurez fait des économies. »

Je dis que j'ai affaire à un philosophe. Mon correspondant est mieux encore : c'est un voyant. Nous avons fait de la société une camisole de force. Le seul endroit où l'on puisse s'en débarrasser est la prison. Un jour viendra, je le prévois, où chacun essaiera de mettre des barreaux entre la société et lui, pour ne pas être mangé. Quand les tigres sont dehors, c'est encore dans la cage qu'on est le plus en sûreté.

LES PROVERBES SE VENGENT

Je ne sais sur l'économie et les finances que des choses élémentaires, c'est-à-dire celles qui sont passées en proverbes : On ne prête qu'aux riches ; Qui paye ses dettes s'enrichit ; Plaie d'argent n'est pas mortelle. Sans oublier l'hémistiche célèbre des *Plaideurs* : « Point d'argent, point de suisse ! » qui, avec les comptes secrets dans les banques de Genève et de Zurich, a pris un sens un peu différent de celui qu'il avait du temps de Racine.

Quand je ne connais rien à quelque chose, je suis volontiers intimidé par les grands messieurs qui ont fait des études. Si je ne suis pas d'accord avec eux, je garde mes réflexions pour moi, pensant qu'ils savent ce qu'ils font et que je passerais pour un imbécile en allant mettre mon grain de sel.

En quoi j'ai tort. Les grands messieurs qui ont fait des études sont toujours inférieurs dans le domaine du raisonnement et du bon sens à l'homme de la rue qui n'en a pas fait.

Depuis vingt ou trente ans, j'observe avec étonnement que ce n'est plus aux riches que l'on prête, mais aux pauvres. J'en concluais qu'inévitablement, un jour ou l'autre, les pauvres, ayant pris l'argent des riches et l'ayant complètement dépensé pour survivre, à l'exclusion de tout autre emploi, ne pourraient pas le leur rendre.

Ce jour est arrivé : la Bolivie a décidé de ne plus payer ses dettes. Comme on ne peut exercer de saisie sur une nation comme sur un individu, je ne vois pas comment les créanciers rentreront dans leurs fonds. Il est probable que l'exemple de la Bolivie sera suivi et que d'autres pays, voyant comme c'est facile et avantageux, se mettront aussi en faillite. On parle déjà du Mexique et du Brésil.

L'erreur des créanciers a été de croire que les débiteurs se serviraient de leurs capitaux pour s'équiper et produire. Ils les ont utilisés pour manger, ce qui était prévisible car, avant de se lancer dans l'industrie, il faut faire un ou deux repas par jour.

Nous touchons du doigt, ici, les ravages de l'euphémisme. Pour ne pas dire « pays pauvres », on disait « pays en voie de développement ». D'où le malentendu. On ne se développe pas avec l'argent des autres, mais avec la sagesse de son gouvernement et l'énergie de son peuple. Les créanciers vont en voir de rudes dans les mois et les années qui viennent. Voilà qui ne nous touchera pas, au moins, grâce à notre bon gouvernement socialiste qui, en trois ans, a eu la prudence de nous endetter de je ne sais combien de milliards de dollars.

IL FAUT PROTÉGER AUSSI LES BANDITS

Des esprits grincheux déclarent que les magistrats de maintenant ne protègent plus les honnêtes gens. Ce sont les malfaiteurs que les magistrats ne protègent plus.

Comment la magistrature peut-elle protéger les malfaiteurs ? En étant équitable avec eux, c'est-à-dire en les traitant avec une sévérité proportionnée à leurs actes. Les erreurs judiciaires ne sont pas à sens unique. Un coupable insuffisamment châtié constitue un scandale presque aussi grand qu'un innocent injustement poursuivi.

Quelle victime d'un cambriolage n'a entendu les policiers lui répondre avec découragement : « On va rechercher votre voleur, le retrouver peut-être, mais à quoi bon ? Les magistrats lui infligeront trois mois de prison avec sursis, et notre travail n'aura servi à rien. »

Les magistrats de maintenant sont à l'égard des malfaiteurs comme les parents faibles qui ne punissent pas leurs enfants quand ceux-ci mériteraient de l'être. Les enfants s'enhardissent et deviennent des chenapans, ce qui, à la longue, les conduit à la catastrophe. On dit des parents faibles que ce sont des parents coupables et qu'ils ont fait le malheur de leurs rejetons en n'ayant pas eu la fermeté de les protéger contre eux-mêmes. On peut en dire autant des magistrats. En n'appliquant pas aux délinquants des peines raisonnablement sévères, ils les condamnent à mort.

Les honnêtes gens, excédés de vols, de crimes, d'enlèvements, et ne sentant plus que la justice est de leur côté, se sont armés. L'abolition officielle de la peine de mort a détruit la dernière protection puissante qui restait aux criminels. Ceux-ci, au temps de la guillotine, bénéficiaient de toutes les garanties de la justice. Elle examinait longuement leur culpabilité, leur fournissait un défenseur, mobilisait des jurés pour les condamner ou les absoudre. A présent, la police et les particuliers en état de légitime défense se substituent au tribunal. Ils feront de plus en plus usage de leurs armes et les délinquants seront tués sans avoir été jugés.

Le nombre des bandits abattus dans le feu de l'action est très supérieur à ceux exécutés naguère après un procès d'assises. L'abolition de la peine de mort a pour conséquence inévitable de transformer la délinquance en guerre de rues — et en guerre sans merci, aussi bien d'un côté que de l'autre.

Rien ne sert de se lamenter, rien ne sert d'expliquer aux gens qu'il ne faut pas se faire justice soi-même. Tout effet a une cause. Quand les honnêtes gens prennent leur fusil et tirent sur tout ce qui bouge, il s'agit d'un phénomène de compensation. Les citoyens ne voyant pas la justice remplir son rôle, ils se substituent à elle. Pour que cela cesse, il faut que la justice redevienne juste. Un État policé n'est jamais un État indulgent, ou, comme on dit à présent, « laxiste ».

LE LIBÉRATEUR DU TERRITOIRE

Il convient d'avoir de la gratitude envers les Anglais et les Américains qui, par le débarquement du 6 juin 1944, nous ont délivrés de l'occupation nazie. Toutefois, cette gratitude doit rester dans des limites raisonnables. Nos alliés étaient en guerre contre Hitler. Leurs armées nous ont libérés au passage. N'oublions quand même pas que la Résistance française les a aidés dans leur entreprise en empêchant les renforts allemands d'arriver à temps et peut-être de les rejeter à la mer.

N'oublions pas non plus qu'en 1944 les Anglo-Américains avaient cessé de considérer la France comme une alliée à part entière. Si le général de Gaulle ne leur avait, selon son heureuse habitude, forcé la main, nous aurions été dotés d'une administration américaine qui, quoique fort différente de l'administration allemande, eût pris sa suite et eût autant confisqué notre souveraineté.

De Gaulle nous a doublement libérés : de nos ennemis et

de nos amis. La France libre était là, avec les autres armées. Fort seulement de cette poignée d'hommes, il a parlé à nos énormes alliés comme s'il était leur égal. Il leur a constamment désobéi. Il les a contraints à compter avec nous. La France n'était, pour les Américains et les Anglais, qu'un théâtre d'opérations extérieures ; pour lui, c'était sa chair et son sang.

Que la mémoire de Churchill et d'Eisenhower nous soit chère, c'est tout naturel. Mais il n'en reste pas moins qu'ils étaient étrangers et que ce n'est pas pour nos beaux yeux qu'ils ont envoyé leurs soldats se faire tuer. Celui auquel nous devons notre piété la plus profonde, c'est celui qui, par son caractère de fer, par son amour, par son génie politique, nous a rendu cette chose si précieuse et si menacée qu'est la fierté nationale.

DEMAIN, VOTEZ !

La lecture de Montesquieu est délicieuse. Les déductions qu'il tire de l'observation d'Athènes, de Sparte, de l'Empire romain, de Carthage sont si rigoureuses et de portée si universelle que le lecteur croit lire ce qu'il est en train de vivre lui-même, raconté deux siècles à l'avance par un mathématicien-prophète.

Tout ce que nous vivons aujourd'hui est décrit soit dans les *Causes de la grandeur des Romains,* soit dans *L'Esprit des lois.* Voici pour les impôts : « Il n'y a point d'État où l'on ait le plus besoin de tributs que dans ceux qui s'affaiblissent, de sorte que l'on est obligé d'augmenter les charges à mesure que l'on est moins en état de les porter. »

A propos de la justice : « C'est un grand mal chez nous de faire subir la même peine à celui qui vole sur un grand chemin et à celui qui vole et assassine. Il est visible que, pour la sécurité publique, il faudrait mettre quelque différence dans la peine. » A l'appui de cette assertion, l'auteur donne l'exemple de la Chine où l'on coupe les criminels en morceaux, et non pas les simples cambrioleurs, ce qui fait « qu'on y vole, mais qu'on n'y assassine pas ».

L'œil d'aigle de Montesquieu descend jusqu'aux plus petits détails, tels que le complet-veston par lequel M. Giscard d'Estaing, au début de son septennat, remplaça la traditionnelle redingote : « On n'offense jamais plus les hommes que lorsqu'on choque leurs cérémonies ou leurs usages. Cherchez à les opprimer, c'est quelquefois une preuve de l'estime que vous en faites ; choquez leurs coutumes, c'est toujours une marque de mépris. »

Les passages ayant trait à la corruption des mœurs politiques sont saisissants. Quand il n'y a plus de vertu dans la république, « l'ambition entre dans les cœurs qui peuvent la recevoir, et l'avarice entre dans tous... On était libre avec les lois, on veut être libre contre elles. Chaque citoyen est comme un esclave échappé de la maison de son maître... Autrefois le bien des particuliers faisait le trésor public ; mais, pour lors, le trésor public devient le patrimoine des particuliers. La république est une dépouille ; et sa force n'est plus que le pouvoir de quelques citoyens et la licence de tous ». Lisez cela, Français, et que le rouge de la honte vous monte au front !

Au livre neuvième de *L'Esprit des lois,* Montesquieu parle de l'Europe. Non pas de celle de 1740, mais de celle du 17 juin 1984, et dans les termes les plus clairs : « Si une république est petite, elle est détruite par une force étrangère ; si elle est grande, elle se détruit par un vice intérieur. » A part l'URSS, il n'y a plus en Europe que de petites républiques. Il convient donc, avant que le « vice intérieur » de l'URSS ne l'ait détruite, ce qui arrivera forcément un jour ou l'autre, que les petites républiques qui entourent ce géant pourvoient à leur sûreté.

Montesquieu en donne la recette, à savoir « une manière de constitution qui a tous les avantages intérieurs du gouvernement républicain et la force extérieure du monarchique ». C'est ce qu'il appelle la « république fédérative », par laquelle plusieurs petits États s'associent pour en former un grand, capable de résister aux agressions.

C'est ainsi que la Grèce vécut si longtemps, en dépit des menaces de l'Empire perse. En fédérant l'Italie, puis les provinces limitrophes telles que la Gaule, les Romains attaquèrent l'univers. Et, par le biais des fédérations, l'univers se défendit contre eux. « Quand Rome fut parvenue au comble de sa grandeur, ce fut par des associations derrière le Danube et le Rhin, associations que la frayeur avait fait faire, que les Barbares purent lui résister. »

On dirait bien que l'URSS est parvenue à présent au comble de sa grandeur. Cependant elle ne me paraît pas tout à fait aussi redoutable que l'Empire romain, pour deux raisons. La première est qu'elle a pour antagoniste un empire aussi puissant qu'elle, qui est les États-Unis, alors que Rome n'avait rien pour s'opposer à ses volontés. Les États-Unis annulent l'Union soviétique, ou tout au moins ils entravent considérablement ses mouvements.

La seconde raison est celle même qui a contribué à sa croissance : son idéologie communiste. Celle-ci a été pendant cinquante ans un facteur formidable d'expansion. A présent, c'est devenu un inconvénient et qui sera de plus en plus lourd, d'abord parce que le monde a commencé à en apercevoir l'imposture, ensuite parce qu'elle est totalement intolérante.

Les Romains étaient pragmatiques et impitoyables, mais ils n'obligeaient aucun des peuples qu'ils conquéraient à se métamorphoser en Romains. Ils leur laissaient tout sauf la liberté. Les Soviets, en sus de la liberté, veulent prendre aussi les consciences. Or les hommes ne tiennent guère à la liberté, contrairement à ce qu'ils disent. En revanche, ils tiennent profondément à leur être propre, c'est-à-dire leurs habitudes, leur religion, leur manière de penser, leurs traditions, voire une certaine forme de franc-parler.

Il n'y a plus d'océan, et l'Amérique n'est qu'à quatre heures de l'Europe. Mais il faut quand même être vigilant. On n'a pas le droit de remettre son destin entre les mains d'un ami. Qui sait si, un jour, les États-Unis ne se replieront pas sur leur continent en laissant le nôtre se débrouiller comme il pourra ? Cela peut tenir à peu de chose : un changement de président, une poussée isolationniste dans l'opinion, des désordres intérieurs, une mauvaise situation économique. Nous serions seuls devant le dragon, avec la perspective de l'occire ou d'être dévorés.

C'est alors que la fédération des républiques européennes sera utile. Elle sera même notre unique salut. N'oublions pas cela, demain, en allant élire nos députés au Parlement de Strasbourg. Car, comme toujours, ce n'est pas *pour* quelque chose que nous voterons, mais *contre* autre chose. Contre notre mort nationale. Il s'agit à peine de politique.

LES SILENCES DU GÉNÉRAL

Le peuple gaulliste s'est indigné parce que le président de la République n'a pas prononcé le nom du général de Gaulle aux cérémonies commémoratives du Débarquement. M. Nungesser trouve ce silence « surprenant, regrettable, pénible » ; M. Lefranc le déplore « avec étonnement et tristesse » ; M. Charpy le considère comme « une insulte à tous les Français à qui de Gaulle avait rendu l'espoir » ; M. Pons, dans son rude langage de troupier, estime que M. Mitterrand ne peut émettre le nom du Général parce que « ça lui brûle la gueule ».

Un peu de calme, compagnons ! Un peu d'équité ! M. Mitterrand a des excuses. La première est qu'il rend au Général la monnaie de sa pièce. En effet, le Général ne parlait jamais de lui. C'était comme s'il n'existait pas. On comprend qu'à la longue le pauvre homme, qui faisait tant d'efforts, et si pathétiques, pour attirer l'attention sur lui, en ait été blessé.

Écrivant des livres où le Général en prenait pour son grade, si j'ose dire, il pouvait raisonnablement espérer une petite réaction. Rien. Pas un mot. En 1965, exaspéré, il se présenta aux élections présidentielles. Peut-être, alors, qu'une parole allait tomber des lèvres augustes, que celles-ci condescendraient à prononcer les trois syllabes fatidiques ? Hélas ! le Général, qui babillait si volontiers et avec tant de verdeur sur tous les sujets, persistait dans son mutisme.

En mai 1968, M. Mitterrand ayant essayé d'interrompre le coup d'État permanent par un petit coup d'État temporaire crut toucher au but. Ce fut encore une déception. De Gaulle continua à ne rien dire. C'était à devenir fou.

Ce qui aurait été beau, voyez-vous, c'est si le Général avait quitté le pouvoir en s'écriant : « Mitterrand, tu as gagné. Je n'ai pas pu entamer ta haute conscience républicaine. Je pars ! » Au lieu de cette fière déclaration (qui lui aurait fait honneur), il s'est fâché parce qu'il n'avait eu que quarante-sept ou quarante-huit pour cent des suffrages à son référendum de 1969. Autrement dit la moitié de la France. On touche du doigt, là, son insupportable orgueil. M. Mitterrand, qui a la véritable humilité des grands démocrates, se contente, pour régner, du tiers ou du quart.

Une preuve de l'esprit sectaire et partisan de MM. Lefranc, Charpy, Pons, Nungesser et consorts est que, du temps du Général, ils n'ont pas une seule fois protesté parce que celui-ci ne parlait pas de M. Mitterrand.

LE BRIDGE SOVIÉTIQUE

Pourvu que M. Mitterrand, lorsqu'il s'entretiendra avec M. Tchernenko au Kremlin, pense à lui demander des nouvelles de la famille impériale. Je serais très heureux de savoir ce qu'elle est devenue, et je suis sûr que M. Marchais en serait heureux aussi. Ni lui ni moi ne pouvons croire à ce qu'on raconte depuis soixante-cinq ans, comme quoi le tsar Nicolas II, la tsarine, le tsarévitch et les grandes-duchesses auraient été fusillés à Ekaterinenbourg. Ce grossier mensonge de propagande a été inventé par l'Occident capitaliste pour nuire à la patrie des travailleurs.

Nicolas II est toujours de ce monde. Il a été maintenu en

vie par les médecins soviétiques à qui rien n'est impossible dans le domaine de la gérontologie, comme chacun sait. Il coule des jours paisibles dans la ville de Gorki, qu'il s'obstine à appeler Nijni-Novgorod, comme au bon vieux temps. Cette innocente habitude de langage ne manque pas d'amener des sourires indulgents sur le visage des fonctionnaires du KGB chargés de sa protection.

M. Zamiatine, qui explique si volontiers que M. et Mme Sakharov se portent à merveille, ne verrait certainement aucun inconvénient à fournir le bulletin de santé du tsar. Nous apprendrions que le couple ci-devant impérial joue au bridge soviétique tous les soirs avec les Sakharov. Le bridge soviétique a cette supériorité sur le bridge capitaliste qu'il n'y a jamais de mort.

Quelle joie d'entendre M. Mitterrand, au retour de son voyage de Moscou, nous exposer tout cela et diverses autres merveilles que les bonnes gens de là-bas lui auront racontées ! Ce qui sera particulièrement réconfortant sera de contempler M. Marchais à la télévision, déclarant qu'il a été informé par ses amis russes (de la véracité desquels il n'a pas la moindre raison de douter) que leurs ex-majestés vont très, très bien et que le tsarévitch s'achemine gaillardement vers ses quatre-vingts ans, ayant été guéri de son hémophilie depuis belle lurette.

LES 11 % DE LE PEN OU : LA DROITE ENSORCELÉE

Il serait temps que l'opposition adoptât une attitude raisonnable à l'égard de M. Le Pen. Celui-ci est un cadeau que lui a fait la gauche. Lorsqu'on reçoit un cadeau, la moindre politesse consiste à remercier, même si l'objet est embarrassant.

L'opposition non seulement ne remercie pas, mais encore elle fait la moue, elle prend des airs effarouchés. Elle dit : « Où vais-je mettre ce machin qui jurera au milieu de mon salon ? Il n'est pas possible d'avoir un Le Pen chez soi. Ça fait vulgaire. D'ailleurs la gauche, qui est infaillible en matière de décoration, ne cesse de me le répéter. »

Je pensais qu'après trois ans de régime socialo-communiste la droite n'était plus ensorcelée. Visiblement elle l'est encore. Elle est toujours pleine de révérence pour les lubies de la gauche, toujours intimidée, toujours incapable de juger par elle-même. Pour qu'elle approuve quelqu'un ou quelque chose, il faut que la gauche l'ait d'abord approuvé. Elle craindrait, sinon, de ne pas paraître chic, moderne, jeune, progressiste, dans le vent.

L'affaire Le Pen est des plus instructives. Avant que la gauche n'accédât au pouvoir, M. Le Pen représentait peu de chose dans la vie politique française. Personne ne ressentait le besoin d'un parti tel que le Front national. Puis le gouvernement socialiste en a tant fait que, par réaction (c'est le mot qui convient), un certain nombre d'électeurs se sont portés violemment à droite. Leur raisonnement était quelque chose comme ceci : « Plus on est à gauche, plus ça va mal. Donc plus on sera à droite, mieux cela ira. »

La gauche, en l'occurrence, n'a pas manqué de montrer son inconséquence. Elle pousse des gémissements lamentables devant M. Le Pen qui est son œuvre. Elle crie au fascisme, au nazisme ; M. Le Pen est un mélange d'Hitler, de Mussolini, de Pinochet, de Franco ; il est raciste et antisémite, il est un « poison », etc. Pure rhétorique que tout cela, et rhétorique idiote, car plus on proclame que M. Le

Pen est extrémiste et féroce, plus on lui fait de réclame ; et plus on envoie de gros bras perturber ses réunions ou faire sauter ses locaux, plus on lui donne de consistance. Mais la gauche, comme nous savons, n'est pas à une sottise près.

Je comprends que l'opposition soit de mauvaise humeur contre M. Le Pen, qui lui a volé quelques électeurs (pas plus qu'il n'en a volé à la gauche, du reste), mais elle devrait surmonter cette contrariété et tâcher de comprendre pourquoi quelques brebis l'ont quittée le 17 juin dernier. C'est peut-être parce que M. Le Pen leur disait des paroles qu'elles attendaient et qu'on n'osait pas prononcer, par élégance ou par pudeur.

M. Le Pen n'est pas Hitler, et le Front national n'est pas le parti nazi. Ce n'est rien d'autre que la vieille droite « ratapoil » comme la qualifie un de mes correspondants, homme de bon sens qui se désole parce que l'opposition « donne tête baissée dans le panneau tendu par la gauche ». En condamnant bruyamment M. Le Pen, au nom de la morale imposée par les Jospin, Poperen, Lajoinie et consorts, dit-il, « la droite officielle et le centre droit le poussent à devenir ce que certains de ses supporters sont peut-être mais qu'il n'était pas lui-même ». Cette analyse me semble juste.

Il est dangereux de faire d'un homme et de son parti une caste de parias et d'intouchables, surtout en France où l'on a volontiers l'esprit de contradiction : cela lui confère un air de jeunesse, une apparence d'énergie, et lui amène quantité d'adhérents.

Ce qui devrait rassurer un peu, quand même, c'est l'obstination de M. Le Pen à se proclamer de droite. Dans le monde moderne, ce n'est pas la droite qui est dangereuse ; ce n'est pas elle qui tient esclave la moitié de la planète. Nous savons bien, malgré notre hypocrisie, où est le vrai danger. Mais cette hypocrisie scelle les bouches. Je n'ai entendu aucun membre de l'opposition déclarer qu'il est moins dangereux de s'allier avec le petit Front national qu'avec le parti communiste, prolongement d'une puissance étrangère formidable par son armée, son idéologie, ses espions et sa police.

M. Le Pen est tout seul ou quasiment avec ses onze pour cent d'électeurs français au milieu d'une Europe libérale, socialisante et mollassonne. En France même, hormis ses partisans et la sympathie d'un secteur de l'opinion, il n'a que des adversaires qui se voilent la face sitôt qu'on prononce son nom.

Il ne suit nullement de ces considérations que j'aie voté pour M. Le Pen et ses candidats. Je désire seulement que la droite renonce enfin à être snob. Personne ne veut plus de la gauche en France. Nul ne peut l'endurer davantage. On n'attend que l'heure légale pour la mettre à la porte. Ce n'est pas le moment de la singer.

L'ENTERREMENT DU FOSSOYEUR

J'ai longtemps cru que le parti communiste français était plus avisé que le parti communiste italien. D'abord parce qu'il était le plus bête. Sa fidélité héroïque, quasiment démente, à l'URSS, son obéissance aveugle à la consigne soviétique, jusqu'à son stalinisme nostalgique me paraissaient des raisons péremptoires de longévité et de prospérité. Au milieu d'un perpétuel changement, le PC français était la seule chose qui ne bougeait pas. Tel il était en 1930, tel en 1980. Rien n'est rassurant et attirant comme l'immobilisme.

Le parti italien, critiquant et blâmant l'URSS, la condamnant quelquefois, travaillant à établir un communisme européen indépendant de la maison mère, évoquait à mes yeux la Réforme. Berlinguer était le Luther du marxisme. Je confesse que je ne lui voyais guère d'avenir.

Or c'est Berlinguer qui avait raison et Marchais qui avait tort. Mais Berlinguer, en dépit des succès du PC italien, aura contribué au déclin, et probablement à la disparition du communisme en Europe occidentale, car qu'est-ce que le communisme s'il est coupé de Moscou ? Une espèce de socialisme avancé qui finira par se confondre avec la social-démocratie.

De là, peut-être, les grandioses funérailles de M. Berlinguer auxquelles ont assisté autant de riches que de pauvres, autant de bourgeois que de prolétaires. C'est le fossoyeur de la doctrine que l'on enterrait. Je ne sais ce que pensait M. Gorbatchev qui représentait le Kremlin à la cérémonie. A sa place, je n'aurais pas été trop content. J'aurais vu là un enterrement de l'URSS en effigie.

LA GARDE MONTANTE

Les gouvernements sont exaspérants parce qu'ils ne reconnaissent jamais qu'ils ont eu tort. Ils sont comme les Chinois : leur suprême malheur serait de perdre la face. Dimanche dernier, un million et demi de personnes sont venues à Paris de tous les coins de France pour dire au nôtre qu'il avait fait une grande bêtise avec sa loi sur l'école libre. Le dimanche d'avant, soixante-dix pour cent de l'électorat lui avait fait savoir qu'il rejetait la politique socialiste telle qu'elle est appliquée depuis trois ans. Réaction de nos maîtres à ces deux tremblements de terre ? Zéro. Rien. Le mutisme. Tout se passe comme s'il ne s'était rien passé.

C'était l'occasion, pourtant, d'établir ce fameux « dialogue » dont on nous parle depuis tant d'années. Mais je suppose qu'on ne dialogue qu'avec les gens qui sont du même avis que vous. Pas avec ceux qui sont mécontents.

La manifestation de dimanche avait quelque chose de plus effrayant par son calme, par sa bonne humeur même, qu'un mouvement insurrectionnel. On n'y discutait même pas le pouvoir : on l'écartait comme une vieille mouche. On était déjà dans l'avenir, dans l'après-socialisme. Cela était d'autant plus frappant que beaucoup de jeunes gens participaient aux divers défilés. Jeunes gens qui voteront pour la première fois de leur vie en 1986. On devine déjà comment.

Mazarin disait des Parisiens qui faisaient des couplets contre lui : « Ils chantent mais ils paient. » Le gouvernement socialiste se dit-il des Français de maintenant : « Ils défilent mais ils paient » ? Je ne le crois pas capable de ce cynisme, mais par son silence il en donne l'impression. Tout le monde est convaincu qu'il ne fera rien, qu'il n'y aura même pas un petit remaniement ministériel, histoire de donner quelque chose en pâture à l'opinion, que la loi stupide sur l'enseignement sera impavidement votée, que l'on continuera plus que jamais à faire ce socialisme que la France vomit.

Un pouvoir qui ne représente qu'une minorité nationale fait songer à des gens assiégés dans une ville. Le gouvernement est à l'image du camp retranché de la rue de Bièvre, où nul ne peut pénétrer sans *ausweis.* Il se pelotonne frileusement derrière des rangées de gendarmes et de CRS, mais ceux-ci ne sont même plus menaçants : ils regardent les assaillants avec de bons sourires. Je l'ai constaté de mes yeux.

JUILLET

LA CANTONADE

Il y a en ce moment une curieuse conversation entre les Français et leur gouvernement. Ils se parlent par allégories. On vote pour élire des députés au Parlement d'Europe, consultation électorale fort placide en principe, et cela prend l'allure d'un référendum qui détruit à moitié les deux partis de gauche ayant le pouvoir.

Le dimanche suivant, les élèves, les parents d'élèves, les professeurs d'écoles privées défilent à Paris pour défendre l'enseignement libre, chose bien particulière et circonscrite. Or voilà qu'il y a deux millions de personnes dans la rue pendant dix heures, et que leur piétinement écrase le gouvernement.

Le président de la République, de son côté, n'est pas moins allégorique. Pour nous faire savoir qu'il est attaché à la liberté et aux droits de l'homme et que nous n'avons à craindre de lui aucun attentat dans ces domaines essentiels, il va à Moscou dire leurs quatre vérités aux vieillards terribles du Kremlin. Il leur demande des nouvelles de Sakharov et leur explique qu'il réprouve la guerre qu'ils font en Afghanistan.

Naturellement, M. Tchernenko et ses camarades ne font que rire de ces propos et laissent entendre à notre président qu'il serait plus avisé de s'occuper de ce qui se passe chez lui. L'agence Tass le censure sans plus de façons que s'il était un vague syndicaliste polonais. Mais peu importe ; ce n'est pas pour être entendu des Soviétiques que M. Mitterrand a parcouru trois mille kilomètres dans son avion présidentiel : c'était pour nous adresser, à nous, son message.

Personne ne se méprend sur la signification de tous ces faits et paroles. Ce qui est étrange, c'est que personne n'a l'air d'en tenir compte. Le voyage de M. Mitterrand en URSS n'a apporté, à ce qu'il semble, aucune satisfaction à la population. Elle y a vu plutôt quelque chose comme un pas de clerc.

Quant au gouvernement, il fait mine de n'avoir pas reçu les deux gifles qui lui ont été administrées dimanche dernier et le dimanche précédent.

C'est étrange, dis-je, car en général c'est à ce qui se dit à la cantonade que l'on apporte le plus d'attention.

MÉCANICIEN ET MANŒUVRIER

On disait de M. Giscard d'Estaing qu'il avait une admirable « mécanique intellectuelle ». J'ai entendu ce cliché des centaines de fois pendant sept ans. J'en étais très agacé. Non que je contestasse la mécanique giscardienne. Le ci-devant président était certes fort intelligent. Mais je pensais qu'il en est des hommes politiques comme des artistes ou des comédiens : ils n'ont pas besoin d'intelligence ; il suffit qu'ils aient du génie ou, à défaut, du bon sens.

Avec sa remarquable mécanique, M. Giscard d'Estaing faisait bêtises sur bêtises. J'en étais désolé pour lui (et pour nous) ; je l'écrivais tous les deux jours dans ma gazette. Il ne me lisait point, apparemment.

Notre président actuel a, lui aussi, son cliché. Les gens de l'opposition ne se lassent pas d'évoquer, avec un mélange de révérence et d'effroi, son « habileté manœuvrière », de s'interroger sur les subtils coups de Jarnac qu'il médite, de redouter la loi électorale qu'il va promulguer, grâce à laquelle la gauche aura de nouveau la majorité à l'Assemblée, et ainsi de suite.

Niaiseries que tout cela. D'abord, on n'observe, depuis trois ans, aucune habileté manœuvrière dans les actes de M. Mitterrand. C'est plutôt le contraire qui nous frapperait. Cet habile manœuvrier n'a qu'une supériorité sur M. Giscard : les bêtises qu'il fait sont plus coûteuses, donc il est moins irritant. En revanche, il est plus haï. Son déclin est plus rapide que celui de son prédécesseur. En trois ans, il est parvenu à perdre le tiers de l'électorat socialiste et à détruire quasiment son seul allié qui est le parti communiste. La droite n'a jamais été plus florissante.

Il en est de l'habileté manœuvrière comme de la mécanique intellectuelle : un homme d'État n'en a que faire. Il lui faut de la volonté, du caractère, et à l'occasion une certaine souplesse. Je ne me lasse pas de citer la formule si profonde du cardinal de Retz : « Les gens faibles ne plient jamais quand ils le doivent. » M. Mitterrand qui s'enracine dans ses erreurs par entêtement ou point d'honneur idéologique illustre cette pensée. Le monde est une montagne. Quand elle vous tombe dessus, aucune habileté manœuvrière ne peut vous empêcher d'être écrasé. Tout ce qu'on peut dire est qu'il aurait mieux valu ne pas la faire sauter à la dynamite.

LA MAJORITÉ SILENCIEUSE

Il y a quatre ans, la gauche n'avait que sarcasmes pour ce qu'elle appelait la « majorité silencieuse », c'est-à-dire les citoyens qui ne votaient pas pour elle. Ce genre de mépris est dans sa manière. Durant l'entre-deux-guerres, un de ses journaux avait pris pour devise : « Les imbéciles ne lisent pas *l'Œuvre.* » Il était implicite, depuis vingt ou trente ans, que les imbéciles ne votaient pas socialiste.

Puis la majorité, en 1981, changea de camp. La majorité silencieuse, du même coup, changea de nom : elle devint « le peuple de gauche ». Elle ne le resta pas longtemps. On s'en aperçut au bout de six mois grâce à quatre élections législatives partielles que gagnèrent haut la main quatre candidats de droite.

Le paradoxe de l'affaire est que, de 1958 à 1981, la majorité n'était pas silencieuse le moins du monde. Elle parlait par la voix de ses députés, de ses sénateurs, de ses ministres à qui elle avait donné le pouvoir et à qui elle le redonnait à chaque consultation électorale. Elle n'éprouvait pas le besoin d'ajouter des paroles à toutes celles que l'on prononçait en son nom.

C'est à présent, c'est depuis trois ans qu'elle est réellement silencieuse ou, si l'on préfère, impuissante. Elle s'exprime à la façon des muets : par gestes, par mimiques de refus ou de dégoût ; elle oppose la force d'inertie aux violences qu'on lui fait. Le gouvernement feint de ne s'apercevoir de rien. Surtout, il se garde bien de lui rendre sa vieille appellation : l'adjectif « silencieuse » ne masquerait pas le mot terrible de majorité.

Jadis, lorsqu'on voulait me vexer, on m'appelait « le porte-parole de la majorité silencieuse », autrement dit le porte-parole des imbéciles. Voilà un bon moment que l'on ne me qualifie plus de la sorte. Cela signifierait : le porte-parole des opprimés, titre fort enviable. Le croira-t-on ? Il m'arrive de regretter l'époque où l'on se moquait de moi.

LA BOUSSOLE

L'opposition aura mis trois ans à s'apercevoir que rien n'était plus facile que d'avoir un programme politique. Elle se creusait la cervelle pour trouver des « thèmes porteurs », c'est-à-dire des promesses de nature à allécher les citoyens. Elle s'échinait à fabriquer une espèce de doctrine, afin de se donner le genre ennuyeux de la gauche qui lui paraissait (et lui paraît toujours, je le crains) le comble du chic. En quoi elle perdait son temps, car il est impossible de trouver un pire raseur que Marx, et il était déjà pris.

Les choses les plus évidentes sont celles qu'on met le plus longtemps à apercevoir. Depuis trois ans, la droite aurait dû avoir les yeux fixés sur la gauche et ne pas les en détourner une minute. Ainsi aurait-elle su que le gouvernement socialiste est une boussole.

En fait, c'est une boussole inversée. Quand elle indique le nord, c'est au sud qu'il faut aller. Cette légère rectification faite, on peut être sûr d'elle. Elle est infaillible.

Je me plains que les puissants ne me lisent pas, ce qui égaye mes amis. Mais c'est vrai. S'ils me lisaient, il y a bien deux ans et demi que l'opposition aurait sa philosophie et son programme. Il lui suffisait, dans tous les domaines sans exception, de proclamer qu'elle ferait le contraire de la gauche.

M. Chirac, qui est plus vif que les autres, s'en est enfin avisé. Les dix « engagements » qu'il a pris au nom du RPR préconisent l'inverse de ce qu'ont instauré les socialistes et les communistes. Il ne manque que le rétablissement de la peine de mort pour que ce décalogue satisfasse complètement soixante-dix ou quatre-vingts pour cent des Français. N'importe : tel qu'il est, il est déjà grisant. En lisant les déclarations de M. Chirac, on se dit que, s'il est un jour le patron, son premier soin sera de nous débarrasser des chaînes qui nous ligotent depuis 1981, et dont on avait commencé à nous couvrir dès 1974.

Il est des temps où rien n'est plus aisé que d'être brave : c'est quand tout le monde est lâche. De même il est des temps où il est tout simple d'être intelligent : c'est quand tout le monde est idiot.

FEU SUR LA PEUPLADE DE GAUCHE !

Le peuple de gauche, ou plus exactement la peuplade de gauche, vu l'exiguïté progressive de cette ethnie, n'est pas à la fête. Elle doit avoir le sentiment désespérant que son gouvernement chéri, à qui elle a donné avec enthousiasme le pouvoir, ne cesse de lui tirer dans le dos.

La dernière rafale qu'elle a essuyée, à savoir l'augmentation furieuse du prix de l'essence, est particulièrement meurtrière. Le gouvernement ne pouvait choisir un meilleur moment que le 10 juillet pour tuer ses derniers fidèles.

Ils étaient tous rassemblés devant leurs bagnoles, prêts à sauter dedans afin d'accomplir le devoir sacré de l'année, c'est-à-dire partir en vacances. Il suffisait de les cerner, d'installer les mitrailleuses et d'ouvrir le feu. Opération réussie.

On n'entend ces jours-ci que les cris lamentables des blessés et les râles des mourants, auxquels se joignent les derniers soupirs de l'industrie automobile française. Peugeot est un invalide ; Citroën est déjà un spectre. Ces grandes ombres glorieuses ensanglantent le soleil couchant du socialo-communisme.

Par une de ces coïncidences qui nous font douter que le monde soit gouverné par le seul hasard, il y a au Grand Palais, actuellement, une exposition intitulée « Cent ans d'automobile française », que prolonge un album publié par les Éditions Flammarion. On est saisi devant les mécaniques qu'a créées notre génie. Assez fier, aussi, de constater que c'est nous qui avons inventé le pneu en 1895 et la traction-avant en 1926. L'exposition du Grand Palais fait l'effet des victoires de Louis XIV et de Napoléon qu'on raconterait aux vaincus de Sedan, pour charmer leur déroute.

L'augmentation de l'essence, comme tous les impôts indirects, n'accable pas les riches, qui ne sont pas à mille francs près, mais les petites gens. Le gouvernement n'a pas de mémoire : Giscard est tombé pour dix ou douze raisons. L'une d'elles, et non la moindre, fut le prix du carburant. S'il l'avait baissé de quelques centimes avant les présidentielles de 81 – et il pouvait le faire, car la Banque de France, en son temps, regorgeait d'argent et de devises –, peut-être habiterait-il encore le faubourg Saint-Honoré.

MORTEL DILEMME

Le parti communiste m'a l'air bien mal en point. On dirait que le souffle de la défaite a fait tomber les murailles de la citadelle Fabien. Cette bastille de verre, qui paraissait encore plus énigmatique et menaçante que l'autre Bastille, est ouverte à tout vent. Le moindre folliculaire imprime dans sa feuille de chou les propos les plus secrets qui s'y tiennent depuis le 17 juin.

Lorsque les mystères du culte sont ainsi dévoilés, la religion bat de l'aile. Que pensent les fidèles lorsqu'ils voient les prêtres s'interroger sur leur foi, critiquer les points les plus fermes du dogme, mettre le grand pontife lui-même en accusation ?

Les communistes se sont enfermés dans un dilemme dont on n'imagine pas comment ils pourront sortir. S'ils recherchent sérieusement les causes de leur défaite, ils aboutissent à la conclusion qu'il est urgent de prendre ses distances avec l'URSS. Mais qu'est-ce qu'un parti communiste coupé de Moscou, rejetant la dictature du prolétariat, reniant ce qu'il appelle le « centralisme démocratique » et qu'on désigne ailleurs sous le nom de totalitarisme ? Rien ne le distingue plus alors de la vieille social-démocratie dans laquelle il finira par se diluer. D'ailleurs il s'y dilue déjà, en refusant de quitter le gouvernement, en le cautionnant malgré ses protestations. Ses quatre ministres lui auront coûté cher.

S'il refuse de regarder les choses en face, s'il persiste à être le vieux parti immobile, avare, intolérant, intransigeant qu'il a toujours été, approuvant les yeux fermés chaque lubie du Kremlin, disant non à tout le reste, il se condamne à mort. Car l'enchantement, qui avait duré si longtemps, a disparu. Tout le monde sait, à présent, que l'URSS n'est plus la patrie des travailleurs, mais le fromage de la Nomenklatura, qu'elle fait des guerres de conquête comme les empires de jadis, que son armée et que sa police sont semblables à toutes les armées et à toutes les polices du monde, sinon pires.

Il est probable que c'est la seconde attitude que prendra, finalement, le parti communiste français. Il expliquera qu'il a raison, qu'il ne s'est jamais trompé, qu'il n'est en rien responsable des malheurs qui lui arrivent, que les choses ne vont si mal que parce que l'on n'a pas fait depuis trois ans la politique qu'il préconisait, lui l'Infaillible. Ce pharisaïsme est tout à fait dans sa manière. Ainsi ont disparu les jacobins, qui étaient les pharisiens de la Révolution.

NON !

En proposant à la nation un référendum qui permettra au président de la République de faire désormais des référendums sur n'importe quoi, le message de M. Mitterrand est en quelque sorte ceci : « Si vous voulez me dire non demain, il faut commencer par me dire oui aujourd'hui. »

Consternation de l'opposition qui soupire : « Oh ! qu'il est malin, qu'il est diabolique ! Lui qui n'a plus de crédit, plus de troupes, plus rien, lui qui est aux abois, voilà que par un tour de passe-passe il va se refaire une majorité. Quel tacticien ! »

Je ne vois pas en quoi M. Mitterrand est diabolique. Il me fait plutôt penser à un condamné à mort demandant à son peloton d'exécution : « Voulez-vous des fusils pour me fusiller ? » Si le peloton répond oui, le condamné aura indiscutablement réuni une majorité, mais cette majorité n'attendra que le commandement : « Feu ! » pour lui tirer dessus.

Il est possible que, lorsque le pays aura répondu oui au référendum de M. Mitterrand, celui-ci n'en propose plus d'autre. Le peloton d'exécution aurait ses fusils, mais ne s'en servirait pas. Cela n'empêcherait pas le condamné de rester attaché à son poteau. Position peu confortable et qui, la Constitution étant ce qu'elle est, peut durer longtemps.

La singularité de la situation est que le seul qui ait le droit de crier : « Feu ! » est le condamné lui-même. On peut supposer qu'il ne le fera que lorsqu'il constatera que le peloton est distrait ou tombe de fatigue, avec l'espoir qu'on le ratera. Cela est bien hasardeux ! Une balle risque toujours d'arriver à son but.

Pour être un tacticien, il faut disposer d'une certaine marge de manœuvre. Napoléon était un tacticien fameux, il était même le plus grand stratège de son époque. Mais il est venu un temps où il n'avait plus de marge de manœuvre, et un petit général anglais dont il n'aurait fait qu'une bouchée trois ans plus tôt l'a battu à plates coutures.

Tout cela dit, si j'étais l'opposition, je donnerais pour consigne de voter non au référendum de septembre. Il est des circonstances où les pelotons d'exécution doivent refuser les fusils et laisser le condamné mourir de sa belle mort.

LA DÉMOCRATIE SELON BOILEAU

Au livre III de *L'Art poétique*, Boileau traitant du théâtre déclare que tout spectateur mécontent n'a point à se gêner pour siffler. « C'est un droit qu'à la porte on achète en entrant », dit-il dans un vers célèbre. Cela n'empêche pas que les auteurs soient furieux quand on les siffle. Ils pensent qu'ils ont du génie et que le public est idiot. Toutefois, un auteur sifflé s'abstient généralement de venir saluer après la pièce.

On a deviné à ce début que je songeais au président de la République. Il sait depuis bientôt deux ans et demi que sa pièce, qui est peut-être très bonne, non seulement déplaît aux spectateurs, mais encore les fait fuir. Les plus vieux abonnés eux-mêmes quittent la salle. Quel démon le pousse à venir saluer, c'est-à-dire à descendre en voiture découverte les Champs-Élysées au 14 Juillet ?

Je trouve injuste qu'on ait emmené au poste quinze siffleurs. S'il est un régime dont le vers de Boileau pourrait être la devise, c'est la démocratie. Les gens qui nous gouvernent font une réclame effrénée pour que nous entrions dans leur théâtre. Nous y entrons et, au lieu de la charmante opérette ou du joyeux vaudeville qu'on nous avait annoncé, nous assistons à un drame assommant, plein de redites, joué par des ringards qui ne savent pas leur texte.

Quant au droit de siffler qu'on achète en prenant son billet, on le paie assez cher, ma foi, pour l'exercer une fois par an. Des spectateurs moins endurants que nous, en plus des sifflets, crieraient : « Remboursez ! » Réclamation des plus platoniques, au demeurant, car il n'y a plus un sou dans la caisse. Tout a été fricassé par la troupe qui, si elle joue mal, vit bien.

AOÛT

MONSIEUR 20 %

Pendant trois ans, il ne se passe rien ; on a un sourd-muet à l'Élysée, un derviche tourneur à Matignon, et trois cents somnambules à l'Assemblée. Il suffit que je prenne quinze jours de vacances pour que le sourd-muet se mette à parler et à percevoir quelques bruits, qu'on remplace le derviche par un sauteur d'obstacles et que les somnambules entrouvrent un œil. Il est évident que ce joli monde attendait que j'aie le dos tourné pour faire son petit sabbat.

Le plus fâcheux pour le gouvernement actuel est la façon dont les communistes en sont sortis. Ils l'ont bel et bien plaqué. Autrefois, quand une liaison battait de l'aile, le cocu éventuel prenait les devants, il rompait avant qu'on lui donnât son congé, afin de ne point être ridicule aux yeux de l'opinion, car c'est très différent de quitter quelqu'un ou d'être quitté par lui. En outre, cela donne les coudées franches pour se lancer dans un nouveau béguin.

M. Mitterrand n'a pas eu la sagesse des gommeux de 1900. De sa part, à lui qui est si volontiers « rétro », cela est curieux. Il a essayé de séduire le centre alors qu'il traînait encore son vieux fil rouge à la patte. Avant de mettre M. Stirn dans ses meubles, il fallait se débarrasser de M. Marchais. Non pas attendre que M. Marchais s'envolât vers d'autres amours.

Le célèbre financier Gulbenkian avait le sobriquet de « Monsieur 5 % », parce qu'il ramassait ce pourcentage sur tous les marchés de pétrole qui se traitaient dans le Proche-Orient. C'était un beau surnom. Gulbenkian, à ce qu'on dit, en était fier : il lui rappelait chaque fois sa réussite.

Je crains que le président de la République n'éprouve pas autant de plaisir à ce qu'on l'appelle « Monsieur 20 % ». Cela n'évoque pour lui aucune réussite, mais un triste déclin. De là ses inventions de référendum, afin de redevenir un « Monsieur 30 % » ou un « Monsieur 40 % », ce qui, dans l'état actuel des choses, lui remonterait un peu le moral.

Jusqu'aux élections européennes, j'étais convaincu qu'il n'y aurait pas de changement dans la politique française avant 1986. Je n'en suis plus aussi sûr. Gouverner en s'appuyant sur un cinquième seulement du pays me paraît une mission impossible. La seule issue de M. Mitterrand serait de dissoudre l'Assemblée, en se donnant le genre président de tous les Français, et non plus du seul « peuple de gauche ».

Comme j'ai l'intention de m'absenter de Paris quelques jours à Noël, peut-être le fera-t-il à ce moment-là.

LA DERNIÈRE SÉANCE

Le plus étonnant dans la séance du Sénat de mardi est qu'elle ait été transmise par la télévision. Le peuple a vu en direct ce qu'il ne connaît généralement que par les récits des journalistes : l'hallali d'un régime, avec tous les détails.

M. Fabius, devinant sans doute comment l'affaire tournerait, ne voulait pas que la télévision fût là. Il avait bien raison. Les orateurs lui ont reproché de n'avoir pas daigné se montrer, mais je le comprends, le pauvre. Il n'est pas gai, quand on vient d'être nommé amiral, d'assister à l'envoi de la flotte par le fond.

Par quelle succession de maladresses le président de la République s'est-il laissé acculer à un débat aussi meurtrier que celui auquel nous avons assisté ? La plus funeste a été de sous-estimer ses adversaires, de penser qu'il les enfermerait dans un dilemme dont ils ne pourraient sortir. Or ils en sont très bien sortis, en démontant minutieusement la machine que le président avait montée.

Rien ne paraît aussi misérable qu'une habileté déjouée. On était un tacticien, et voilà qu'on apparaît sous les traits d'un fourbe. Telle a été l'impression des spectateurs. Ces tribulations sont désastreuses pour un chef d'État. En écoutant MM. Dailly, Lecanuet, Durafour, Pasqua attaquer joyeusement et sauvagement M. Mitterrand, je songeais à la remarque de Rivarol sur Louis XVI et le marbre défiguré. Mardi soir, on en était déjà aux derniers coups, et le débat n'était pas fini.

Il est plus difficile de défendre les monarques que de

défendre les assassins. Quand ils ont tant fait qu'ils comparaissent enfin devant une assemblée politique, ils sont condamnés d'avance. M. Badinter était le Malesherbes de notre Louis XVI. Le Sénat de 1984 est loin d'être aussi féroce que la Convention de 1793, mais le dossier du président, d'une certaine façon, n'est pas aussi bon que celui du roi. Mille ans de légitimité pèsent plus lourd que trois ans de légitimité. Peut-être aussi donnent-ils des accents plus convaincants.

LES ÉCRITS RESTENT

Lorsque M. Mitterrand fut élu président de la République, je crus voir la revanche de la littérature sur les maths. En effet, M. Mitterrand était auteur. Il avait publié onze volumes d'œuvres diverses, où il exprimait ses idées, ses convictions, ses indignations, ses rêves. Ces écrits finissaient par dessiner de lui une certaine figure, ainsi que le font leurs livres pour les écrivains.

Les Français aiment les hommes de lettres. Je suis sûr que la bibliographie de M. Mitterrand a contribué à son succès en 1981. Ses onze volumes lui constituaient un piédestal. M. Giscard, ne pouvant opposer qu'une grêle plaquette, ne faisait pas le poids en face de ce géant de l'écriture.

Il y a une incompatibilité entre la littérature et la politique. L'écrivain, pour faire de bons livres, est obligé de rechercher sans cesse la vérité du monde et de se montrer lui-même dans sa vérité intime, tandis que le politicien ou l'homme d'État ne subsiste que par le mensonge, la propagande, les artifices en tout genre. Il en est des hommes politiques graphomanes comme des amants adultères qui envoient des lettres à l'objet de leur flamme. Un beau jour, quelqu'un trouve les lettres et c'est le drame.

Pendant la grande corrida du Sénat de la semaine dernière, où le projet de référendum fut mis à mort par les matadors de l'opposition, les onze volumes du président ont été son talon d'Achille. Tout le monde les avait lus, et bien lus. Il était inévitable que les orateurs missent en contradiction Mitterrand homme de lettres et Mitterrand homme d'État. Ils avaient sous la main onze volumes de citations. Qui laisserait passer une pareille aubaine ?

Pour un politique ayant un petit talent de plume, il est moins coûteux d'être au pouvoir que de n'y être pas : le travail l'empêche d'écrire ce qu'il pense. Du reste, il ne pense plus. La réalité cogne sur lui nuit et jour comme un boxeur ; il a bien assez à faire à parer les coups. La malédiction de M. Mitterrand est d'avoir eu vingt-trois ans de loisir, pendant lesquels, innocemment, il a forgé des armes à ses ennemis.

M. Lang, ministre de la Culture, a eu une heureuse idée lorsqu'il a fait voter une loi permettant aux écrivains d'étaler leurs droits d'auteur sur cinq ans dans leurs déclarations de revenus. Après que M. Mitterrand aura fini son mandat et sera redevenu homme de lettres, c'est peut-être le seul bon souvenir qui lui restera de sa magistrature suprême, avec celui de quelques voyages.

UN SONDAGE À 100 %

Je redoutais beaucoup que le tribunal prît en considération la plainte de MM. Pasqua, Dailly et Pado contre l'institut de sondages Ipsos. Dieu merci, il l'a déclarée irrecevable, ce qui montre sa sagesse et son indépendance. Que les plaignants aient été des sénateurs ne l'a pas intimidé. Bravo ! Il y a encore des juges en France.

J'aurais été contrarié, dis-je. En effet, j'ai téléphoné ces derniers jours à quelques amis pour les sonder sur un sujet qui me tient extrêmement à cœur : doit-on, ou non, me décerner le prix Nobel de littérature ? Chose curieuse et digne d'être notée, ils ont répondu oui à cent pour cent.

Je les avais choisis au hasard. Il y avait Georges Briqueton, à qui j'ai prêté naguère cinq cents francs ; Jérôme Moulu qui serait heureux d'avoir un prix de poésie de l'Académie ; Patrick Lagrumelle qui m'a confié le manuscrit d'un roman qu'il a écrit afin que je le recommande à un éditeur ; Mme Gaillard ma concierge ; le Dr Blumenfeld mon médecin ; René mon coiffeur ; Mme Gaby ma pédicure et une quinzaine de personnes hautement représentatives de l'opinion française.

Il va sans dire que je ne suis animé que par des considérations élevées. Je trouve que ce serait très bon pour la France que j'aie le prix Nobel. Cela nous donnerait du lustre et me rapporterait quatre-vingts petits millions, ce qui me permettrait de vivoter jusqu'aux élections législatives de 1986.

J'attendais anxieusement la décision du tribunal car, avant mon sondage, j'avais fait imprimer trois mille affiches ainsi libellées : « 100 % des Français veulent que Jean Dutourd ait le prix Nobel. » Cela a coûté une somme exorbitante ; en outre les panneaux d'affichage ne sont pas donnés, mais peu importe : j'ai mes petits mécènes et, quand il s'agit du bien de la France, rien n'est trop beau.

J'avais l'intention d'orner les affiches de ma photographie. Puis, à la réflexion, j'y ai renoncé. Cela aurait pu passer pour de la publicité aux yeux de quelques personnes mal intentionnées. Des sénateurs, par exemple.

IN MICRO VERITAS

Le micro mal fermé ou trop sensible est une des inventions les plus intéressantes de ces dernières années. Cela permet de faire des plaisanteries de mauvais goût qui épouvanteraient la planète entière si le micro était tout à fait ouvert, mais qui font pouffer les gens parce qu'il est censé être débranché.

M. Reagan a enchanté ses électeurs en déclarant à la cantonade qu'il avait donné l'ordre de pulvériser l'URSS sous les bombes. Ils se sont dit : « Voilà un homme qui n'a pas froid aux yeux, qui est prêt à tout. Évidemment, il blaguait, il pensait que personne ne l'entendrait, mais ce qu'on dit à la blague est souvent très sérieux. Maintenant les méchants rouges sont prévenus. Ils savent que les États-Unis ne sont pas gouvernés par un froussard. »

La fausse gaffe de M. Reagan en a entraîné une vraie de M. Tchernenko qui a eu tort de s'indigner officiellement. En protestant contre des propos qui étaient en principe privés, qui avaient été surpris par hasard, il a donné de la consistance à une bêtise ; il a confirmé aux Républicains américains que M. Reagan était un brave à trois poils, une terreur, et non pas un étourneau racontant n'importe quoi. Cela se retrouvera à l'élection présidentielle. M. Reagan sera réélu avec soixante pour cent des voix.

En France, où les personnes qui nous gouvernent n'ont à peu près que de mauvaises nouvelles à nous annoncer, le micro mal fermé offre de grandes possibilités. Il permet de préparer les gens aux catastrophes prochaines, c'est-à-dire de leur faire tomber les tuiles sur la tête en deux temps.

Nous en avons eu la démonstration grâce à Mme Cresson, ministre du Ratatinement industriel, en visite au Creusot la semaine dernière, et à M. Billardon, député socialiste du coin. Un micro à l'ouïe trop fine capta leur chuchotement et, le lendemain, Radio-Télé-Spectacle de Montceau-les-Mines faisait savoir que ces deux augures pensaient qu'il était inévitable de licencier sous peu deux mille cinq cents ouvriers de l'entreprise Creusot-Loire.

Il serait souhaitable que l'usage du micro débranché se généralisât. M. Fabius pourrait ainsi nous avertir avec trois ou six mois d'avance que le prix du timbre-poste sera porté à dix francs et celui du litre de super à quarante-cinq francs soixante, qu'en 1985 les impôts seront triplés, qu'il y aura douze millions de chômeurs, et qu'on nationalisera les boulangeries. Je ne dis pas que cela nous fera plaisir mais du moins nous pourrons prendre nos précautions. Tâcher de nous faire naturaliser américains, par exemple. M. Reagan est moins joli que Mme Cresson, mais il est plus gai.

RASSURER LÉOTARD

M. Léotard, secrétaire général du parti républicain, est très effrayé parce que M. Fabius a trente-sept ans. M. Mauroy, qui en avait cinquante-cinq ou soixante, lui faisait moins peur. Celui-ci, en outre, était grassouillet, rebondi, et il faisait rire avec sa faconde socialiste. Comme il était là depuis trois ans, on disait qu'il était « usé ».

A franchement parler, je ne le trouvais pas plus usé en

juillet 84 qu'en mai 81. Identique à lui-même. Plutôt moins replet, plutôt rajeuni. Et presque élégant, ma foi, ne faisant plus faire ses complets à Roubaix.

Le départ de M. Mauroy ne dit rien qui vaille à M. Léotard, qui déclare en frissonnant que « l'opposition a mangé son pain blanc », qu'elle doit « présenter un projet politique précis capable de réunir la majorité des Français », que les élections prochaines sont loin d'être gagnées et qu'il importe de détruire le « mythe Fabius ».

Il faut rassurer M. Léotard. La situation n'est pas si affreuse. C'est vrai que M. Fabius a trente-sept ans, mais ce genre d'avantage ne plaît pas particulièrement aux Français. Ils n'aiment pas les gamins ; ils préfèrent de beaucoup les vieux messieurs, probablement par nostalgie de la monarchie. Le roi était le père du pays. Comme ils ont tué ce père-là jadis, ils en cherchent un depuis, et plus il est âgé, plus il leur semble paternel.

Les idoles de la France, depuis 1900, sont Poincaré, Clemenceau, Joffre, Pétain, Pinay, de Gaulle. Cela fait une moyenne d'âge assez élevée. M. Fabius est moins dangereux pour l'opposition que le Dr Benoist, par exemple, qui a plus de soixante-dix ans, ou Christian Pineau qui en a quatre-vingts, ou le cher Jules Moch, qui ne doit pas être loin des nonante.

M. Léotard a tort de se torturer avec des « projets politiques ». Aucun projet, quel qu'il soit, ne rivalisera jamais avec le projet socialiste dont le principal succès a été de dégoûter les Français de toute espèce de projet pour trente ans au moins, ce qui nous mène à l'année 2014, époque où M. Léotard sera enfin mûr pour un destin national.

On dit de M. Léotard qu'il est un « jeune loup » de la politique. Les jeunes loups ne devraient pas trop réfléchir, à mon avis ; cela risque de les transformer en jeunes lièvres.

LE FACTEUR FANDO

Les autonomistes basques réfugiés en France n'y sont plus aussi tranquilles qu'au temps de M. Giscard. Le gouvernement socialiste français s'est entendu avec M. Gonzalez, chef du gouvernement socialiste espagnol, pour procéder à quelques extraditions. Le tribunal de Pau vient d'en prononcer quatre à l'encontre de militants de l'ETA accusés de meurtres et autres délits.

A cette occasion, Mme Fando, leur avocate, a déclaré à un journal américain que sa tâche était devenue bien malaisée. « Lorsque la droite était au pouvoir, a-t-elle précisé, la gauche nous soutenait. Maintenant que la gauche est au pouvoir, elle fait la même chose que la droite, et la droite ne nous soutient pas ! »

J'espère que les personnes qui nous gouvernent ont eu connaissance de ce propos qui, dans son ingénuité, constitue une vraie leçon de politique, à savoir que l'on est souvent contraint, quand on commande, d'agir comme ceux que l'on combattait naguère, et même d'en faire plus qu'eux. Un président peut changer, ainsi qu'une Assemblée. La réalité ne change pas et les difficultés restent pareilles, qu'on les regarde de la droite ou de la gauche.

Ce qui est décourageant dans les démocraties, où l'on vit sous le régime des partis, c'est que des leçons toutes simples, toutes lumineuses, comme celles que l'on peut tirer de l'affaire des réfugiés basques, sont toujours perdues. Le premier souci des partis est de causer des embarras aux partis antagonistes. Il ne s'agit pas d'être raisonnable, c'est-à-dire d'œuvrer en commun pour le bien de la nation, mais de mettre des bâtons dans les roues à l'ennemi. Cette guerre ou cette guérilla perpétuelle fait du régime démocratique l'un des plus lourds et des plus lents que l'on ait inventé. Peut-être aussi l'un des plus immoraux, vu qu'il n'y est question, en fin de compte, que de conquérir le pouvoir afin d'accomplir soi-même ce qu'on a empêché les autres de faire.

Pour la beauté de la démonstration, on aimerait que la droite, sans vergogne, prît aujourd'hui la défense des réfugiés basques, rien que pour ennuyer la gauche. Nous avons vu d'autres palinodies ! Mais elle se dit, je suppose, qu'il y a là une besogne épineuse qu'elle sera bien contente de ne pas avoir sur les bras, plus tard.

LA DROITE MOLLE

Le Matin de Paris, mardi dernier, a tapissé sa première page des photos de huit députés et sénateurs de l'opposition, à savoir, en commençant par les plus anciens dans le grade le plus élevé : MM. Edgar Faure, Raymond Barre, Méhaignerie, Léotard, Séguin, Barrot, Barnier et Charles Millon. En gros titre : « Et voilà la deuxième droite... ».

Suivait en page deux un article expliquant que cette droite « douce » est compréhensive, intelligente, charmée par la juvénilité de M. Fabius, qu'elle répudie le sectarisme, qu'elle a les yeux fixés sur le centre et qu'elle a l'intention de « casser la baraque », c'est-à-dire de « pousser les caciques au rancart », afin de prendre un jour le pouvoir dans la « décrispation ». Le mot est de M. Méhaignerie, qui n'est pas superstitieux.

Il est des termes que l'on devrait éviter. La décrispation était un des grands airs que chantait M. Giscard du temps qu'il était à l'Élysée. Mais la gauche, à qui étaient surtout destinées ces vocalises, avait des boules Quiès dans les oreilles. Elle se trouvait très bien telle qu'elle était, crispée à mort, raide comme un cadavre, et n'avait nulle envie de s'amollir. A en juger par les élections présidentielles et législatives de 1981, elle n'a pas eu à se repentir de cette momification.

Si j'étais l'un des huit messieurs célébrés par *Le Matin de Paris*, je serais inquiet. Lorsque l'adversaire commence à vous marquer de la considération, à vous trouver aimable, à vous passer de la pommade, cela signifie deux choses : ou que l'on a cessé d'être dangereux pour lui, ou qu'il se sent en si mauvaise posture qu'il tâche d'attirer dans son naufrage ce qui lui paraît un peu branlant chez l'ennemi.

Pendant vingt-trois ans, la droite n'a eu qu'un désir : plaire à la gauche, la séduire en lui ressemblant le plus possible. Amour malheureux s'il en fut. La gauche ne lui a pas même accordé un baiser. Elle ne s'est jamais relâchée de sa haine, laquelle s'est plutôt accrue devant ces aplatissements et ce genre chienne adorante.

Un vieil amour a de la peine à mourir. Je souhaite qu'aucun de ces huit messieurs fêtés dans *Le Matin de Paris* n'en ait éprouvé de chatouillement agréable, mais je n'en suis pas sûr, sauf pour Edgar Faure, qui va partout sans s'attacher nulle part.

SEPTEMBRE

LA PLUIE, LE BEAU TEMPS, LA GUERRE, LES MIGRATIONS DES PEUPLES ET AINSI DE SUITE

Chaque année, quand arrive juillet, et ces fichues vacances dont la préparation empoisonne les onze autres mois, je m'interroge (stérilement) sur l'instinct qui pousse l'homme du nord vers le sud, avec l'espoir qu'il y trouvera le bonheur. Cela ne date pas d'hier. Les gens d'oïl louchent sur le pays d'oc depuis Clovis, c'est-à-dire depuis que les Francs se sont emparés de la Gaule.

Dans mon enfance, les manuels d'histoire disaient que la civilisation gallo-romaine des provinces narbonnaises fascinait les grands barbares blonds venus de Germanie, lesquels rêvaient de villas avec atrium et triclinium, d'eau courante chaude et froide, de sieste post-prandiale, de cuisine à l'huile d'olive. On ne m'ôtera pas de l'idée que c'est plutôt le soleil qu'ils allaient chercher au sud de la Loire, en songeant que leur vie en serait transformée.

Ils y allaient en tuant les populations autochtones et en ravageant les campagnes. Ces activités les distrayaient beaucoup. Les guerres sont les vacances des peuples pauvres. Pour que ces vacances soient tout à fait réussies, il faut de la chaleur, du beau temps ; il faut attraper des coups de soleil entre deux boucheries. Autrefois, le bronzage était la marque des héros. Quand ils revenaient dans leurs brumes, après quelques années de promenade militaire, les jeunes personnes de leur tribu se pâmaient devant leur teint d'acajou.

Parmi les diverses raisons que l'on a d'admirer les Romains de l'Antiquité, la plus forte, selon moi, est qu'ils n'hésitaient pas à quitter le doux climat de l'Italie, à monter vers le nord, à conquérir la Gaule, la Belgique, la Grande-Bretagne, la Suisse, à camper sur le Rhin, à occuper la Hongrie (appelée alors Pannonie).

Une telle énergie est en complet désaccord avec les théories selon lesquelles les hommes sont tributaires de la température. Les Romains auraient dû être nonchalants, pacifiques, engourdis par leurs hivers cléments et leurs étés torrides. Ils constituaient une proie rêvée pour des guerriers que la pluie, la neige, la glace, l'aquilon et les tempêtes avaient rendus invulnérables. Or pas du tout. C'est les braves légions romaines qui ont soumis ces sauvages pendant cinq siècles.

Étant un homme du nord, j'ai la superstition du soleil et, à tant faire que de prendre des vacances, il me semble toujours qu'elles seront plus agréables si je suis cuit par l'astre appelé Râ dans les mots croisés. Du reste je ne pars que par conformisme, parce qu'il faut se reposer, paraît-il, encore que je ne l'aie jamais remarqué personnellement. Vers le début de l'été, mes amis et connaissances me regardent avec compassion et m'apprennent que je suis fatigué. J'ai beau affirmer qu'il n'en est rien, que je suis comme à l'accoutumée, ils ne démordent pas de leur idée.

C'est quand je reviens que je suis fatigué. Rien n'est tuant comme l'oisiveté, surtout quand elle se conjugue avec la chaleur. Cela n'a pas manqué cette année. Je suis allé dans le Midi et j'ai une fois de plus constaté que le soleil n'a à peu près que des inconvénients, dont le premier est d'être à la mode : les endroits où il brille sont submergés par la foule.

En second lieu, il n'a pas de conversation. Quand on est en tête à tête avec lui, on ne tarde pas à périr d'ennui. Je ne tiens guère plus de dix minutes sous ses rayons, quelque désir que j'aie de retourner chez moi avec une tête de moricaud, laquelle, du reste, pâlit en trois semaines, ce qui n'amortit pas mes bâillements.

Heureusement, il ne m'a pas semblé qu'il y eût moins d'Allemands que les années précédentes. La présence massive des enfants de la Germanie est à peu près la seule chose réconfortante que l'on puisse observer chez nous entre juin et septembre. Elle confirme mon sentiment que les vacances sont un substitut de la guerre.

Avant 1940, les Allemands n'avaient pu entrer que deux fois en France : en 1914 et en 1870. Ils avaient fait une petite incursion, sous la conduite de Blücher en 1815, que l'on peut tenir pour négligeable, vu que c'est l'Europe entière, alors, qui nous avait envahis et qu'ils ne formaient qu'un morceau de la coalition. En revanche, en 70, en 14, en 40, leur instinct nordifuge ou sudipète, si l'on me permet ces néologismes, nous a été considérablement onéreux.

Quand on observe aujourd'hui tous ces Allemands encore plus « corrects » que leurs pères ou leurs grands-pères, qui arrivent périodiquement par régiments ou divisions, non pas dans des *panzers,* mais dans de pacifiques Volkswagen ou de silencieuses Mercedes, on a la certitude que jamais plus il n'y aura de conflits entre nos deux pays. Quelle révélation ! Et que Briand nous paraît emphatique et creux avec sa fameuse apostrophe à la Société des

Nations : « Arrière les canons et les mitrailleuses... » ! Il suffisait d'inventer le tourisme, et ce grand homme n'en avait pas le soupçon.

L'ÉCRITURE, C'EST LA CIVILISATION

Si l'on n'était pas aussi exaspéré qu'on l'est par le gouvernement, on inclinerait à le féliciter d'avoir augmenté les communications téléphoniques de vingt-cinq pour cent. Elles ne sont pas encore assez chères. Il faudrait les fixer à deux francs vingt ou deux francs cinquante l'unité, c'est-à-dire que leur prix fût supérieur à celui des timbres-poste.

Cela inciterait les gens à écrire des lettres, par économie, excellent exercice intellectuel auquel je ne vois que des avantages. Il oblige à donner une forme logique à ce qu'on veut dire, il rend concis, il épargne du temps. Les bavardages téléphoniques sont une bouillie de mots dont il ne reste rien. L'homme civilisé est celui qui écrit, non celui qui jacasse. Et, si l'on a la flemme de composer une lettre dans une circonstance où l'on aurait téléphoné six fois, c'est que ce qu'on avait à dire n'avait pas d'importance.

LES PRISONS DU RÉGIME

Rivarol trouvait que Bonaparte, Premier Consul, faisait des discours lamentables et qu'il aurait eu intérêt à avoir auprès de lui un « officier de silence » pour le conseiller de se taire chaque fois qu'il avait des velléités d'ouvrir la bouche en public. De nos jours, c'est un ministère du Silence, pas moins, qu'il faudrait créer pour empêcher les gens au pouvoir, ainsi que ceux qui leur sont apparentés, de parler à tort et à travers.

Qui se serait méfié de Mme Fabius, par exemple ? C'est une personne discrète, qui ne se met point en avant, qui circule en deux-chevaux — avec une légère ostentation, peut-être, mais enfin il s'agit d'un cadeau de son mari et on peut supposer qu'il entre dans son attachement pour ce véhicule plus de sentiment que de pose.

Or, qu'a-t-elle déclaré à un hebdomadaire féminin qui lui posait les questions anodines ou saugrenues que l'on pose généralement aux vedettes de l'actualité ? Que, le cas échéant, elle se rendrait complice de l'évasion d'un détenu de droit commun. De là à se rendre coupable de recel de malfaiteur, il n'y a qu'un pas. Pour l'épouse d'un Premier ministre, cela me paraît vif.

La question ne sollicitait même pas une pareille confidence. Elle était ainsi libellée : « Quel livre, quel disque, quel tableau enverriez-vous à votre meilleur ami en prison ? » C'est le genre de chose à quoi l'on répond n'importe quoi, comme dans le fameux questionnaire de Proust sur votre fleur préférée ou l'héroïne de roman que vous aimez le mieux.

Pour ce qui est du livre, Mme Fabius choisirait, dit-elle, un bouquin sur « la force de la solitude ». Quant au tableau, elle n'y va pas par quatre chemins : ce serait les *Nymphéas* de Monet. Peste ! Quel cadeau ! Il est vrai qu'étant l'épouse du Premier ministre elle n'aurait pas trop de difficultés à l'extraire du musée de l'Orangerie. M. Lang lui signerait volontiers le bon de sortie et M. Badinter donnerait non moins volontiers l'autorisation de le transporter à Fleury-Mérogis.

C'est avec le disque que Mme Fabius se surpasse dans l'amitié. Ce serait un disque de Mozart, naturellement « avec une lime dedans ». Une lime pour scier les barreaux de la geôle.

Quand je dis qu'il s'agit d'un détenu de droit commun, je ne parle pas au hasard. Il n'y a qu'à ceux-là que l'on permet de recevoir des livres, des tableaux et des disques. Les prisonniers politiques ne sont pas aussi bien traités, si j'en crois Amnesty International. D'ailleurs, il n'y en a pas en France, tout le monde sait cela.

Si Mme Fabius avait soumis son questionnaire à un éventuel ministère du Silence, j'ose espérer que celui-ci lui aurait conseillé de dire : « L'épouse du Premier ministre n'a pas d'amis dans les prisons. » Réponse qu'aucune Marie-Chantal ne trouverait toute seule.

L'ART DU MENSONGE

Les Américains sont étonnés quand un Français leur dit que le meilleur président qu'ils aient eu depuis la guerre est M. Nixon et que les États-Unis auraient tout à gagner s'il revenait un jour au pouvoir. « C'est impossible, répondent-ils. Il a fait une chose que le pays ne lui pardonnera jamais : il a menti. »

Quand on se rappelle sur quoi portaient les mensonges de M. Nixon, à savoir une misérable affaire de tricherie électorale, c'est aux Français de rester bouche bée. Ainsi, pour une bêtise, une broutille, la nation la plus puissante du monde s'est privée des services d'un homme supérieur, elle a remis son destin entre les mains de deux incapables qui ont failli la ruiner.

Nous autres, Dieu merci, nous ne sommes pas de tels puritains. On peut nous raconter les bourdes les plus énormes, cela ne nous fait ni chaud ni froid. Il est vrai qu'il y a mensonge et mensonge. Celui de M. Nixon à propos du Watergate n'avait pas la moindre incidence sur la prospérité des États-Unis, sur leur politique étrangère, sur leur avenir. Il ne couvrait qu'une petite malhonnêteté. Il était donc inexcusable.

Les mensonges que nous prodigue notre gouvernement depuis trois ans sont de nobles mensonges. Ils ont trait à la conduite de l'État, à notre travail quotidien, à notre argent, à l'éducation de nos enfants, à notre sécurité face aux bandits, voire à la liberté, lorsqu'on en parle.

En dépit de son envergure, M. Nixon était un sot et un maladroit. Il ne connaissait pas cette vérité élémentaire qu'à partir d'un certain degré une faute se transforme en phénomène politique ou historique. Celui qui tue un homme est un assassin ; celui qui en fait tuer un million est une figure nationale. Voler une douzaine de cuillers en argent est un cambriolage, tandis que réduire à la misère cinq cent mille cadres moyens est une mesure de justice sociale.

Même processus avec le mensonge. Il n'est jamais grave de mentir sur des sujets essentiels. Il est suicidaire de mentir sur des niaiseries. Si l'on m'avait dit qu'un jour je donnerais les braves socialistes français en exemple à M. Nixon, j'en aurais été le premier surpris.

DEUX ALLEMAGNES

« J'aime tant l'Allemagne, disait François Mauriac après la guerre, que je suis enchanté qu'il y en ait deux. » Voilà une parole que tous les Français devraient reprendre à leur compte. Surtout les hommes d'État français. La réunion de l'Allemagne de l'Est avec celle de l'Ouest ferait un bien gros morceau pour nous.

Ces choses-là ne se disent pas en ce moment, et il faut hypocritement s'exclamer que c'est affreux de voir un peuple coupé en deux par le mur de la honte, mais enfin, c'est la vérité. Nous n'avons aucun intérêt à avoir un énorme bloc germanique à côté de nous.

Cette vérité ne date pas d'hier. En 1630, Richelieu aimait déjà tant l'Allemagne qu'il était enchanté qu'il y en eût, non pas deux, mais trois cent quatre-vingts environ. La pire erreur de Napoléon III a été sa politique des nationalités, par laquelle il a encouragé et hâté l'unification de l'Allemagne et de l'Italie. Outre qu'il était dangereux de se fabriquer ainsi de puissants voisins, de quoi se mêlait-il ? L'Allemagne était heureuse du temps qu'elle était morcelée en grands-duchés, en évêchés, en principautés, en électorats. Quand elle s'est constituée en empire, elle s'est détruite en moins de cent ans et elle a à moitié détruit l'Europe.

Qui sait si nous aurions des rapports aussi satisfaisants avec les Allemands après une éventuelle réunification ? Rien de moins certain. L'Allemagne de l'Est, c'est la Prusse, autrement dit ce qui nous est le plus étranger et le plus hostile. De même, qui sait si les Rhénans, les Souabes, les Badois, les Bavarois, les Frisons seraient si contents que cela de les retrouver, ces Prussiens, qui les ont régentés de Bismarck à Hitler ? Et de les retrouver communistes, donc doublement autoritaires et impérialistes.

Il est heureux pour nous que Richelieu, ou du moins son esprit, règne au Kremlin en la personne de M. Tchernenko, et que celui-ci fasse la politique que nous ne faisons pas. On dit que c'est pour freiner la détente. Mais il est des circonstances où la détente n'est pas le premier des biens.

HISTOIRE DU CHIEN, DU CHAT, DU NOUVEAU RICHE ET DU BEAU-PÈRE QUI A UN FUSIL

M. Mauroy était un gros chien qui jappait, grondait, faisait le beau ou montrait les dents, ce qui ne l'empêchait pas, à l'occasion, de détaler en poussant des plaintes aiguës. Le chien est un animal sans mystère. Médor Mauroy montait la garde devant la Maison du Peuple de Gauche. Quand un vagabond haillonneux, tel que le bonhomme Lecanuet ou le clochard Labbé, passait à proximité, il tirait violemment sur sa chaîne et se lançait dans un concert d'aboiements furibonds.

Avec les années, les miséreux sont peu à peu sortis de leur misère. Ils n'avaient pas toujours été des va-nu-pieds. Ils possédaient autrefois des entreprises prospères et bien achalandées. Puis la faillite était venue, c'est-à-dire la ruine, la saisie, l'expulsion de leurs douillettes et luxueuses circonscriptions électorales auxquelles ils étaient attachés comme à des propriétés de famille. Or cela se passait en mai 1981, mois funeste entre tous, mois des chrysanthèmes, hélas ! et non des roses !

Le chien est une bonne bête, dévouée, mais il ne vaut que ce que vaut son maître. Tant que le maître a été puissant et superbe, tant que les nouveaux riches de la politique écrasaient de leur splendeur les nouveaux pauvres dont ils se partageaient les dépouilles, M. Mauroy remplissait parfaitement son rôle de molosse de la gauche.

Il était gras, bien nourri, la fourrure luisante. Toutefois, on ne pouvait s'empêcher de penser, en dépit de son air menaçant et formidable, qu'il était de ces chiens qui ne paraissent énormes que parce qu'ils ont beaucoup de poils. Si par hasard ils tombent dans l'eau, on voit ressortir une bestiole grelottante et squelettique qui ne ferait pas peur à un lapin.

Les nouveaux riches ont une vigueur, un esprit de revanche, une avarice, une prudence, une âpreté qui les rendent invulnérables après qu'ils ont réussi. Les nouveaux riches de la politique française, que l'on croyait installés dans les beaux hôtels du faubourg Saint-Germain pour deux générations au moins, ont tout gaspillé en trois ans. Ils ont même fait des dettes, comme les fils de famille fin de race d'autrefois, avant qu'on inventât l'ENA.

Concomitamment, les faillis, les banqueroutiers s'étaient remis au travail avec courage et reconquéraient leur patrimoine. Au bout de six mois, on en vit quatre, tout à coup, qui rachetèrent leur boutique. Parmi eux, il y avait le failli des faillis, le banqueroutier des banqueroutiers, à savoir M. Alain Peyrefitte, que les nouveaux riches, jusque-là, désignaient du doigt aux enfants des écoles laïques en leur expliquant qu'il avait été très vilain et que saint Karl Marx l'avait puni en le jetant définitivement aux poubelles de l'histoire.

Nous ne raconterons pas ici la longue et lamentable descente aux enfers du parti socialiste entre 1981 et 1984. Le seul point commun de ce nouveau riche prodigue avec les nouveaux riches avares traditionnels est qu'il exploite les gens plus férocement que les vieux patrons paternalistes. Jamais les croquants n'ont eu la vie si dure. On leur tire leurs derniers centimes avec des implacabilités d'usurier. Dame, c'est qu'il faut payer les bancos que perd le mirliflore au Grand Casino du Fonds monétaire international, et que cela fait une somme terrible.

Le détail le plus romanesque de l'affaire est que l'épouse du nouveau riche l'a quitté. Comme lui, c'était une fille du peuple, une gaillarde aux joues et au tablier rouges. Il l'avait rencontrée dans un quartier ouvrier, place du Colonel-Fabien, au bout de l'avenue Jean-Jaurès. Après trois ans de vie commune, la petite Marchais est retournée chez son père, lequel en a été enchanté car, comme la plupart des pères, il détestait son gendre.

C'est triste d'être abandonné. On a beau avoir été un mari peu attentionné, voire travaillé par le démon de l'adultère, on ressent comme un vide. L'habitude de vivre à deux est tenace. Il est rare qu'un divorcé ne se remarie pas. Mais comment rencontrer des gens quand on ne fréquente personne ? C'est ici que le chien Mauroy réapparaît.

Le maître avait eu une petite aventure avec une coquine native de Vire dans le Calvados. Quoique la chose eût plus ou moins tourné au fiasco, cela précipita, croyons-nous, la fin du ménage. C'est qu'il y avait là plus qu'un caprice, de la part de l'époux, mais un désir de changer de milieu, une tentative de trahir ses origines prolétaires, de s'allier avec la bourgeoisie. Le gendre de Marchais avait envie de devenir le gendre de Monsieur Poirier.

Le chien réapparaît, dis-je. Ou, plutôt, il disparaît. En effet, il n'était plus question de tenir les vagabonds à distance, pour la bonne raison qu'ils n'étaient plus des vagabonds. Le bonhomme Lecanuet était de nouveau tiré à quatre épingles et souriait de toutes ses dents, le clochard Labbé avait retrouvé son allure majestueuse de jadis, et tous les autres, les loqueteux, les mendiants, les stropiats, les orphelins de la droite éclopée, roulaient carrosse, insolemment, dans le faubourg Saint-Honoré en menant un tapage de gentilshommes avec leurs klaxons.

Le pauvre nouveau riche, esseulé, des fenêtres de son palais, regardait avec une sorte de concupiscence désolée ces fiers messieurs sur la gorge de qui, en des temps heureux, il avait posé le pied. Le gros chien qui aboyait bêtement à la grille n'avait vraiment plus de raison d'être. Il fallait ouvrir le portail, au contraire, et que la maison eût un aspect accueillant, afin que quelqu'un — sait-on jamais ? — eût l'envie d'entrer.

Par quoi remplace-t-on un chien, quand on est fatigué de son vacarme et de ses incontinences, mais qu'on ne peut se passer d'animal domestique ? Par un chat, pardi. Il en existait un, qui avait ronronné pendant un certain temps rue de Rivoli, et qui portait le joli nom de Fabius, ce qui va bien à un chat.

Saluons au passage la bonne nature du nouveau riche qui, pour noyer son chien, ne l'a pas accusé de la rage. Du reste, il ne l'a pas noyé. Il l'a renvoyé dans le chenil du Nord où il l'avait pris, en pensant que peut-être, dans un avenir meilleur, après un régime de bonnes pâtées et de gambades dans la campagne, on pourrait le récupérer et le remettre à la niche.

Avec le chat Fabius, c'est un tout autre style qui s'instaure. Plus de bruit, plus de crocs menaçants, plus de bondissements féroces, plus de trottoirs impraticables. Le chat Fabius miaule doucement, il a des gestes gracieux, des yeux fixes mais caressants, des lenteurs félines. Possède-t-il seulement des griffes ? On se le demande. Voilà une bête de bonne compagnie, très propre et très discrète, conférant la paix et la sérénité à la maison, tout à fait digne d'inspirer de la sympathie aux éventuels visiteurs.

Cela n'a pas traîné : un des jeunes premiers de la vieille droite s'y est laissé prendre et a proclamé partout que le chat Fabius était un animal remarquable, tel qu'on aimerait en avoir un chez soi, et que nous avons assisté avec son intronisation à un grand événement national. Des imaginatifs, des nerveux se disent avec des mines effrayées : « Ce chat va nous faire beaucoup de tort. Peut-être va-t-il tout remettre en question ? »

A mon avis, ils se pressent trop d'avoir peur. D'abord un chat n'est pas un tigre. Ensuite il faut faire confiance à papa Marchais qui possède un vieux fusil de la manufacture d'armes et cycles de la CGT (mais bien entretenu). Il l'a déjà chargé. Il est déjà à l'affût. Dès qu'il apercevra le chat Fabius sur la crête d'un mur et qu'il le tiendra dans sa ligne de mire, pan ! Non seulement il a horreur des chats, mais encore il sera enchanté d'embêter son ex-gendre en lui tuant son minet. Car le gendre lui a fait perdre la moitié de son bien. Ce sont des choses qui ne se pardonnent pas.

LE GENRE ÉNARQUE

Après « L'Heure de vérité » de M. Fabius, plusieurs personnes m'ont déclaré que le Premier ministre avait fait entendre « un langage nouveau ». Cela ne m'avait pas frappé. Au contraire, j'avais trouvé que M. Fabius parlait un langage d'autrefois ou de naguère. Celui-là même qu'on utilisait avant 1981.

Sa manière brève, nette, économe, son ton uni me rappelaient les ministres de Pompidou et de Giscard. Il a le genre énarque. Pas d'éloquence, pas de chant, pas de gestes. L'énarque dit ce qu'il a à dire d'une voix neutre et se tait. Ainsi procède M. Fabius.

Il s'est quand même essayé à l'émotion, à propos de la détresse des chômeurs ou de la Marseillaise qu'il ne peut entendre sans frissonner, mais cela avait un peu l'air de « figures imposées » comme disent les patineurs. Je ne nie pas que les énarques soient des hommes ; toutefois, ils ont de la difficulté à le montrer.

Gide disait d'un de ses confrères : « Il parle du cœur comme d'autres parlent du nez. » C'est une remarque que j'ai souvent faite à propos des socialistes. M. Mauroy parlait du cœur, prolixement. M. Mitterrand parle du cœur, avec des gémissements de violoncelle. Comme on n'a entendu que cela depuis trois ans et demi, il est normal que la petite crécelle énarchique de M. Fabius ait donné aux auditeurs l'impression d'une heureuse nouveauté.

Les énarques, qui sont si bons dans le pragmatique et le concret, ne devraient pas se hasarder dans le pronostic ou le jugement personnel, surtout si cela porte sur l'éventuelle conduite des gens de gauche. Il est des domaines où la logique la plus rigoureuse risque de vous faire passer pour un naïf.

M. Fabius n'aurait pas dû affirmer que les communistes faisaient toujours partie de la majorité. Le lendemain, M. Leroy, qui ne parle pas du cœur, lui, mais plutôt du nez, ne lui a pas envoyé dire qu'il n'en était rien. De même, il aurait dû songer que M. Mitterrand ne démordrait pas de sitôt de sa lubie référendaire et qu'il s'exposait sur ce sujet à un cruel démenti de la part de son propre patron.

Cher Monsieur Fabius, je crains que, malgré votre resplendissante jeunesse, les temps qui viennent ne soient pas trop faciles pour vous. Les énarques étaient plus tranquilles sous Giscard, et même sous de Gaulle. Ne serait-ce que parce que nul ne disait qu'ils parlaient un langage nouveau.

VOIR GROMYKO ET MOURIR

Attrapant une bribe de journal à la radio, j'ai entendu que M. Mondale, candidat du parti démocrate aux élections présidentielles américaines, avait « pris de vitesse » M. Reagan en obtenant, vingt-quatre heures avant celui-ci, un rendez-vous avec M. Gromyko. Les mœurs des hommes politiques sont incompréhensibles. En quoi le fait de rencontrer un potentat soviétique peut-il apporter le moindre avantage ?

M. Mondale a été l'acolyte de M. Carter. Le seul moyen de faire plaisir à son interlocuteur serait qu'il lui tînt des propos de ce genre : « Du temps du président Carter, qui était une nouille et qui a, par sa politique stupide, affaibli considérablement les États-Unis, l'URSS était très heureuse. Si je suis élu, je serai un second Carter, et l'URSS pourra régenter en toute tranquillité la planète. »

Il ne lui parlera évidemment pas de la sorte. Le colloque avec M. Gromyko n'est fait que pour épater l'opinion publique américaine, pour montrer que M. Mondale, avant même d'être élu, est déjà un grand monsieur qui a les relations qui comptent.

M. Gromyko, qui n'est pas tombé de la dernière pluie, ni de l'avant-dernière, sait à quoi s'en tenir. Je suppose que, comme nous, il est persuadé que M. Reagan sera réélu. Il se dit qu'il perdra une heure avec M. Mondale, mais qu'une heure perdue n'est pas une chose bien rare dans la vie d'un diplomate et que c'est en perdant son temps qu'on finit par réussir quelques petites combinaisons internationales.

C'est à la fête de *L'Humanité* que M. Mondale aurait dû faire un tour. Je ne sais s'il se serait beaucoup amusé ; en tout cas la visite eût été instructive. Il aurait constaté sur le tas que les communistes, même lorsqu'ils ont fait un bout de chemin avec les sociaux-démocrates, restent les fidèles alliés de la droite. Rien ne leur est plus antipathique que la gauche tant qu'elle n'est pas représentée par eux-mêmes.

Il est certain que le Kremlin souhaite la réélection de M. Reagan. Avec celui-ci, tout est simple, tout est net. En outre, M. Reagan n'est pas dangereux. Un homme qui dépense des fortunes en armement ne fait pas de guerre. Les Russes le savent mieux que personne.

LA PROTHÈSE DE L'HOMME-TRONC

Le gouvernement ne représente qu'un quart des électeurs. Sur sa droite, le RPR, l'UDF et M. Le Pen hurlent à la mort ; le parti communiste, embusqué sur sa gauche, attend le moment propice pour lui plonger un poignard dans le cœur. Les socialistes ne tiennent que par la Constitution. Celle-ci est la prothèse de cet homme-tronc. Elle est ses bras, elle est ses jambes.

Mais la prothèse n'est pas éternelle. Elle n'est faite que pour durer cinq ans. En 1986, on l'enlèvera, c'est-à-dire qu'il y aura des élections qui, non seulement d'après les sondages, mais aussi selon le simple bon sens, donneront quelque chose comme une majorité de deux tiers à la droite. Alors le pauvre infirme socialiste, privé de ses membres artificiels, tombera par terre et ne se relèvera pas avant trente ans.

En politique, on est optimiste, et on a raison : tant que les désastres ne sont pas arrivés, il faut se dire qu'avec de la chance et de l'énergie on peut les éviter. Toutefois il est des circonstances où l'énergie et la chance ne suffisent pas, où un miracle seul serait capable de soustraire le condamné au trépas.

Or les miracles sont rares et, pour qu'ils se produisent, on doit un peu les mériter. Je ne vois pas en quoi les socialistes mériteraient que la nature dérangeât, pour leurs beaux yeux, le cours inexorable des causes et des effets. Ce sont de petites gens, et qui n'ont pas même les vertus des petites gens, à savoir la prudence et l'avarice. Ces boutiquiers gaspillent comme des princes.

Des princes qui ont conservé leurs manières de boutiquiers, qui trichent sur les prix et donnent des coups de pouce à la balance. Fichu pour fichu, le gouvernement pourrait avoir au moins de l'allure. Je veux dire du cynisme. La farce des impôts est de même nature que les soldes des commerçants malhonnêtes : on augmente de cinquante pour cent le prix des articles, et on le baisse ensuite de trente pour cent. La vitrine est couverte de grandes affiches proclamant : « Soldes monstres. Faites l'affaire du siècle. Tout doit partir, etc. » Il existe encore, paraît-il, quelques gogos qui se laissent prendre à ces slogans. Il ne manque que la banderole « Changement de propriétaire ». Le gouvernement n'a pas osé aller jusque-là, par superstition ou par aveuglement.

La farce des impôts, dis-je. C'en est une, en effet, et il est amusant d'en analyser le mécanisme. Pour commencer, le président déclare au cours d'une de ses promenades :

« L'année prochaine, les impôts baisseront de cinq pour cent. » Gros émoi du gouvernement qui ne s'attendait pas à une énormité de ce genre. Réduire les impôts, alors qu'on cherche frénétiquement de l'argent et qu'on l'arrache aux contribuables avec des méthodes héritées de celles des chauffeurs de la Drôme, en voilà une idée ! Mais le président a parlé et toute parole tombée de l'auguste bouche doit se transformer en acte.

Ainsi donc, les ministres extasiés clament à tous vents ou plutôt à toutes ondes que cette réduction d'impôts est une chose extraordinaire et prodigieuse, jamais vue jusqu'alors. Les socialistes auront été les premiers à réaliser ce rêve fou des citoyens français. Cela n'arrivera plus jusqu'à la consommation des siècles. Je crois avoir entendu le Premier ministre lui-même dans ce numéro.

N'empêche que la nécessité rend indispensable de boucher le trou creusé dans les recettes publiques par les inconséquences du président, et si possible de gratter encore plus qu'on n'aurait attrapé avec l'impôt direct.

C'est ici qu'intervient le train. Quel train ? Il n'y en a qu'un, qui roule toute l'année, et qui n'a point à redouter de grève de cheminots : le train des hausses. Il a deux chefs de gare, logés respectivement rue de Rivoli et à l'hôtel Matignon, qui sifflent avec un remarquable synchronisme.

Les journalistes, ai-je noté, affectionnent l'expression « un train peut en cacher un autre ». Cette formule s'applique merveilleusement au train des hausses, qui en cache non pas un autre, mais des quantités d'autres, dont les locomotives sont sous pression et n'attendent que le signal du départ. On nous a même annoncé un indicateur. Le tortillard du prix de l'essence marchera tous les mois pendant un an.

Le plus sublime de nos maîtres a été sans discussion M. Beregovoy, ministre des Finances. De sa voix douce, avec son air de bon papa, il a expliqué au peuple qu'il ne fallait pas se faire des idées folles : l'impôt de l'année prochaine ne baissera pas d'un sou par rapport à celui de cette année ; simplement il n'augmentera pas. D'après la logique gouvernementale, c'est la même chose. En effet, vu l'inflation, les impôts auraient dû être augmentés de cinq pour cent. Pas d'augmentation signifie diminution. Comme quoi le bonheur n'est qu'une pause dans le malheur. Les philosophes savent cela depuis longtemps.

M. Beregovoy donne l'exemple le plus instructif de la manière dont on peut tourner le pouvoir absolu et n'en faire qu'à sa tête, quoi qu'ait décrété l'autocrate. J'ai oublié une de ses meilleures déclarations : ce n'est qu'au troisième tiers du paiement que le contribuable, l'année prochaine, s'apercevra qu'il a été moins écorché que d'habitude, c'est-à-dire en septembre 1985.

Je suppose que d'ici là l'ingéniosité naturelle de M. Beregovoy lui aura soufflé d'autres moyens de pillerie, à moins qu'il ne pense : « Où serons-nous dans un an, pauvres socialistes que nous sommes ? Tout peut arriver avec un président à lubies comme le nôtre. Aujourd'hui, il réduit les impôts sans en toucher un mot à personne auparavant, et nous plonge dans des embarras sans fin. Qui sait si, le mois prochain, il n'annoncera pas, à Carcassonne ou à Guéret, entraîné par son éloquence et ce démon qu'il a de faire plaisir, qu'il dissout l'Assemblée et ordonne de nouvelles élections législatives ? Ce serait catastrophique, car notre bon collègue M. Joxe n'a pas encore mis la dernière main à son découpage électoral. Nous ne serions plus ministres, mais du moins nous serions tranquilles. Avec l'héritage que nous lui laissons, la droite en verra de toutes les couleurs. Nous aurons réussi une chose : embêter nos ennemis. »

LA ROUE TOURNE

Un homme au moins aura fait plaisir au président de la République : c'est M. Giscard d'Estaing. Depuis hier, je jurerais qu'il est tout à fait « décrispé », et qu'il le restera pendant deux ou trois semaines.

Il faut convenir que le gouvernement n'a pas fait les choses à moitié. Certes, il y a mis le temps, trois ans et demi, mais quel résultat ! M. Giscard d'Estaing élu au premier tour de scrutin avec 63 % des voix. Seuls nos chers socialistes étaient capables de réaliser ce prodige. Il s'ajoute à leur autre grande réussite : le succès de M. Le Pen, qui piétinait depuis trente ans devant le suffrage universel.

Il est courageux de la part de M. Giscard, qui a été monarque absolu pendant sept ans, d'être allé batailler pour décrocher un siège de député, de se plier humblement aux corvées démocratiques, de reprendre les choses par le début. Il serait assez beau qu'après une longue marche à travers les conseils municipaux et l'Assemblée nationale il reconquît son trône élyséen.

Voir la roue tourner est un inépuisable amusement pour le philosophe. On ne saurait dire qu'elle n'ait pas tourné pour M. Giscard. En mai 1981, il quittait l'Élysée sous les huées d'un quarteron de badauds. Je me souviens encore de ses adieux aux Français à la télévision qui avaient quelque chose de théâtral, mais qui étaient émouvants. Et voilà qu'aujourd'hui il est le roi du Puy-de-Dôme !

Décidément, en politique, la première vertu est de durer. Il n'est même pas nécessaire de se remuer. Il suffit d'attendre que vos adversaires aient fait assez de bêtises. On paraît tout neuf, étincelant, plein de promesses et d'avenir. Tel est aujourd'hui M. Giscard d'Estaing. Qui l'eût cru il y a six mois ?

Le pouvoir a un motif de consolation : le retour de M. Giscard dans le jeu enchantera un peu moins l'opposition que celle-ci veut bien le dire. Elle va se retrouver avec trois champions à sa tête, alors que deux lui semblaient déjà beaucoup. Mais c'est là une consolation négative.

UN PAYS N'EST PAS UNE VALISE

Les secrétaires de rédaction des journaux abrègent les articles qu'ils jugent trop longs, afin qu'ils ne débordent pas de leurs colonnes et ne nuisent pas à la beauté de la mise en page, selon le système que j'appelle « de la valise ». Cela consiste à fermer le couvercle de la valise puis à couper aux ciseaux tout ce qui dépasse : une jambe de pantalon par-ci, un bout de cravate par-là, un pan de chemise, une moitié de soutien-gorge, etc. Après ce traitement, la valise, extérieurement, est parfaite. Rien ne sort. Elle offre le spectacle de la valise idéale, prête à être emportée en voyage. Quand on l'ouvre, c'est une autre affaire. Rien n'est plus mettable, et il faut racheter la totalité des hardes.

Les doctrinaires politiques appliquent aux pays qui ont l'infortune de les avoir pour maîtres le système de la valise. Tout ce qu'ils désirent, c'est contempler une belle valise fermée, répondant à leur idée du bagage que doit transporter avec lui l'homme élégant lorsqu'il se déplace. Ils se moquent de ce qui est à l'intérieur.

Le malheur est que c'est nous autres, pauvres habitants de la France, qui sommes à l'intérieur de la valise socialiste, et qu'il ne se passe pas de jour que le grand secrétaire de rédaction du *Journal officiel* de la République ne coupe quelque chose avec ses grands ciseaux.

Le gouvernement socialiste a beau appuyer de toutes ses forces sur le couvercle depuis le 10 mai 1981, la valise n'est jamais arrivée à fermer tout à fait. Tantôt c'est une serrure qui lâche, tantôt un costume qui émerge intempestivement. Chaque fois les ciseaux entrent en action et l'on entend des cris de douleur, car nous sommes de la chair vivante, et non pas du polyester.

Que n'a-t-on pas coupé en trois ans ! Les abords de la valise sont jonchés de tant de débris que l'on pourrait en remplir des dizaines, sinon des milliers d'autres valises. Les chômeurs, les PME et les PMI, les retraites anticipées, l'industrie automobile, l'essence, le téléphone, les entreprises nationalisées, etc., constituent une telle montagne de déchets qu'au milieu d'eux la valise paraît bien petite et bien dérisoire. M. Mauroy, assis sur le couvercle, pesait lourd. M. Fabius est un peu plus léger, et il a l'air de vouloir se lever de temps en temps. Mais je crois qu'il est, au fond de lui-même, tout aussi partisan que les autres du système de la valise, qui a, pour lui en tout cas, d'être simple, et d'être à la portée des intellects politiques les plus sclérosés.

LA MAGIE DES MOTS

Combien de temps aura-t-il fallu à l'État pour montrer son incompétence dans tous les domaines n'ayant pas trait au gouvernement ou à l'administration ? Une cinquantaine d'années. En un demi-siècle, il a fait la preuve de sa nullité économique, industrielle, commerciale, artistique. Presque tout ce qu'il s'est approprié par nationalisation, il l'a mené à la ruine. On a longtemps cité en exemple Renault et la SNCF, qui ont continué à prospérer après qu'elles furent devenues sociétés d'État, mais il y a quelques années qu'on ne s'y hasarde plus trop.

J'ai vu, cette semaine, en première page d'un journal parisien, un placard de publicité très révélateur. Il était ainsi libellé : « Banque De Bæcque-Beau » en lettres blanches sur fond noir. Au-dessous, en lettres noires sur fond blanc : « Banque Privée, Créée en 1837 au service des Particuliers et des Entreprises. » Je reproduis fidèlement les majuscules, car elles sont censées renforcer la magie des mots.

Le mot le plus magique dans cette réclame est certainement « Privée ». Les annonceurs ne s'y sont pas trompés. Après quarante ans de socialisme larvé et trois ans et demi de socialisme actif, il agit profondément sur les consciences. Tout ce qui est « privé » est à présent paré d'un prestige mystérieux, évoque la liberté, l'audace, la prospérité, la réussite.

Particuliers et Entreprises, qui ont droit à la majuscule, ne sont pas moins porteurs d'espoir. Les particuliers, c'est le contraire des fonctionnaires, c'est-à-dire des gens qui n'ont pas de fixe mensuel, qui savent que, s'ils ne réussissent pas, ils n'auront pas de quoi nourrir leur famille. Des aventuriers, en quelque sorte, dans ce monde d'assistés. Quant aux entreprises, il leur faut coûte que coûte réussir elles aussi, sans quoi c'est la banqueroute et le vautour-syndic.

Jusqu'à la date de naissance de la banque qui a son charme : 1837. Cet établissement a éclos sous Louis-Philippe, lorsque le bon Guizot disait aux Français de s'enrichir par le travail et par l'épargne.

Qui eût imaginé en 1981 que les banques privées, qui se cachaient comme des violettes, qui s'ingéniaient à se faire oublier, auraient la témérité, trois ans plus tard, de recruter publiquement des clients ? On dit que les morts vont vite. Le socialisme aussi.

J'Y SUIS, J'Y RESTE

Pourquoi, périodiquement, les présidents de la République lancent-ils l'idée de réduire leur septennat à cinq ans ? J'ai cru d'abord que c'était par modestie, par délicatesse, pour donner à la nation la possibilité de les remercier deux ans plus tôt s'ils ne faisaient pas l'affaire. Toutefois, cette explication ne me satisfaisait pas. La modestie et la délicatesse ne sont pas des vertus habituelles aux hommes politiques. Ceux-ci ont plutôt tendance à penser que leurs idées sont meilleures que celles de leurs concurrents, leurs capacités plus vastes, et que par conséquent il importe qu'ils aient le pouvoir aussi longtemps que possible. Ce n'est pas par hasard que la fameuse formule « J'y suis, j'y reste » a été prononcée par le président Mac-Mahon. Elle pourrait être la devise de tous ses successeurs.

Si nos monarques demandent cinq ans de règne au lieu de sept, c'est pour en attraper dix, car ils se disent qu'en si peu de temps le peuple ne se dégoûtera pas d'eux et leur confiera un second mandat.

Personne ne souffle mot de la vraie réforme démocratique, qui consisterait à changer le mode d'élection, c'est-à-dire à en revenir au système d'autrefois, lorsque le premier magistrat était élu par les deux Chambres réunies en congrès. Le suffrage universel, dans ce domaine, a été une chose exceptionnelle, à la mesure du général de Gaulle, à qui l'on pouvait sans danger offrir une légitimité royale et qui, du reste, n'en abusait pas.

On peut dire sans insolence que ceux qui sont venus ensuite n'avaient point sa stature, ce qui ne les a pas empêchés d'être plus gourmands que lui quant à leurs prérogatives. Je ne les en blâme pas. Il eût été surhumain qu'ayant un pouvoir absolu ils ne cédassent pas à la tentation de le sentir dans toutes ses parties.

C'est tout autre chose d'être élu par huit cent cinquante parlementaires et de l'être par cinquante-quatre millions de citoyens. Voilà un référendum amusant à nous proposer. Un vrai référendum pour présidents délicats et modestes. Je ne m'avance pas beaucoup en prédisant que ce n'est pas demain qu'il aura lieu.

OCTOBRE

L'ÉCOLE DES FEMMES

Les fiançailles du socialisme avec la France ont duré vingt-trois ans. Ce furent vingt-trois ans de bonheur. Entre 1958 et 1981, on a joué en permanence *L'École des femmes*. Agnès n'était plus pucelle : trois Arnolphe avaient partagé sa vie, et le petit chat avait eu le temps de mourir plusieurs fois, mais la belle continuait à faire les yeux doux au soupirant vêtu de rose. Vingt-trois ans d'espoirs, de battements de cœur, de sérénades sous la fenêtre, de billets enflammés, de rendez-vous secrets, de tentatives d'enlèvement, cela fait une existence fort romanesque.

Agnès n'était plus pucelle, dis-je. Elle était mieux que cela. Ses deux premiers époux avaient fait d'elle une riche veuve et le troisième n'avait guère écorné le magot. Elle apportait à son socialisme chéri une jolie dot. Le mariage fut célébré en grande pompe, avec grand concours de peuple. C'était un mariage d'amour, et d'autant plus beau que les deux amants avaient attendu longtemps avant d'y parvenir.

Hélas ! Le mariage empoisonne tout. Les trois Arnolphe avaient donné à Agnès des habitudes d'économie, et voilà que le nouvel époux se mettait à jeter l'argent de la dot par les fenêtres. La lune de miel, quand même, dura six mois. C'est le temps que durent les mariages d'amour. Il faut cela pour que les jeunes époux découvrent qu'ils avaient seulement envie de coucher ensemble, mais que, pour tout le reste, ils sont incompatibles l'un avec l'autre.

Agnès tâche de divorcer depuis bientôt trois ans. Il n'y a rien à faire, le mari ne veut pas et il a la loi pour lui. C'est la revanche d'Arnolphe, mais il faudra qu'il attende, le cher barbon. Du moins aura-t-il la joie, en 1986, d'être enfin aimé pour lui-même. Mieux encore : Agnès lui dira que c'est lui qu'elle a toujours aimé, et qu'elle a été folle — comme le sont parfois les femmes.

TROIS MILLE SEPT CENTS FRANCS DE TÉLÉPHONE EN DEUX MOIS. — ENFIN MALHERBE VINT. — LES DAMES DU BOIS DE BOULOGNE. — LA SOCIÉTÉ LITTÉRAIRE DES PTT

On me dit que j'ai tort de consacrer mes articles à la politique et que je devrais plutôt traiter des « faits de société », c'est-à-dire, pour employer le mot dont on se servait avant l'invention du néo-français, des mœurs.

Pour une fois que je suis victime d'un « fait de société » et que l'administration m'offre une situation digne de La Brige, le célèbre héros de Courteline, je serais ingrat de n'en pas faire profiter le public, lequel du reste peut se trouver dans mon cas un jour ou l'autre.

La Brige se battait contre des hommes. Ceux-ci étaient derrière des guichets. Ils étaient obtus, entêtés, stupides, mais du moins c'était des créatures de Dieu, des mammifères pensants. Ils montraient un visage rébarbatif, ils appliquaient le règlement sans réfléchir, ils pratiquaient l'injustice et l'arbitraire en toute sérénité ; toutefois La Brige, dans ses rencontres donquichottesques avec eux, avait la ressource de se dire, à la manière de Rousseau : « L'homme naît bon ; c'est l'administration qui le corrompt. »

Aujourd'hui, La Brige, c'est-à-dire moi, n'a plus affaire à des employés de guichet, mais à des ordinateurs. L'administration en a mis partout, et toutes les batailles sont perdues d'avance. Lorsque l'ordinateur se trompe, aucun raisonnement, aucune logique ne peut le faire revenir sur son erreur. Le plus décourageant est que les desservants de l'ordinateur ont en lui une foi religieuse, ils n'admettent jamais qu'il ait failli.

Voilà quatre mois maintenant que je tâche de ne pas payer aux PTT trois mille sept cents francs que je ne leur dois pas, et qui selon eux représentent le montant de mon abonnement et de mes communications téléphoniques pour la période allant de mars à mai de cette année.

Depuis des années, je paie entre trois cents et quatre cents francs par tranche de deux mois. De mars à mai 1984, je n'ai pas téléphoné dix fois plus que d'habitude. En outre, j'ai été absent de Paris pendant quinze jours. Il s'ensuit que l'ordinateur des PTT n'a pas mis la virgule où il faut et que je dois probablement trois cent soixante-dix francs au lieu de trois mille sept cents.

Pardon d'entrer dans ces détails, mais les anecdotes ne valent que par les détails. Au reçu de la facture, je téléphone à l'agence « Paris-Luxembourg », où j'expose mon affaire à une demoiselle bienveillante, qui me croit, qui me plaint et qui me dit : « Vous avez sûrement raison. Nous allons vérifier. En attendant, versez quatre cents francs. »

Ce que je fais. Après quoi, confiant dans la sagesse des PTT, je me mets à dormir sur mes deux oreilles.

Je dors jusqu'au 20 juillet, date à laquelle je pourrais m'écrier, à l'instar de Boileau : « Enfin Malherbe vint !... » Je reçois en effet une lettre d'un certain M. Malherbe, qui m'intime l'ordre de payer les trois mille trois cents francs litigieux.

L'âme du bon La Brige étant, semble-t-il, passée en moi, j'éprouve un sentiment aigu de l'injustice qu'on veut me faire. Je téléphone au ministère des Postes. Cela me vaut une lettre du chef de cabinet du ministre, dont le style, d'un classicisme administratif impeccable, me réconforte mystérieusement. Il y est dit : « Votre dossier fera l'objet d'une enquête attentive de la part des services concernés qui ne manqueront pas, le moment venu, de vous informer du suivi. » Cette phrase longue, moelleuse, émaillée de formules magiques, finissant sur le participe « suivi » pris substantivement, ainsi qu'il est d'usage dans les ministères, me cause le même bonheur apaisant que les longues périodes musicales du *Génie du christianisme.* Je pense que je me suis adressé à un Chateaubriand de bureau, que tout va s'arranger et je me rendors sur mes deux oreilles.

Je me rendors d'autant mieux que, quatre jours plus tard, M. Malherbe, passant de l'ode tragique au virelai, m'écrit : « Je prescris une nouvelle enquête dont les résultats vous seront communiqués dans les meilleurs délais. » Ces meilleurs délais m'inquiètent un peu, vu que je ne suis nullement pressé, mais je les mets sur le compte de la licence poétique.

La dernière lettre de M. Malherbe m'a réveillé le 25 septembre. Cette fois, ce sont des stances qu'il m'envoie. L'enquête n'a rien donné de nouveau ; je devrai donc, au « vif regret » de M. Malherbe, raquer. Ce vif regret, malgré tout, m'émeut. Certes, je sais que M. Malherbe ne regrette rien et se moque de mes états d'âme, mais au moins il est poli. L'administration, d'ordinaire, ne se donne pas la peine de chercher des tournures obligeantes.

Moi qui ai horreur des choix et des dilemmes, me voici placé devant un cas de conscience. Que faire ? Payer trois mille trois cents francs que je suis convaincu que je ne dois pas ou, héroïquement, ne pas lâcher un sou, me laisser couper le téléphone, vivre sans cette sonnerie qui, chaque fois qu'elle retentit, m'inspire, comme dit Fourest, « le nom de l'excrément humain » ? C'est bien dur à trancher.

D'autant plus dur que ma ligne doit être sur la table d'écoute du ministère de l'Intérieur, vu que, deux ou trois fois par semaine, M. Jean-Edern Hallier m'appelle pour me tenir au courant des dernières tribulations de son journal *L'Idiot international.* Si ma ligne est interrompue, les pauvres inspecteurs de la DST, qui n'ont déjà pas beaucoup de distractions, n'entendront plus mes calembours, mes idées ingénieuses sur le gouvernement de la France, mes jugements si originaux sur le président de la République et ses ministres, mes colloques avec les membres du comité central du parti communiste. Il est vrai qu'ils pourraient lire tout cela dans les journaux où j'écris, mais ont-ils le temps de lire, les malheureux ?

L'Académie française a repris ses séances la semaine dernière. Un de mes confrères, qui habite près de la porte d'Auteuil, m'a raconté qu'il rencontre souvent, en rentrant chez lui, une des nombreuses dames du bois de Boulogne avec qui il fait volontiers la causette car c'est, paraît-il, une personne à l'esprit vif, qui est très fière de ses relations (toutes platoniques) avec un monsieur du quai Conti. A leur dernier dialogue, la dame était fort agitée. Elle s'est jetée sur mon confrère et lui a révélé, d'une voix entrecoupée et furieuse, que les amendes infligées aux péripatéticiennes avaient grimpé sans avertissement de quatre cents à huit cents francs.

– Pourquoi ? Pourquoi ? s'écriait-elle. Expliquez-le-moi. C'est une brimade, c'est une persécution ! Ça tombe toujours sur nous.

– Mais non, dit doucement mon camarade. Ce n'est pas dirigé contre votre profession. « Ils » ont besoin d'argent. Alors, ils le prennent partout où ils le peuvent.

– Ah bon ! dit la dame.

Puis, s'adressant à la ronde :

– Patricia, Sandra, Cynthia, Peggy, Lulu ! c'est parce qu'ils ont besoin de fric qu'ils ont doublé nos amendes.

– Ah, c'était donc ça ! s'écrièrent à leur tour les autres dames du bois de Boulogne.

Et elles s'éloignèrent apaisées, car rien n'est plus affreux que de ne rien comprendre à son malheur.

Cette petite histoire m'a apaisé, moi aussi, d'une certaine façon. Peut-être, après tout, que l'ordinateur des PTT ne bafouille pas et que c'est en connaissance de cause que l'on m'a flanqué une amende de trois mille trois cents francs. J'ai l'habitude de trouver à tout instant la main du gouvernement dans ma poche. Pourquoi n'y serait-elle pas une fois de plus ? « Nécessité n'a pas de loi », dit le proverbe. Le gouvernement actuel s'appelle Nécessité.

Dernier trait amusant : je viens de recevoir, en guise de consolation peut-être, le *Bulletin de la Société littéraire des PTT*. C'est une plaquette de cinquante-six pages, fort intéressante certes, mais qui ne vaut quand même pas trois mille trois cents francs. Je crois en fin de compte que je vais laisser ma ligne téléphonique mourir. Tant de choses meurent aujourd'hui : la Régie Renault, Creusot-Loire, etc. Pourquoi pas ma petite voix dans l'appareil ?

LA CONSTITUTION DE L'AMOUR

De Gaulle aimait le pouvoir (et il avait raison car il réussissait admirablement dans cette discipline difficile), mais il vivait la démission à la main. Rien ne lui plaisait comme d'entendre : « Ne partez pas, mon Général, ne nous abandonnez pas, restez longtemps, longtemps à l'Élysée. Vous êtes notre Grand Charles national et même international ; vous êtes notre papa qui sait tout mieux que les autres. Tant que vous serez là, il ne pourra rien nous arriver de mal. »

Chacun des référendums que de Gaulle a organisés ne tendait qu'à se faire adresser une déclaration d'amour sur le mode allégorique. Le plus significatif a été celui où il proposait à la nation d'élire le président de la République au suffrage universel.

Il est dangereux de demander à tout bout de champ à l'objet de sa flamme : « M'aimes-tu ? » L'objet, quels que soient ses sentiments, finit par répondre : « Zut ! » C'est ce que la France a répondu à de Gaulle au référendum de 1969. Il s'est vexé et il est parti.

La leçon n'a pas été perdue pour ses successeurs, et cela a créé une sorte de malentendu constitutionnel. La Constitution gaullienne suppose entre la République et son président sept ans de passion violente et intransigeante, où la moindre marque de défiance est un cas de rupture définitive. Après de Gaulle, sont venus des hommes raisonnables qui ont considéré que, dans le mariage, ce n'est pas l'amour qui est important, mais le contrat.

De là l'étonnement de la République quand elle constate que, malgré les scènes qu'elle fait, ses bouderies, voire ses infidélités, l'époux feint de ne s'apercevoir de rien et reste cramponné au domicile conjugal. Son premier mari ne l'avait pas habituée à une pareille philosophie. Aussi est-elle demeurée dix ans unie à lui, ce qui, pour cette personne changeante, est un record imbattable.

PERRETTE ET LE PALAIS-BOURBON

L'opposition est bien téméraire d'envisager les rapports qu'elle aura ou n'aura pas avec le président de la République après les élections de 1986. Qu'elle proclame qu'elle les gagnera, ces élections, et brillamment, rien de plus légitime. Ce pronostic ne saurait lui porter malheur ; les dieux qui ont les oreilles rompues avec les vantardises des partis politiques ne risquent pas d'en être offensés.

En revanche, qu'on entre dans le détail de ce qu'on fera après la victoire, que l'on expose complaisamment la manière dont on traitera le futur vaincu, voilà qui est dangereux. Plus dangereux que de vendre la peau de l'ours. C'est jouer Perrette et le pot au lait. La plus élémentaire superstition commandait de se taire.

L'opposition, légère et court vêtue, va à grands pas vers le Palais-Bourbon. Elle porte sur sa tête un pot au lait bien posé sur un coussinet, et ce lait est de premier choix, riche, crémeux, plein de vitamines électorales ; il lui rapportera ce qu'elle escompte pour acheter des veaux, des vaches, des cochons, des poussins qui lui permettront de posséder une ferme florissante ; mais elle est encore sur la route, la petite Perrette. Il lui reste un bon bout de chemin à parcourir. Il faut compter dix-huit mois avant qu'elle arrive au marché. En dix-huit mois, on n'a que trop d'occasions de sauter de joie, et le pot au lait de tomber par terre.

Je n'empêche pas l'opposition de rêver, mais l'on ne doit point rêver à haute voix, et il en est du rêve comme de l'action : on ne doit pas brûler les étapes. Avant de décider à quelle sauce on mangera M. Mitterrand, il est indispensable d'aller aux fourneaux. Sans compter que le rôti est coriace.

Est-ce à moi qui ne connais rien à la pratique de la politique de dire aux politiciens professionnels qu'il est imprudent de raconter comment on se conduira dans l'avenir ? Les meilleures idées ne sont pas celles que l'on expose au public, mais celles qu'on a derrière la tête, et qui ont l'air, lorsque le temps est venu de les dévoiler, de découler des événements.

ILS N'ÉCOUTENT PAS

Tout le monde s'accorde à dire que M. Mondale a été très supérieur à M. Reagan lors du débat télévisé qui les a opposés l'un à l'autre. Cela vient, a déclaré l'un des commentateurs, de ce que M. Mondale, étant sûr qu'il ne serait pas élu, n'avait rien à perdre et s'est laissé aller à son caractère mutin. En revanche, M. Reagan, qui porte sur ses épaules le poids de la présidence des États-Unis, devait se surveiller sans cesse. De là un certain air guindé, une certaine modération dans les propos et dans l'humeur.

Si mes souvenirs sont exacts, c'était tout le contraire

chez nous il y a trois ans et demi. Le candidat républicain, c'est-à-dire M. Giscard d'Estaing, avait été beaucoup plus brillant que le candidat démocrate, c'est-à-dire M. Mitterrand. Il connaissait parfaitement ses dossiers, il parlait vite et disait deux fois plus de choses que son concurrent ; il trouvait des formules frappantes ; il était vainqueur à chaque passe d'armes.

Quelle ne fut pas ma surprise, le lendemain du débat, de lire dans les journaux que les deux champions avaient été sensiblement de même force, et d'entendre le bon peuple répéter cette bourde. M. Giscard avait pulvérisé M. Mitterrand et non seulement cela n'avait servi à rien mais encore personne ne s'en était aperçu.

Mme Simone, doyenne des comédiennes françaises, qui doit avoir dans les cent cinq ans, disait : « Au théâtre, les spectateurs n'écoutent pas, quand ils écoutent, ils ne comprennent pas et, quand ils comprennent, ils oublient. » Il en est de même pour les téléspectateurs. Et les téléspectateurs américains ne doivent pas être bâtis autrement que les téléspectateurs français. Il s'ensuit que M. Mondale a bien pu dépenser des trésors d'esprit et d'humour, et M. Reagan être comme une bûche, cela n'apportera pas une voix au premier ni n'en enlèvera au second.

C'est assez réconfortant d'une certaine façon, car cela prouve qu'il faut autre chose que des paroles pour remuer le corps électoral. Celui-ci est agité de mouvements qui viennent de loin. En 1981, chez nous, il avait envie de voter pour Mitterrand. Il l'a fait. Je soupçonne même que l'infériorité de Mitterrand devant l'étincelant Giscard lui a plu, l'a attendri, lui a donné encore plus qu'avant le désir de l'élire. De même, les Américains ont été charmés, j'en mettrais ma main au feu, par M. Reagan, à qui ils ont d'autres raisons d'être attachés.

LA MARSEILLAISE

En France, tout le monde est patriote, mais il ne s'agit jamais de patriotisme français. Les communistes sont des patriotes russes, les bourgeois sont des patriotes américains. Quelques attardés, quelques vieux anglomanes sont des patriotes britanniques. Les gamins et gamines arborent sur leurs blousons le drapeau yankee mais mourraient plutôt que d'acheter un vêtement décoré d'une vignette tricolore.

Le patriotisme des Français est multiforme et change d'objet selon les circonstances. Durant la guerre d'Indochine, nous avons vu à Paris des patriotes vietnamiens aux yeux bleus, au teint clair et aux cheveux blonds. Leur grand homme n'était pas M. Queuille ou M. Mollet qui gouvernaient la France à tour de rôle, mais Ho Chi Minh qui nous faisait la guerre à outrance en compagnie du général Giap, pour les talents militaires duquel ils n'avaient pas assez de louanges.

Par chance, la guerre d'Algérie a pris le relais de la guerre d'Indochine, et les patriotes algériens se sont mis à pulluler. Le mot de fellagha, pour eux, était aussi glorieux et digne de respect que le mot « poilu » en 14. Leur bête noire n'était nullement le FLN qui tuait nos soldats, mais le général Massu qui tâchait de les en empêcher.

L'agrément d'être patriote comme on l'est en France est que les sujets d'enthousiasme se succèdent sans interruption. On est assuré que, chaque fois que nous sommes en bisbille avec tel ou tel pays, celui-ci trouvera chez nous des défenseurs plus ardents que sur son propre territoire. En outre, nous avons la grande aubaine des mouvements séparatistes. Les patriotes corses, bretons, voire occitans ne manquent nulle part dans le cher Hexagone.

Dans l'affaire récente de l'extradition des Basques, je n'ai vu ni entendu nulle part quelqu'un défendre le point de vue français (à part le gouvernement bien sûr) : à savoir qu'il est assez légitime d'expulser des criminels ou de les livrer à leur propre pays. Les Français, en l'occurrence, ont été d'excellents patriotes basques.

Les seuls patriotes français authentiques que j'aie jamais rencontrés sont quelques Belges, quelques Suisses et quelques Québécois. On se hâte d'ailleurs de les punir en se moquant de leur accent.

LES DEUX FAMILLES

Il me semble distinguer plus d'amitié entre l'UDF et le RPR qu'entre le parti socialiste et le parti communiste. Il est rare que des citoyens UDF n'aident pas un candidat RPR à gagner une élection et vice versa. Ils se disent les uns et les autres que ces initiales ne sont pas très importantes, que ce qui compte c'est une certaine forme de société, une certaine indépendance de l'individu, que seul le libéralisme peut procurer aujourd'hui.

Les UDF s'accommoderaient de M. Chirac comme président de la République, et les RPR ne verraient pas d'un mauvais œil M. Barre à l'Élysée. Ils n'iraient pas jusqu'à dire, comme Duclos jadis à propos de Pompidou et de Poher, que c'est « bonnet blanc et blanc bonnet », mais ils n'apercevraient pas suffisamment de nuances entre les deux bonnets pour ne pas coiffer à l'occasion le plus accessible.

Rien de tel entre les socialistes et les communistes, qui se détestent depuis le congrès de Tours, c'est-à-dire depuis soixante-quatre ans. Les uns veulent la social-démocratie, qui est un libéralisme de gauche, et ils ont horreur des extrémités où les autres voudraient les entraîner. « L'union fait la force », disent les généraux socialistes. « Quelle force ? répond la troupe. La force du gouvernement, peut-être ; mais pas celle de la gauche, ni celle de la France. »

Les cantonales de dimanche dernier montrent une fois de plus ces différences. Dans l'Oise, les électeurs UDF ont reporté leurs voix sur le candidat RPR qui a été élu avec près de cinquante-cinq pour cent des suffrages. En revanche, dans l'Allier, l'opposition a remporté la victoire parce que les socialistes ont préféré s'abstenir plutôt que de voter pour le candidat communiste. Ce n'était, du reste, comme on dit, que la réponse du berger à la bergère, car les communistes avaient fait de même, le dimanche précédent, dans le Nord.

Je ne vois pas comment la gauche pourrait être optimiste quant aux élections législatives de 1986. Elle les perdra comme elle a perdu toutes les élections depuis 1981. Non seulement elle aura contre elle l'opposition, qui à elle seule est largement majoritaire, mais encore elle s'entre-tuera.

LA DEMOISELLE BLONDE DE L'ÎLE-DE-FRANCE, AVEC DES LUNETTES ET UN MICRO

M. Philippe Caloni, que mon style amuse, m'a invité à une émission de télévision sur laquelle il règne à FR3 et qui s'intitule « Atout-Pic ». On enregistre d'avance six petits dialogues qui passent le soir à l'antenne, du lundi au samedi, entre huit heures moins dix et huit heures. On m'excusera de ne pas dire « dix-neuf heures cinquante » et « vingt heures ». Je n'arrive pas à me faire à ce genre SNCF.

M. Caloni est un interlocuteur agréable, car on a envie de lui répondre. Assez peu de ses confrères possèdent cette qualité, ai-je remarqué. Dieu sait qu'il est ennuyeux de parler d'un livre qu'on vient de publier. C'est le sujet sur lequel on a le moins à dire puisque tout est déjà dit dans le bouquin. Mais M. Caloni a le don de vous tirer les confidences. Je me suis, un des soirs de la semaine dernière, surpris à lui raconter qu'à trois ou quatre ans j'avais été élu le « plus beau bébé de Châtelguyon », souvenir dont je m'enorgueillis sans doute, mais que je ne livre pas à tout le monde.

Il suit de ce préambule que, vers huit heures moins le quart, afin de me contempler, j'allumai le poste. J'avais ainsi le privilège d'entendre la fin des informations dites de « Paris-Île-de-France ». Je n'imaginais pas que ce médiocre journal pût apporter de l'imprévu. Il l'a fait cependant mardi soir 2 octobre.

La présentatrice, jeune personne blonde à lunettes, arrivant au bout de son texte, déclare quelque chose comme : « Nous apprenons en dernière minute le nom du nouveau président d'Antenne 2 nommé par la Haute Autorité de l'audiovisuel, il s'agit de... » Là-dessus, coupure. La demoiselle, ses cheveux et ses lunettes disparaissent brusquement de l'écran. La musique de l'indicatif des informations résonne, tandis qu'apparaît le mot « Île-de-France-Centre » dans une ondulation technico-artistique.

Il y avait de quoi piquer la curiosité de l'homme le moins curieux du monde, le plus indifférent aux valses traditionnelles des fonctionnaires, c'est-à-dire moi. Je flairai aussitôt, à la brutalité et à la gaucherie de la chose, l'intervention *in extremis* du gouvernement.

Quel nom allait-on prononcer qu'il ne fallait à aucun prix rendre public ? Trente secondes plus tôt, je m'en fichais. Mais voilà que cela devenait romanesque : il y avait du tripatouillage là-dessous.

L'explication est venue le lendemain. Tout le monde l'a lue dans les journaux, qui en ont fait leurs choux gras. Les Hauts Autoritaires, pour remplacer M. Desgraupes à la direction d'Antenne 2, avaient d'abord élu M. Pasteur, puis M. Drot. Mais ces deux messieurs, pour des raisons que je suis sans doute le seul à ignorer, n'agréaient pas au monarque, lequel, usant de son pouvoir absolu, a imposé M. Héberlé, ci-devant directeur de Radio Monte-Carlo.

Je n'ai pas tort de dire que l'adjectif « haut » porte malheur. Dans le langage chiffré actuel, il est synonyme d'inutilité, de gratuité, d'impuissance. Je m'en doutais lorsque fut créée la Haute Autorité de l'audiovisuel : du moment qu'elle est haute, pensai-je, elle ne servira à rien, si ce n'est à entériner des décisions que d'autres prendront à sa place.

En l'occurrence, elle a quand même un peu boudé. Et, quand il a fallu nommer le candidat du pouvoir, la présidente, Mme Cotta, s'est abstenue de voter, ce qui n'a certainement pas plu. Mais enfin nous sommes loin d'une démission massive pour cause d'humiliation et de ridicule.

Ce qui frappe dans cette affaire, c'est l'extraordinaire maladresse du gouvernement qui a vraiment fait tout ce qu'il a pu pour se donner le mauvais rôle, au point de paraître cynique, ce qui est la pire attitude possible, alors qu'il est seulement, comme à son accoutumée, imprévoyant, lourdaud, sans malice et sans manège.

La question était simple pourtant. Si l'on y avait réfléchi sérieusement, on aurait trouvé une petite fourberie, un tour de passe-passe pour se débarrasser honnêtement de M. Desgraupes et asseoir à sa place un brave garçon bien docile. C'était le b-a ba du métier. Nous avons une foule d'exemples d'opérations de ce genre dans notre passé républicain.

Au lieu de cela, le gouvernement a accumulé les bourdes, à commencer par la promulgation de la loi fixant la retraite des grands fonctionnaires à soixante-cinq ans, afin d'avoir un texte sur quoi s'appuyer pour flanquer M. Desgraupes à la porte. Cela ressemble à une nouvelle policière de Chesterton où l'on voit un colonel faire tuer tout son régiment jusqu'au dernier dans une attaque stupide, parce qu'il veut la peau du capitaine qui a couché avec sa femme. Pour avoir la peau de M. Desgraupes, le gouvernement a tué d'un coup un régiment de fonctionnaires qui auraient encore rendu maints services.

M. Desgraupes avait deux défauts insupportables en démocratie : il réussissait dans son métier et il manifestait quelque indépendance à l'égard du pouvoir. Cela se savait. Pourquoi alors lui avoir offert la présidence d'une chaîne de télévision ? Ce n'est pas les incapables qui manquent, Dieu merci ! On n'avait que l'embarras du choix.

A-t-on été assez maladroit, également, avec la Haute Autorité ! Là aussi il fallait préparer le terrain. Il fallait le préparer d'autant mieux que les organismes que l'on a créés pour qu'ils vous servent ont toujours des velléités frondeuses afin de montrer à l'opinion qu'ils ne sont pas composés de béni-oui-oui, comme on pourrait le croire à première vue, mais de personnes libres, de farouches consciences sachant résister aux consignes des autocrates.

Oui, tout était à craindre de la Haute Autorité, laquelle, en outre, n'est pas plus aveugle que le reste du pays et se rend compte que la fin du régime approche. L'occasion était trop belle de narguer le pauvre gouvernement à la dérive et de faire un clin d'œil à l'opposition. Finalement, elle est plutôt gagnante, malgré la nomination de M. Héberlé qu'on l'a obligée de ratifier : elle fait figure de victime. Elle a été l'objet d'un de ces coups de force à contretemps dont sont coutumiers les pouvoirs au bord de l'effondrement.

Si j'avais été le président de la République, j'aurais invité Mme Cotta et ses Autoritaires à l'Élysée, je les aurais gavés de foie gras, de perdrix aux choux, abreuvés de meursault, et surtout, j'aurais dansé le ballet de la séduction à chacun d'eux. Tout cela les eût enivrés. Après quoi, je les aurais fait voter pour M. Héberlé. Ce qu'ils auraient accompli, ne fût-ce que par politesse.

Quel peut être l'état d'esprit de gens comme M. Héberlé qui bénéficient d'une flatteuse promotion au moment où les craquements se font entendre partout, où le bateau donne furieusement de la gîte, où le naufrage paraît inévitable ? Croient-ils, contre toute vraisemblance, que les choses s'arrangeront, qu'il y aura un miracle ? Ou se disent-ils tout bonnement qu'un joli poste, même éphémère, est toujours bon à prendre ?

Il paraît que M. Héberlé végétait très bien à Radio Monte-Carlo. Que ne s'y est-il cramponné ! C'était assez chic, et surtout ce n'était pas voyant. Je suppose qu'il passait une bonne partie de son temps à Monaco et qu'on ne le voyait pas beaucoup à Paris. Il faut être fou pour abandonner une situation comme celle-là en octobre 1984.

Deux qui doivent être soulagés, c'est M. Pasteur et M. Drot. Ils devraient fêter leur défaite en tête à tête dans un restaurant à trois étoiles, avec une livre de caviar, un cent d'huîtres, du homard thermidor et du champagne Krug. Les voilà tout purs, tout nets, tout resplendissants. Prêts à devenir PDG de toutes les chaînes qu'on voudra dans dix-huit mois d'ici.

IMMIGRATION CLANDESTINE

M. Gremetz, secrétaire du comité central du parti communiste, a déclaré que M. Jacques Abouchar, journaliste français emprisonné à Kaboul, passerait en justice pour avoir « violé une frontière ». Autrement dit, M. Abouchar est un immigré clandestin. Une unité de l'Armée rouge l'a capturé. Il y a là divers enseignements pour notre gouvernement qui est si embarrassé lui-même, ces temps-ci, par l'immigration clandestine, mais les comprendra-t-il ?

On pourrait établir sans grande difficulté que les travailleurs portugais, maghrébins, maliens, congolais qui arrivent chez nous sans passeport sont tous des journalistes. Leur but caché est de s'aboucher (c'est le mot, n'est-ce pas ?) avec les séparatistes basques, bretons, corses, voire beaucerons et normands, afin de raconter leur calvaire au monde libre. Si certains d'entre eux objectent qu'ils sont analphabètes, il suffit de répondre qu'on n'a pas besoin de savoir lire et écrire pour parler à la télévision.

En second lieu, il serait excellent de demander au gouvernement soviétique de nous prêter quelques divisions de l'Armée rouge. Nous les disposerions le long des frontières par lesquelles pénètrent chez nous les milliers de journalistes africains qui ôtent le pain de la bouche à nos maçons et à nos ajusteurs. Il est patent que nos gendarmes et nos douaniers sont impuissants. Avec l'Armée rouge, nous aurions de vrais spécialistes de l'immigration journalistique clandestine.

Autre avantage : ce n'est pas nous qui serions responsables des arrestations. Personne n'est dupe de la fiction selon laquelle M. Abouchar est le prisonnier des Afghans. Tout le monde, au contraire, s'accorde à penser que sa capture et sa détention sont le fait des Soviétiques. L'obligeance de ceux-ci n'a pas de limites. Si Mme Georgina Dufoix, ministre de la Solidarité et des Affaires sociales, se sentait un peu gênée pour justifier les mesures prises, M. Smirnov, ambassadeur de l'URSS au Pakistan, se ferait un plaisir de parler à sa place, comme il l'a fait pour le gouvernement afghan.

Mon drame est que je fourmille de bonnes idées, que je les publie et que nul n'en tient jamais compte. A la fin, c'est décourageant d'aimer son pays.

L'UNITÉ EN TRANSPARENCE

Le parti socialiste publie chaque semaine un petit canard qui doit bien être lu par quatre-vingt-dix personnes. Nonobstant, il est fort joli, imprimé en plusieurs couleurs sur du papier de premier choix. Cela coûte sûrement assez cher. M. Fillioud, qui dit des choses si senties sur le financement des journaux et ce qu'il appelle « la transparence », devrait tourner son nœud papillon dans cette direction.

Autre remarque amusante : avec les récents événements politiques, c'est-à-dire le départ des communistes du gouvernement, le titre du canard en question a pris une saveur particulière : il s'appelle *L'Unité*.

Je le lis pieusement. Je n'en laisse point passer un seul numéro, ce qui est méritoire de ma part, car le style que j'y trouve n'est pas tout à fait mon idéal. Cette semaine-ci, j'ai été récompensé de ma persévérance. Sous le titre : « A quoi sert le PCF », *L'Unité* consacre dix grandes pages au parti communiste, sur un total de vingt-huit. Il en ressort, grosso modo, que le PCF sert surtout à embêter le parti socialiste, ce que je savais depuis longtemps et que j'aurais volontiers expliqué à *L'Unité* si elle me l'avait demandé en 1981. Mais elle n'y a pas songé.

Les dix pages sont consacrées aux déclarations et aux photographies (en double) d'un certain nombre de membres du PC qui l'ont quitté ou qui y restent et qui donnent la raison de leur attitude. On a même été chercher Alphonse Boudard qui n'a eu d'autres rapports avec les communistes que d'avoir fait jadis de la résistance avec eux, et qui, d'après ce que je connais de lui, se moque complètement de la politique.

A ce compte, moi aussi, j'ai fait de la résistance avec les communistes, et je regrette que *L'Unité* ne m'ait pas interrogé. Je lui aurais répondu que j'avais pu juger de leur bravoure, de leur patriotisme, et que, quoi qu'ils aient fait ou dit par la suite, j'aurai toujours à leur égard les sentiments d'un compagnon d'armes. Il y a entre communistes et gaullistes une connivence sentimentale que les socialistes ne comprendront jamais et qui est peut-être une des raisons de leurs difficultés à réaliser des unions durables de la gauche.

Le meilleur morceau est le chapeau, composé en style intellectuel, avec de jolies formules, cependant : « Les compagnons de route ont changé de trottoir » ; « Aragon est mort. Son parti ne va pas très bien non plus ». Pour le reste, c'est un mélange de perfidies et de jargon. On rappelle le vieux folklore du parti qui, dans les années 30, voulait « plumer la volaille socialiste », « vomissait le drapeau tricolore », « ricanait de *la Marseillaise* », etc. On ne manque pas non plus de lui jeter Doriot dans les pattes, ni d'exploiter Staline, ni de citer Aragon invitant dans son poème *Front rouge* à « tirer sur les oursons de la social-démocratie ».

Le style intellectuel affaiblit malheureusement la diatribe. Exemple : « Cette somme de constats n'interpelle pas seulement la direction du PCF,... elle apostrophe la gauche tout entière » ; l'opinion est, bien entendu, « concernée » et la question est « incontournable » ; le communisme est-il encore « crédible » ? Les militants et ex-militants ont la « problématique » du Parti au cœur de leur vie. Il y a aussi un « premier temps », et un « deuxième temps », pour dire d'abord et ensuite. On va continuer le procès du PCF dans les prochains numéros de *L'Unité*, non pas « thématiquement », pensez donc ! mais de manière « sauvage ».

Le style intellectuel n'est pas ennemi des vieux clichés qui ont fait leurs preuves : « Libre aux intolérants de tout poil de se boucher les yeux et les oreilles ! » Dernière perle : « Le PCF, ce n'est pas si simple... ».

MM. Liégeois et Curzi, coauteurs de ce chef-d'œuvre du français moderne, n'y vont pas avec le dos de la cuiller quand ils s'attaquent au fond de la question : « Quelques interrogations parmi d'autres ! » s'écrient-ils.

« Le PCF a-t-il rempli la mission qu'il s'était confiée à lui-même au congrès de Tours d'émanciper la classe ouvrière ? » Sous-entendu : Mon œil !

« A-t-il laissé sur le bord du chemin ses idéaux de 1920 ? » Sous-entendu : Un peu, mon neveu !

« Est-il toujours un parti révolutionnaire ? » Sous-entendu : Laissez-nous rire !

« Est-il un parti de progrès ? De gauche ? » Sous-entendu : Le progrès, la gauche, c'est nous ! pas lui !

« Est-il devenu un parti comme les autres ? Si oui, son existence se justifie-t-elle encore ? » Sous-entendu : Aux poubelles de l'Histoire, le PC !

« A-t-il vraiment rejeté le stalinisme ? » Sous-entendu : Il n'y a que les imbéciles pour le croire.

« Le PC fonctionne-t-il démocratiquement ? » Sous-entendu : Celle-là, c'est la meilleure !

« Véhicule-t-il autre chose que des valeurs archaïques, voire conservatrices de la société française ? A-t-il su s'adapter aux mutations sociales, économiques et culturelles de l'Europe occidentale ? » Sous-entendu : Ah ! les vieux croûtons !

« Assistons-nous au dépérissement définitif du PCF ? » Sous-entendu : Nous l'espérons de toute notre âme !

La dernière interrogation de MM. Liégeois et Curzi est hasardeuse, pour ne pas dire imprudente : « Faut-il envisager le futur de la gauche sans le PC ? » Hélas ! messieurs, je crains qu'il n'en soit du futur de la gauche comme de ce politicien dont Clemenceau disait : « Il a un bel avenir derrière lui. »

Rien n'est indifférent dans *L'Unité.* Jusqu'à la dernière page, consacrée à la publicité du journal, qui offre ses attraits. On y contemple un buste antique reproduit en ektachromie et orné de lunettes derrière lesquelles il roule des yeux injectés de sang. A-t-on utilisé les lunettes de M. Mauroy ou celles de M. Jospin ? Ou alors, par un raffinement de cruauté, celles de M. Chirac ? Le buste, à qui l'on a aussi ajouté deux doigts, exhibe un papier sur lequel est inscrit : « *L'Unité,* l'hebdo qui décoince ! »

LA REVANCHE

A propos de l'éventuelle cohabitation en 1986 d'un président de gauche et d'une majorité de droite, on dit que M. Mitterrand prendrait volontiers M. Chaban-Delmas comme Premier ministre. Ni l'un ni l'autre, évidemment, ne confirment ou démentent ce ragot. Toutefois, j'ai cru discerner entre eux, lors de la visite du président à Bordeaux, plus de cordialité qu'il n'y en a généralement quand un maire de l'opposition reçoit le chef de l'État.

Mieux encore, ils étaient comme de vieux amants au passé orageux qui se retrouvent et se font des chatteries. « Depuis plus de quarante ans, nos routes se sont rejointes, séparées puis rejointes et à nouveau séparées », a soupiré M. Chaban avec nostalgie. A quoi M. Mitterrand a répondu avec une nostalgie égale : « Nous représentons les histoires et nous sommes l'Histoire de la France. » Autrement dit : « De notre temps, on savait aimer et haïr, hein, mon vieux chéri ! Ce n'est plus comme cela aujourd'hui, avec ces énarques qui ont tous l'air d'être sous cellophane ! »

N'empêche qu'il serait piquant que M. Chaban devînt Premier ministre de M. Mitterrand. Les deux battus de 74 au pouvoir et Giscard simple député, quelle revanche !

UN RÔLE INGRAT

Quelle lubie a eue le Premier ministre de vouloir se produire régulièrement au journal de la télévision ! Il était couru que la Haute Autorité de l'audiovisuel, vexée que le gouvernement lui ait forcé la main avec M. Héberlé, opposerait son veto, afin de montrer qu'il lui reste un peu d'honneur.

Cela n'a pas manqué. M. Fabius a finalement obtenu qu'on le laisserait babiller un quart d'heure par mois et que, le lendemain de son numéro, l'opposition viendrait babiller à son tour pour dire le contraire.

Si j'étais Premier ministre, je chercherais plutôt des occasions de me cacher que de me montrer. D'abord parce que le métier est absorbant et qu'on n'a pas trop de tout son temps pour gouverner, ensuite parce que défendre et magnifier le pouvoir — même si l'on est soi-même le pouvoir — est le rôle le plus ingrat possible, surtout en France où l'on n'aime que les mécontents. Tous les journalistes le savent. Un des nombreux rédacteurs en chef qui m'ont employé m'a confié jadis : « Si vous dites du bien du gouvernement, vous videz la salle ! » Parole judicieuse. Au deuxième ou troisième passage de M. Fabius à TF1, les téléspectateurs tourneront le bouton.

La simple expérience de la vie nous enseigne que moins on vous voit et moins on vous connaît, plus on vous trouve sympathique. J'ai compris cela vers l'âge de trente ans et j'ai pris pour règle d'être invisible chaque fois que la situation le permettrait. M. Fabius, qui a trente-huit ans, et qui est beaucoup plus intelligent que moi, étant sorti de l'ENA, doit le savoir depuis son adolescence. Quelle mouche le pique de s'exhiber ? Il n'a pas besoin de se faire connaître pour « arriver » puisqu'il est déjà arrivé.

L'HOMME COMMENCE À COÛTER TROP CHER POUR QUE L'ON S'EN SERVE

DUPUIS : Vous souvenez-vous, mon cher Cotonet, d'un proverbe prétendu chinois qui circulait dans les chaumières à la fin de l'année 1981, après les nationalisations et l'établissement de l'impôt sur les grandes fortunes ?
COTONET : Mon cher Dupuis, je n'ai pas la tête aux proverbes, fussent-ils chinois ou bantous. La situation est trop grave pour plaisanter.
DUPUIS : Le proverbe chinois était : « Quand les gros commencent à maigrir, les maigres sont déjà morts. » Il me semble que nous y voilà. Les gros ont un peu maigri, et cet amaigrissement a terriblement retenti sur les maigres. Ils ne sont pas morts, mais ils sont au chômage, ce qui est une mort sociale.
COTONET : Le chômage est une horreur. Vous devriez avoir honte d'en parler avec cette légèreté. On voit que vous n'avez jamais été chômeur.
DUPUIS : Si, je l'ai été. Dans ma jeunesse.
COTONET : Cela ne date pas d'hier !
DUPUIS : Mon Dieu, non, mais le chômage est toujours le chômage. Je l'ai connu avec d'autant plus d'angoisse que j'étais marié et que j'avais deux petits enfants. Chaque jour je me demandais si je pourrais, le lendemain, donner un toit et de la nourriture à ma nichée.
COTONET : D'après votre situation actuelle, je constate que vous avez fini par vous en tirer.
DUPUIS : Pour sortir du chômage, j'aurais fait n'importe quoi. D'ailleurs j'ai fait n'importe quoi : laveur de car-

reaux, plongeur dans des restaurants, veilleur de nuit dans une usine de conserves à Sainte-Geneviève-des-Bois, chauffeur de maître. J'ai même donné des leçons de maintien à une crémière qui voulait se lancer dans le monde. Je vérifiais chaque jour le vieux dicton : Douze métiers, treize misères. En même temps, j'écrivais des articles et des nouvelles que je portais aux journaux ou aux revues. Quelquefois on me prenait ma copie.

COTONET : Jadis, c'était moins dur d'être chômeur qu'aujourd'hui.

DUPUIS : Je vous assure que, sur le moment, je ne l'ai pas remarqué. Mais, après tout, vous avez peut-être raison. Quand j'étais jeune, on n'était pas ligoté comme à présent par les lois, les règlements, l'URSSAF et le reste.

COTONET : J'aurais été bien étonné si vous n'étiez pas parvenu d'une façon ou d'une autre à critiquer les conquêtes sociales.

DUPUIS : Non, non, je ne critique pas. J'observe seulement que les gens sont entortillés dans un tel réseau d'interdictions qu'ils ne peuvent plus lever le petit doigt. En 1984, le chômeur est un homme que l'on jette à l'eau les mains liées et une grosse pierre attachée à ses chevilles. De mon temps, la société vous jetait à l'eau comme maintenant, mais on pouvait faire quelques mouvements, on pouvait nageotter et arriver, sans avoir trop bu la tasse, sur l'autre bord de la rivière. Je vous dis que j'ai fait le laveur de carreaux. C'était tout à fait licite. Je gagnais un peu d'argent avec cela. Aujourd'hui ce serait un délit, je serais un travailleur au noir. Les bourgeois n'oseraient pas m'employer. Ils auraient trop peur que je tombe par la fenêtre, ce qui leur attirerait des ennuis sans fin. Alors ils font appel à une entreprise de nettoyage couverte par l'assurance. Même chose avec la plonge, que j'ai exercée dans des gargotes, et mes rondes de nuit à Sainte-Geneviève-des-Bois. Je ne trouverais pas ces modestes emplois à présent car, pour m'embaucher, les patrons devraient payer les cotisations à l'URSSAF et ils considéreraient que je leur coûte plus cher que je ne vaux.

COTONET : Excusez-moi de ne pas m'apitoyer sur les patrons !

DUPUIS : Les patrons sont comme les phénomènes naturels, le soleil ou la pluie. On est bien forcé de les prendre comme ils sont.

COTONET : Pas du tout. Il y a des syndicats, des comités d'entreprise pour les empêcher d'exploiter les travailleurs.

DUPUIS : Je ne le nie pas. Mais, pour bénéficier des syndicats et des comités d'entreprise, il faut d'abord être embauché. Tant que vous n'êtes pas embauché, vous êtes chômeur. Et les patrons n'embauchent pas parce que c'est audessus de leurs moyens.

COTONET : Allons donc !

DUPUIS : Mais si, mon cher. C'est ainsi. Il y a quelques années, sous l'ancien régime, on parlait de « société bloquée ». J'ai le sentiment que la société n'a jamais été aussi bloquée qu'en ce moment. Et ce qui l'a bloquée, chose curieuse et déplorable, c'est ce que vous appelez les conquêtes sociales. Celles-ci étaient certainement très souhaitables et très louables. Mais leur résultat a été de frapper le pays d'arthrose, de rhumatismes, de paralysie. Personne ne peut plus bouger ou n'ose plus bouger parce que le moindre mouvement coûte les yeux de la tête.

COTONET : Il est étonnant que vous ne m'ayez pas encore dit que nous sommes devenus un « peuple d'assistés ».

DUPUIS : Merci de me rappeler la formule. Eh bien, oui ! nous sommes devenus un peuple d'assistés et nous voyons à quoi cela mène : à la pauvreté. Car enfin, ce n'est pas moi qui les ai inventés, nos deux millions et demi de chômeurs. Ils sont bien là, les malheureux. Ils sont tellement là, tellement choquants, que pour une fois on n'a pas confectionné un euphémisme pour les désigner, du genre « économiquement faibles » ou « désavantagés sociaux ». On les appelle les nouveaux pauvres. Qui aurait dit que ce mot de pauvre ressortirait un jour chez nous ? On croyait qu'il avait disparu de la langue française. Dorénavant, ce n'est plus le tiers monde qu'il faudra songer à secourir, mais les Français. Ah ! mon cher Cotonet, les conquêtes sociales aboutissent à des victoires à la Pyrrhus ! De quelle conquête sociale peuvent se prévaloir les chômeurs qui ne touchent plus d'allocation ? Ils sont dans la misère comme on l'était avant 1936. Davantage même, car les conquêtes sociales se retournent contre eux. Elles élèvent entre eux et le travail un mur impossible à franchir. Le cas des domestiques est le plus significatif. Il y a cinquante ans, les foyers les plus modestes avaient une bonne...

COTONET : Oui. Elle travaillait de sept heures du matin à dix heures du soir, couchait dans un sixième sans chauffage et sans eau courante. Quand on voulait se débarrasser d'elle, on lui flanquait ses huit jours. Ne me dites pas que vous regrettez cette forme particulièrement infâme de l'esclavage bourgeois !

DUPUIS : Je ne la regrette pas, mais la bonne la regrette sûrement.

COTONET : Expliquez-moi cela, s'il vous plaît.

DUPUIS : Rien de plus facile. De nos jours, une bonne s'appelle une employée. Elle est inscrite au syndicat des gens de maison, qui lui garantit la semaine de trente-neuf heures et un préavis de deux mois si on la chasse. Le bourgeois, outre ses gages, doit payer ses cotisations à

l'URSSAF et à la caisse de retraite, ce qui double quasiment le salaire.
COTONET : Tout cela est très bien, non ?
DUPUIS : Très bien, vous avez raison, mais il y a un inconvénient : c'est que les domestiques sont en voie de disparition. Personne n'en engage plus. C'est trop cher. Se mettre domestique était une ressource jadis, pour les chômeurs. Le travail n'était pas protégé, mais il existait. De nos jours il est protégé, et même très protégé, mais il n'existe plus. Qu'est-ce qui est le mieux, d'après vous ?
COTONET : Raisonnement typiquement réactionnaire. Pendant qu'on y est, abolissons tout ce qui s'est fait après la Révolution et revenons-en à la France de Louis XIII.
DUPUIS : Le père Dumas, dans *Les Trois Mousquetaires,* je crois, à propos de la France de Louis XIII, justement, a eu cette vue profonde : « Ce temps où l'on était moins libre qu'aujourd'hui, mais plus indépendant. » Question : La liberté sans l'indépendance est-elle préférable à l'indépendance sans la liberté ?
COTONET : N'est-il pas possible d'avoir les deux ensemble ?
DUPUIS : Cela se saurait.

LES CHEMINS DE FER RUSSES

Le gouvernement socialiste est décourageant. Jusqu'à maintenant il avait gardé quelque splendeur dans son banditisme. La France était un grand chemin. Il pillait les diligences avec le panache des brigands d'autrefois. C'était Mandrin, c'était Cartouche. Au retour de ses expéditions, il distribuait quelques pistoles aux pauvres.

A présent, c'est Jean Valjean. Il est si pauvre lui-même, si affamé, qu'il en est réduit à voler un pain chez le boulanger. La décision qu'il a prise de soumettre à l'impôt l'emprunt Giscard est, dans l'ordre politique, l'équivalent de ce pitoyable larcin. Les passants courent derrière lui en criant : « Au voleur ! » Pis, ils crient : « Au parjure ! »

Pour avoir volé un pain, Jean Valjean reste vingt ans au bagne. Le socialisme se condamne à ce destin : il restera vingt ans ou davantage dans le bagne de l'opposition. Avec le pain volé, ce n'est pas seulement lui qu'il discrédite une fois de plus, ce qui ne serait pas grave, c'est l'État qu'il déshonore. Et pour quel profit ! Quatre ou cinq cents pauvres millions, dont le budget ne fera qu'une bouchée.

Il y a aussi un aspect ridicule dans cette affaire. Le gouvernement socialiste n'aurait pas volé le pain de son propre mouvement. Entrer dans la boulangerie, s'emparer de la miche, s'enfuir : ces actions violentes ne sont pas dans son caractère. Il fallait qu'il y fût poussé par un camarade plus hardi que lui, et à qui il voulait prouver qu'il n'avait pas peur. Ce n'est même pas Jean Valjean : c'est un bon jeune homme qui a de mauvaises fréquentations.

On peut objecter deux choses pour l'excuser. La première est que l'État, depuis cinquante ou soixante ans, n'en est pas à une volerie près, et la seconde que la mesure ne touche que peu de gens relativement. Certes, mais l'État, si malhonnête qu'il ait été, n'avait encore jamais rompu cyniquement sa parole. Quant au nombre de citoyens lésés, cela n'est pas un argument. Un vol demeure un vol, qu'il lèse une personne ou qu'il en lèse dix millions.

Les emprunts français désormais sont à peu près aussi prometteurs que les célèbres Chemins de fer russes qui ont si bien ruiné nos grands-parents. Alors, là, bravo ! comme dit mon confrère M. d'Ormesson dans ses jours d'amertume.

JOYEUX ANNIVERSAIRES !

Un de nos ambassadeurs à Rome, entre les deux guerres, ne savait pas l'italien. Dans la semaine qui suit son installation, on l'invite à une grande réunion. Discours de Mussolini. Tout le monde applaudit et crie : « Eviva il Duce ! » Notre ambassadeur croit bien faire en se joignant à l'enthousiasme général. Son attaché, qui l'avait accompagné, le tire par la manche et lui chuchote : « Il vient de réclamer le retour à l'Italie de la Savoie, de Nice et de la Corse ! »

Il est probable que M. Cheysson ne sait pas l'arabe. Ainsi pourra-t-il applaudir en toute tranquillité le discours que prononcera M. Chadli lors de la fête commémorant le trentième anniversaire de ce que l'on appelle « la révolution algérienne » et qui, traduit en français, risquerait de jeter une ombre sur son bonheur.

Il y a beaucoup de langages que M. Cheysson doit ignorer, ce qui lui offre la perspective d'une série de voyages enrichissants. Je le vois très bien à Hanoï un de ces jours brandissant fièrement le drapeau tricolore à l'occasion de l'anniversaire de Dien Bien Phu. Peut-être aura-t-il la chance que le général Giap fasse un récit détaillé de cette bataille. C'est toujours intéressant de connaître le point de vue d'un ancien adversaire.

J'espère que M. Cheysson ne parle pas non plus l'anglais, car nous partageons avec la Grande-Bretagne quelques souvenirs remarquables auxquels nous ne pensons pas assez, parce qu'ils sont un peu éloignés. Le supplice de Jeanne d'Arc, l'épisode des bourgeois de Calais, l'affaire de Fachoda donneraient lieu à de bien agréables reconstitutions, à Trafalgar Square. La présence de M. Cheysson leur apporterait un éclat particulier, auquel nos amis anglais seraient d'autant plus sensibles que les relations que nous avons avec eux sont un peu grinçantes ces temps-ci.

Nous avons la fâcheuse habitude d'associer la date du 18 juin à l'appel du général de Gaulle en 1940. Mais elle a une bien plus belle signification, à laquelle je m'étonne que le gouvernement n'ait pas encore songé : c'est l'anniversaire de Waterloo.

DÉMISSION DE LA FEMME

Une chose qui devrait ennuyer les mouvements féministes, c'est que les hommes ne se ruinent plus pour des femmes. J'ai fait cette réflexion il y a deux ans en lisant un volume de souvenirs de M. Roger Peyrefitte, dans lequel il raconte comment un jeune homme de ses amis lui a fricassé deux milliards en trente mois.

Le jeune homme commença par dévorer une bibliothèque de livres rares, puis une collection de médailles et de pièces anciennes puis quelques statues antiques, sans parler de divers meubles précieux et de sommes versées de la main à la main. Il vendit jusqu'à l'appartement de son protecteur. Moyennant quoi il possédait deux Rolls et un hôtel à Neuilly, ce qui est l'équivalent du train de vie de Cora Pearl sous le Second Empire ou de Blanche d'Antigny sous la IIIe République.

Je ne vois pas de courtisane en 1984 capable de se targuer d'une telle réussite. Du reste, existe-t-il encore des courtisanes, c'est-à-dire de ces grands animaux de luxe qui vous dépouillaient un milliardaire en un tournemain et pour lesquels on se battait au pistolet ? On ne trouve plus que des call-girls, qui sont d'honnêtes travailleuses, qui se tiennent à leurs tarifs et qui respectent leurs engagements avec scrupule.

Qu'achètent les milliardaires de maintenant avec leurs milliards, pour épater le pauvre monde ? Des morceaux de bois et des morceaux de bronze doré vieux de deux cents ans. A l'hôtel Drouot à Paris, chez Christie à Londres, ils dépensent des milliards pour des commodes de Weisweller ou des bureaux de Cressent. Ils enchérissent les uns sur les autres jusqu'à des altitudes extravagantes, tout comme les milliardaires du temps de Balzac et de Proust lorsqu'il s'agissait de s'emparer d'une biche célèbre.

Les milliardaires d'autrefois étaient des grands seigneurs. Quand ils avaient jeté tout leur argent par la fenêtre, il ne leur restait que des souvenirs. Voilà la noblesse. Ceux d'aujourd'hui sont des boutiquiers. Acheter un meuble huit millions est une vanité, mais du moins le meuble ne s'en va pas.

Les femmes seraient-elles dépréciées ? Je ne vois plus que les vieux pédérastes pour immoler leur fortune à l'amour. En prenant conscience de leurs droits, les femmes sont devenues modestes et bonnes filles. Qui dépenserait huit millions pour obtenir les faveurs d'une star de cinéma ? Le dixième suffit largement. Préférer une vieillerie en marqueterie au chef-d'œuvre de la création, à Vénus, à Phryné, à Liane de Pougy, montre dans quel abîme de médiocrité bourgeoise nous sommes tombés. Les femmes ne savent plus faire souffrir les hommes ni les plumer. Résultat : elles ont fait d'eux des antiquaires. Depuis qu'elles intéressent le gouvernement, plus personne ne s'intéresse à elles.

LE RETOUR

M. Fabius et M. Mermaz se sont dérangés pour accueillir M. Abouchar à sa descente d'avion. Il manquait une troisième personnalité à cette fête : M. Régis Debray qui fut, lui aussi, tiré de prison, jadis, par le général de Gaulle. Son délit, à peu de chose près, était le même que celui de M. Abouchar : il avait violé une frontière. Celle de la Bolivie. Il y avait une différence toutefois. M. Debray était armé jusqu'aux dents de divers instruments guerriers, tandis que M. Abouchar n'était armé que de son appareil photo.

Autre différence : M. Debray avait l'intention d'installer en Bolivie un régime assez semblable à celui que l'Armée rouge désire installer en Afghanistan. Il était mandaté pour cela par M. Fidel Castro dont les buts, quoi qu'on puisse dire, sont différents de ceux de M. Héberlé ou de M. Desgraupes lorsqu'il était président d'Antenne 2 et expédiait M. Abouchar au front.

Il n'est pas sans charme d'imaginer M. Régis Debray ayant réussi son coup, c'est-à-dire ayant libéré la Bolivie de son gouvernement réactionnaire et mis à la place d'aimables et bienveillants commissaires castristes. Que se serait-il passé si M. Desgraupes, en 1984, avait envoyé là-bas M. Abouchar ? Celui-ci aurait été arrêté exactement comme il l'a été en Afghanistan, et emprisonné à La Paz, exactement comme il l'a été à Kaboul.

M. Debray est si discret depuis deux ou trois ans qu'on ne sait même plus s'il est encore conseiller du président de la République et s'il a conservé un bureau à l'Élysée. Quoi qu'il en soit, il est philosophe, paraît-il, et à ce titre il doit savourer l'ironie de la situation.

NOVEMBRE

LA GÉLATINE QUI TUE

Naguère la vie était simple. On savait où étaient les responsabilités. Les fonctionnaires étaient plus ou moins tenus de réussir s'ils voulaient monter en grade, ou seulement garder leur place. On voyait les préfets valser quand ils faisaient une bêtise. Et les ministres donc ! L'Assemblée nationale était tout le temps sur leur dos, enchantée de les renverser au premier faux pas.

C'est que la conception du gouvernement, alors, était traditionnelle. Il y avait un certain nombre de choses sur lesquelles on ne revenait pas. On ne disait pas que les lois devaient suivre l'évolution des mœurs. On disait plutôt le contraire : que les mœurs devaient se plier à la loi. Il était admis que les bandits étaient des gens nuisibles, qu'il était nécessaire de capturer et de punir, et non de pauvres irresponsables auxquels il fallait pardonner leurs déplorables impulsions.

Les magistrats étaient raisonnablement sévères, et les policiers n'étaient pas débordés. Tout restait dans des limites supportables. La société avait un code que tout le monde, y compris les asociaux, respectait. Les criminels savaient à peu près jusqu'où ils pouvaient aller. Peut-être est-ce cela, après tout, la civilisation.

A présent, la société n'a plus de code. Comment cela est-il arrivé ? Il y a une foule de raisons, mais la plus importante, comme toujours, celle qui détermine tout, est une raison politique. Il y a quelques années, l'État a pris une décision étrange et funeste : il s'est dit qu'il devait se montrer compréhensif. A partir de là, tout s'est déréglé. Les mauvais instincts se sont engouffrés par cette porte si imprudemment ouverte. Le banditisme a décuplé. Le désordre s'est emparé de la nation, et l'on ne peut plus rejeter la responsabilité sur personne. Le travail du ministre de l'Intérieur et celui du préfet de police sont devenus à la fois surhumains et désespérants. Comment les accuser de ne pas nous protéger ? Ils en font sûrement dix fois plus que leurs prédécesseurs, mais on les a transformés en Sisyphes.

Qu'est-ce que l'homme ? De la gélatine. Quand on casse le flacon qui le contient, il se répand partout.

LES NOUILLES AU POUVOIR !

Si le président Reagan était candidat chez nous, il serait très confortablement élu. Les deux tiers des Français font des vœux pour qu'il le soit aux États-Unis. En quoi ils ont tort. Ils devraient souhaiter la victoire de M. Mondale qui, d'après ce qu'on sait de lui, ferait un médiocre président. Il ne lui faudrait pas plus de deux ans pour ramener l'Amérique au niveau où elle était descendue lorsque M. Carter la conduisait. En ce temps-là, le dollar nous laissait bien tranquilles.

Il serait désirable qu'il y eût de même quelques nouilles au Kremlin, ce qui n'est pas le cas en ce moment, encore que la reculade soviétique à propos de M. Abouchar soit assez prometteuse. Je n'aurais pas cru que ces vieux crocodiles lâcheraient leur proie aussi vite. Leurs dentiers seraient-ils moins bien ajustés que nous le redoutions ?

Nous avons tout intérêt, nous autres nations dites « moyennes », à ce que les deux grands empires de l'Est et de l'Ouest soient gouvernés par des maladroits, des indécis, des peureux. Cela, du reste, serait dans l'ordre des choses. Il n'est ni juste ni naturel que de si énormes puissances aient à leur tête des hommes efficaces. Être à la fois très fort et très rusé, c'est trop.

Il est heureux pour nous que l'URSS soit communiste. Grâce à cela, elle est en train de perdre la troisième guerre mondiale qui est, comme M. Debré le répète depuis vingt ans, une guerre économique. Les bolcheviks de 1917, sans le savoir, nous ont rendu un fier service. Si Kerenski avait réussi son coup, si la Russie s'était transformée en une espèce de tsarisme libéral, il y a beau temps qu'elle régnerait sur l'Europe entière. A cause du communisme dont elle est empêtrée, elle ne se maintient que par la force et elle fait peur à tout le monde.

Les États-Unis, qui n'ont pas eu de bolcheviks pour les freiner, sont en train de la gagner, cette troisième guerre mondiale. Je ne vois pas ce qui pourrait les arrêter sur le chemin de la victoire. Aucune idéologie stérilisante ne les entrave. En outre, ils sont sympathiques. Encore quatre ans de reaganisme, et ils auront vraiment une place éminente sur notre petite planète. Le dollar n'a pas fini de nous persécuter.

PHILIPPE-ÉGALITÉ ET LA MORT DU ROI

Le seul inconvénient du gouvernement français est qu'il représente la France. En général, Dieu merci, j'ai tendance à l'oublier. J'éprouve le sentiment curieux qu'il y a d'un côté la France, que je connais depuis ma toute petite enfance, qui m'est extrêmement familière, et d'un autre côté une troupe de pitres incongrus qui m'apportent chaque jour dix raisons de rire.

Tout irait bien, et je rirais toujours de bon cœur si le gouvernement ne sortait pas de chez nous. Quand il a affaire à l'étranger ou que l'un ou l'autre de ses membres se promène en dehors de nos frontières, j'ai plutôt envie de me cacher.

Le dernier voyage de M. Cheysson à Alger me restera longtemps sur l'estomac. Dieu sait si le pays a poussé des cris d'horreur quand on nous a informés de l'équipée. Un moment, j'ai espéré que le gouvernement canerait devant ce vacarme. Mais il en est des gouvernements comme des individus : s'ils ont une bêtise en tête, rien au monde ne peut les empêcher de la faire.

Il est évident que nous devons nous réconcilier une bonne fois avec l'Algérie, que nous ne pouvons pas nous regarder éternellement, elle et nous, en chiens de faïence de chaque côté de la Méditerranée. Mais on pouvait le faire un autre jour que celui de l'anniversaire de ce qu'on appelle la Toussaint sanglante. Le moins qu'on puisse dire est que c'était maladroit. Jusqu'à la dernière minute, j'ai nourri l'illusion que le gouvernement s'apercevrait de cette maladresse. En quoi je suis bien naïf, car depuis que les socialistes sont en place, il n'y a pas une maladresse qu'ils aient évitée. Pourquoi celle-là plutôt qu'une autre ?

Crier casse-cou à un imbécile, lui montrer le tort que lui causera tel ou tel projet qu'il a, et les dégâts qui en résulteront pour tous, est le meilleur moyen de l'enraciner dans son erreur. On réveille aussitôt son esprit de contradiction et son entêtement. C'est ce qui s'est passé avec le voyage de M. Cheysson à Alger. Tout le monde en France a crié casse-cou au gouvernement, non seulement la droite, qui était horrifiée, et les anciens combattants, mais encore les pieds-noirs rapatriés qui avaient voté pour les socialistes en 1984, et bon nombre de députés socialistes. Rien n'y a fait. Il a préféré perdre plusieurs centaines de milliers d'électeurs plutôt que de renoncer à son idée. Je suppose qu'elle lui a paru d'autant plus sublime que le peuple la jugeait révoltante. Il s'est pris pour un poète ou un prophète incompris.

La télévision, quoiqu'elle soit aussi plate et aux ordres que l'on puisse l'être, a été un peu plus sage. Elle en a dit le moins qu'elle a pu sur l'événement. C'était encore trop, car il était impossible de ne pas montrer M. Cheysson dans ses pompes et dans ses œuvres. Ainsi la France téléspectatrice a pu voir et entendre que l'invité d'honneur de l'Algérie était M. Bourguiba. M. Cheysson avait été relégué en bout de rang, comme si les Algériens avaient eu honte de lui. M. Chadli, raide et impassible, me faisait songer à Robespierre lorsque le duc d'Orléans, Philippe-Égalité, vota la mort de Louis XVI à la Convention : « Lui, au moins, il aurait pu s'abtenir », confia-t-il à son voisin. M. Cheysson jetait des regards de côté comme un homme qui commet une mauvaise action et qui tâche de voir s'il y a des témoins.

Je pense qu'il est dans le destin de la France de passer

par des périodes d'abjection et que cela, si mystérieux que cela semble, est indissociable de sa grandeur. Cependant il en est de l'abjection comme de tout : à la longue, on s'en lasse. Un peu de dignité, un peu de noblesse me ferait plaisir. C'est que je suis français, voyez-vous. Pas américain, pas russe, pas chinois, pas même algérien. Je ne voyage pas autant que MM. Cheysson et Mitterrand. Toutefois, quand il m'arrive de quitter l'Hexagone, c'est en tant que Français que l'on m'accueille et que l'on me traite, et je m'aperçois bien que cette qualité actuellement n'ajoute rien à ma personnalité. Richelieu est loin, et même Joffre, et même Poincaré, et même de Gaulle.

LA NON-VIOLENCE

Le pays de la non-violence, c'est-à-dire l'Inde, ne va pas mal, ces temps-ci. Mme Gandhi a été abattue par deux de ses gardes du corps. Ensuite de quoi, il y a eu mille morts. Elle-même n'y allait pas avec le dos de la cuillère pour maintenir l'ordre. La chère dame avait un certain nombre de cadavres sur la conscience qui ne l'empêchaient pas de dormir. Je ne l'en blâme pas : « Quand il faut, il faut », comme dit le bon peuple. Nous n'avons en Occident que trop de belles âmes qui ne veulent pas se salir les mains.

Mme Gandhi ne connaissait peut-être pas la maxime de Saint-Just : « On ne règne pas innocemment », mais elle la mettait en pratique. Il est assez plaisant que le nom de Gandhi, synonyme de douceur, de tolérance, de pardon, de paix, de charité, ait pris avec elle une signification complètement opposée.

Aucun journal ne nous a dit qu'elle ne s'appelait Gandhi

que parce qu'elle avait épousé un avocat ainsi nommé et sans aucun lien de parenté avec le célèbre Mahatma. C'était là un détail intéressant, et qui montrait combien la chance prédestinait cette personne aux grandes choses. Recevoir par le hasard du mariage le nom le plus magique de l'Inde moderne, quelle aubaine pour quelqu'un qui ambitionne d'en devenir la reine ! Cela lui a sûrement épargné la moitié du chemin. Et, quoi qu'elle ait fait dans ses hautes fonctions, quelque rude qu'ait été sa poigne, il y a toujours eu autour d'elle un vague halo de spiritualité.

Être assassiné est la suprême consécration pour un chef d'État, car il est rare que les assassins se trompent et tuent des nullités. Mme Gandhi ne pouvait pas désirer de plus belle fin que celle qu'elle a eue. On aimerait envoyer des télégrammes dans l'au-delà pour féliciter les bénéficiaires de telles promotions ! Dans le club très fermé et très sélect des souverains morts de mort violente, on ne trouve à peu près que des gens intéressants, fût-ce des monstres, comme Caligula et Néron, avec qui il doit sûrement être très agréable de causer.

L'ÉCOLE PUBLIQUE

La démocratie a transformé le monde en école. Les bons et les mauvais élèves sont soumis à des examens périodiques. Il en est qui passent l'examen avec succès et d'autres qui sont recalés. Le jeune Reagan (Ronnie) vient d'être reçu avec mention, ayant fait des étincelles dans diverses matières au programme, telles que l'économie, la diplomatie, la culture physique.

Dans la catégorie des filles, la petite Thatcher (Maggie) a

brillamment réussi avec sa composition de géographie sur les îles Malouines ou Falkland, grâce à quoi elle a obtenu son passeport pour la classe supérieure, où elle continue à avoir de bonnes notes, ce qui ne va pas sans susciter des jalousies.

Il y a des élèves qui trichent, et que l'on voit avec surprise demeurer à la tête de la classe alors qu'ils auraient dû depuis longtemps être mis à la porte, tant à cause de leurs résultats lamentables que de leur mauvaise conduite. C'est surtout dans les établissements de l'Est, de l'Amérique du Sud, de l'Afrique, que l'on rencontre cette variété de cancres.

Ils font des crocs-en-jambe à leurs camarades, volent et brûlent leurs copies, les enferment dans les cabinets, les bourrent de coups, au point que certains en meurent. Ces galopins sont si méchants qu'ils terrorisent le jury, lequel les reçoit en tremblant aux examens, avec dix-neuf et demi sur vingt.

L'inspecteur d'académie, c'est-à-dire Amnesty International, fait inlassablement des rapports sur les lycées où l'on déplore de telles irrégularités. Les cancres n'en continuent pas moins à se livrer à leurs exécrables plaisanteries.

Nous n'en sommes pas là chez nous. Notre école fait partie des quelques établissements sérieux qui subsistent. Il suit de là que l'on ne voit pas sans appréhension approcher l'examen de l'élève Mitterrand François. Que d'espoirs n'avait-on pas mis dans ce brillant sujet, et qu'il a tous déçus ! Les notes de son bulletin, de trimestre en trimestre, ont baissé jusqu'à avoisiner le zéro pointé. Nul en finances, nul en chômage, nul en police ! Tout le temps absent, avec cela. Et pas même bon camarade, car il s'est brouillé avec le petit Marchais Georges qui était son meilleur ami.

Les forts en thème de l'opposition, Chirac Jacques, Barre Raymond et Giscard d'Estaing Valery, trépignent d'impatience. Ils sont seconds ex æquo. Ils veulent être premiers. C'est une rude concurrence. Et ils ont de bons carnets scolaires, les bougres !

DES ASSASSINS ET DES BÉBÉS

C'est un lieu commun de dire que les États-Unis sont en avance sur nous de dix ans. Cela se disait déjà dans mon enfance. A la vérité, il m'a souvent semblé que les États-Unis étaient en avance d'une bêtise, qui nous plongeait dans l'admiration et que nous nous efforcions d'imiter dès que la nouvelle en avait traversé l'Atlantique. Nous sommes moins pressés quand il s'agit de quelque chose d'intelligent ou d'utile.

Par exemple, je ne crois pas que l'on rétablisse de sitôt la peine de mort en France, quoique de nombreux États américains l'aient fait. Il faudra des dizaines d'attentats, des centaines de victimes, peut-être une rébellion de la police, lasse qu'on lui tue ses membres impunément, pour que nous nous résignions, non sans gémissements, à ressortir la guillotine du musée des horreurs.

Du reste, on ne la ressortira pas. On adoptera la piqûre de poison, ainsi qu'elle a été pratiquée sur une criminelle il y a deux ou trois semaines en Caroline du Nord. On jugera cela plus « humain ».

Quant à moi, je trouve que la piqûre est le comble de l'ignominie. Dans la peine de mort telle qu'on l'appliquait autrefois, avec ce qu'on appelait « les bois de justice », la pompe qui entourait l'exécution, le public qui venait là, il y avait quelque chose comme un hommage au condamné. Jusqu'à la dernière seconde, on le traitait en être humain tragique, responsable de ses actes.

Les condamnés à mort étaient les héros des prisons ; ils tâchaient de bien mourir, de faire bonne figure sur l'échafaud. Cet effort donnait une justification à leur vie incohérente et sombre. La piqûre les rabaisse au rang d'un chien malade que l'on confie au vétérinaire pour que celui-ci le supprime sans douleur.

Il est caractéristique que c'est surtout en Occident et particulièrement en Europe, soit dans des pays de faible natalité, que la peine de mort a été abolie, comme si l'on avait vu là une compensation à l'infécondité. Où la vie se fait rare, on l'économise, fût-ce en conservant les pires scélérats.

On ne rencontre pas de tels scrupules dans les pays où la natalité est forte. Ceux-ci nous surprennent par la facilité avec laquelle ils tuent les gens. Quelques dizaines d'individus de plus ou de moins ne suffisent pas à modifier leur démographie. Sans le savoir, ils ont la philosophie de Napoléon déclarant avec cynisme après quelque bataille meurtrière : « Une nuit de Paris me réparera cela ! » A présent les nuits de Paris, sous le double signe de la pilule et de l'IVG, ne réparent plus grand-chose. Non plus que les nuits allemandes, les nuits de Londres, ou les nuits d'été suédoises, célèbres cependant par leurs sourires.

Il y a certainement un lien profond, quasiment physiologique, entre la peine de mort que l'on abolit ou non et la vigueur d'une nation. Les sociétés robustes, pleines de bébés — et donc pleines de générosité — n'éprouvent point de scrupules moraux à retrancher d'elles leurs membres pourris. J'ai tort de citer Napoléon à leur propos, c'est plutôt dans les Écritures qu'est leur maxime : « Si ton œil est un objet de scandale, arrache-le et jette-le. » Les sociétés débiles n'ont pas cette énergie. Elles gardent précieusement leurs deux yeux, même s'ils n'y voient presque plus.

LE PANIER DÉFLEURI

Ayant lu, l'autre jour, dans les gazettes que la police avait fermé un établissement nommé « Le roi René » à Ville-d'Avray, je me suis ressouvenu d'un mot d'Yves Mirande, passant dans la célèbre rue Chabanais vers 1947 : « Que c'est donc triste tous ces volets ouverts ! »

De là, j'ai pensé à Mme Marthe Richard conseillère municipale de Paris et qui fit voter en 1946 la loi sur la fermeture des maisons dites de tolérance. Pendant longtemps on n'a pas osé dire que cette loi était une fière sottise : on avait peur de passer pour un stipendié des proxénètes.

Les bordels sont une vieille institution. Ils avaient été autorisés dans le royaume de France par le roi Saint Louis, qui valait bien le MRP de 1946 sous le rapport de la chasteté et de la foi. C'était des endroits pittoresques dont les peintres et les écrivains s'inspiraient volontiers. Voir Toulouse-Lautrec, Maupassant, Courteline, et surtout Jean Lorrain qui, quoique pédéraste, les a supérieurement décrits dans son roman : *La Maison Philibert.* La moindre prudence commandait de ne toucher qu'avec douceur à quelque chose d'aussi vénérable. Il est à présumer que le

MRP ne lisait rien et n'allait pas au musée, sinon il y aurait regardé à deux fois avant de supprimer une coutume à ce point enracinée dans la vie française.

Généralement, ce qui est dicté par un souci de morale tourne mal. Le vice s'arrange pour contourner les obstacles qu'une vertu trop zélée lui oppose, et la situation se trouve pire qu'avant. On croyait assainir les mœurs ; on n'a fait qu'ajouter une hypocrisie supplémentaire à la société.

Les bordels répondaient à un besoin réel, puisqu'ils ont aussitôt ressuscité sous une autre forme, à savoir les prostituées que l'on appelle au téléphone et qui se rendent où l'on veut afin d'exercer leur industrie. Je ne vois qu'une différence entre cet état de choses et le précédent : c'est qu'autrefois on allait à elles et qu'à présent elles viennent à vous. C'est le bordel à domicile, ce qui est certainement beaucoup moins amusant pour le client que de se rendre furtivement dans un endroit douillet, orné de plantes vertes, de canapés en peluche, de lustres et de pianos mécaniques, où régnait une joyeuse animation, où l'on retrouvait de vieux amis, comme à un club, et surtout où l'on pouvait ne consommer qu'une coupe de champagne si l'on n'était pas en train.

Autre forme déplorable du lupanar actuel, tout au moins à Paris : il est en plein air et occupe plusieurs dizaines d'hectares. C'est le bois de Boulogne, qui est devenu un lieu où nulle personne convenable n'ose s'aventurer après la tombée du jour, peuplé qu'il est de prostituées, de gitons habillés en femmes et de bandits, qui entretiennent là une brutalité et une licence comme on n'en aurait imaginé dans aucune maison bien tenue avant 1946. Presque toutes les maisons, du reste, étaient bien tenues ; il y régnait une atmosphère familiale qu'appréciaient les pensionnaires. Celles-ci n'avaient que pitié et mépris, paraît-il, pour leurs sœurs condamnées aux hasards du trottoir et aux intempéries des saisons.

Les proxénètes sont devenus plus méchants que par le passé, n'ayant plus l'espèce de statut social dont ils bénéficiaient. La société a commencé, en fermant les bordels, à détruire le Milieu, qui était une sous-société, avec ses lois et ses règles, donc plus facile à surveiller et à endiguer que la délinquance anarchique qui règne de nos jours.

PARLONS FRANCE

Quand M. Fabius va-t-il réapparaître à la télévision ? Demain ? La semaine prochaine ? Je mets beaucoup d'espérance dans sa seconde causerie. En effet, je crois qu'elle me sera consacrée, au moins en partie. Ce qui m'incline à le penser, c'est l'éloge qu'il a fait, la dernière fois qu'il est passé à l'écran, des chaussures André et des produits de beauté L'Oréal. J'attendais à chaque minute qu'il mentionnât mon nom. Il ne l'a pas fait. C'était sûrement un oubli.

Je ne me targue pas d'un chiffre d'affaires comparable à celui des chaussures André et de L'Oréal, mais enfin, moi aussi j'ai ma petite entreprise. Elle est composée d'un PDG, qui est moi, d'un ouvrier, qui est moi, d'un comptable, qui est moi, et d'un directeur commercial, qui est également moi. Il règne entre ces divers responsables et employés une solidarité, une confiance, un esprit d'équipe que l'on pourrait donner en exemple à bien des établissements. Nous nous partageons les bénéfices du travail avec une parfaite équité.

Les produits qui sortent de nos ateliers sont, j'ose le dire, d'une qualité toujours égale. Le public, à mon avis, ne les connaît pas assez, et l'étranger non plus. Il nous faudrait un bon agent de publicité. M. Fabius me paraît tout indiqué. Je suis sûr qu'après son intervention du mois dernier les chaussures André et L'Oréal ont vu leurs ventes doubler ou tripler. Je ne demande pas mieux, moi aussi, que de contribuer à combler le déficit de notre commerce extérieur.

Un coup de main de M. Fabius me semblerait d'autant plus normal que dans notre dernière création, intitulée *Le Septennat des vaches maigres,* il est longuement question du socialisme et de ses exploits en tout genre. La plupart des consommateurs qui ont acheté cet élégant volume s'en sont déclarés satisfaits. Cependant le marché français est loin d'être saturé. Quant au marché étranger, n'en parlons pas. Je ne puis croire qu'une chose remarquable et étonnante comme le socialisme à la française n'intéresse pas le monde entier. Il ne manque qu'un peu de réclame.

Nous ne sommes pas opposés à une vente jumelée avec les chaussures André et avec L'Oréal. Les paires de souliers et les flacons de lavande pourraient être accompagnés obligatoirement d'un exemplaire de l'ouvrage, au prix d'une légère augmentation, que les clients paieraient sans rechigner. De la sorte, ce n'est pas seulement la semelle française qui foulerait le sol étranger, et le shampooing français qui laverait le cheveu exotique, mais encore la culture française qui pénétrerait dans des cervelles où elle ne s'était peut-être jamais aventurée jusque-là.

A bientôt, Monsieur Fabius. Ne vous laissez pas intimider par les sarcasmes des gens de l'opposition. Ce sont des jaloux, qui ne sont jamais contents de rien.

CELUI QUI CROYAIT AU CIEL, CELUI QUI N'Y CROYAIT PAS

Ce qui m'a le plus intéressé dans les papiers secrets de Jean Kanapa, c'est la façon dont il a attrapé le cancer qui l'a emporté finalement en septembre 1978. Cette révélation se trouve à la page 19 où l'on cite un article de M. Francis Cohen révélant que Kanapa était un « homme double », ainsi que tous les dignitaires communistes, à ce qu'il laisse entendre. Ce dédoublement ne se borne pas au domaine de la politique ; il affecte la vie entière et n'a rien d'inconscient. Il est le fruit de la volonté et de la raison. « Nous pensons une chose, écrit M. Cohen, et souvent nous estimons qu'il faut en dire une autre ; nous avons notre vie secrète et notre vie avec les autres... C'est une destruction de notre personnalité, même si c'est aussi un jeu passionnant. »

Traduit en français courant, ce passage signifie que Kanapa a passé son existence à mentir, qu'il a constamment violenté son sentiment intime au profit des conformismes successifs du parti communiste, qu'il a pratiqué en toute connaissance de cause le bourrage de crâne. Selon moi, rien n'est plus dangereux, donc plus piquant, que de dire la vérité. Toutefois j'imagine qu'il doit être agréable de constater qu'il suffit au prêtre d'énoncer quelque chose, fût-ce le contraire de ce qui avait été proclamé la veille, fût-ce la plus révoltante absurdité, pour que la foule des fidèles se mette instantanément à y croire.

Est-ce M. Cohen ou Kanapa qui parle de « destruction de la personnalité » ? Duquel sont ces mots ? Des deux peut-être. Souvent les sottises effrontément débitées par les communistes, au mépris de tout bon sens et de toute évidence, m'ont fait penser aux lavages de cerveau dont sont victimes, sous d'autres cieux, les prisonniers politiques. En entendant pérorer tel ou tel grand héros prolétarien, je me dis qu'à lui aussi, à ce puissant qui fait trembler les bourgeois, on a lavé le cerveau, qu'il n'y a au fond pas grande différence entre lui et la pauvre épave extraite des camps de rééducation, sauf qu'il est plus à plaindre, car il s'est mutilé lui-même, alors que l'autre, au moins, avait attendu le bourreau.

J'ai plus ou moins entrevu cela en 1978, à la mort de Kanapa. Les journaux racontaient à qui mieux mieux qu'un « dur du parti » venait de disparaître. Ce n'était pas mon avis. Je sentais plutôt le pathétique de la destinée de cet homme qui n'avait jamais surpris personne, qui déclarait toujours ce qu'on attendait de lui, sans la moindre fantaisie, sans le moindre esprit critique, dont la bouche, pendant trente ans, avait soufflé impavidement le chaud et le froid selon la consigne.

Une pareille abnégation, selon moi, frisait l'héroïsme. J'avais écrit alors : « Kanapa, c'est l'oubli de soi absolu. Ou alors, c'est la foi totale. » J'ajoutais qu'il aurait pu prendre pour devise le fameux *Credo quia absurdum* de Tertullien. Pendant trente ans, il avait vécu dans l'absurdité. Et Dieu n'était même pas au bout de cette soumission.

De là, cet air sévère, triste, aride qui frappait sur les photos de lui que l'on publiait de temps à autre. J'y voyais la sévérité et la tristesse des gens qui se violentent sans trêve, qui se guindent et se raidissent, qui ont imposé silence à leurs idées et à leurs sentiments, qui tout au long de leur vie récitent une féroce leçon.

Je n'apercevais rien de dur en Kanapa. Un dur, c'est un

homme qui brise les cadres d'une politique, qui la modèle selon son génie, qui étonne par ses intuitions, ses impulsions, son anticonformisme, sa hauteur de vues. Dans ce sens, de Gaulle, qui faisait rarement ce que l'on supputait, était un dur. Kanapa était un modèle de docilité. C'était le miroir du communisme. Il le reflétait intégralement, dans ses moindres détails, j'oserai presque dire dans sa fugacité. Sartre manifestait sa myopie habituelle quand il écrivait que Kanapa « déshonorait le communisme ». Il ne le déshonorait nullement : il l'incarnait.

Je crois très profondément que le cancer est une maladie de l'âme. Les âmes de l'Occident sont malades depuis 1940 sinon depuis 1914, et leur maladie dévore les corps. Les médecins souriront en lisant cela, et il se peut que certains m'écrivent des lettres où ils m'expliqueront comment naissent les néoplasmes, comme ils disent, où ils me décriront les terrains cancéreux, etc., mais rien ne me fera démordre de mon idée, même si neuf cancéreux sur dix jouissent apparemment d'une parfaite santé morale. On ne sait rien, malgré la psychanalyse, des maladies spirituelles. Elles sont enfouies au plus profond de l'être, elles cheminent secrètement et le plus atteint ne les soupçonne qu'à leur dernier période.

Le terrain cancéreux de maintenant, c'est l'Europe entière, c'est l'Occident, c'est peut-être la planète. Il y règne trop de mensonges contraires à la vie humaine, trop d'impostures, trop de bureaucratie, trop d'idéologies, trop de désespoir (ou plus exactement d'absence d'espoir). Les âmes ne peuvent pas s'épanouir au milieu de ces contraintes. Et, comme elles ne peuvent pas s'épanouir, elles contaminent les corps, qui meurent en trois ans ou en six mois pour les libérer. Ce qui me paraît le plus effrayant dans des hommes tels que Kanapa, c'est qu'ils n'ont pas subi leur cancer, mais qu'ils l'ont choisi, ainsi que les damnés choisissent l'enfer. Car on choisit le diable, ce n'est jamais lui qui jette son dévolu sur vous.

L'antithèse de Kanapa est Soljenitsyne. La comparaison de ces deux hommes est édifiante comme une leçon de morale. Soljenitsyne n'a jamais dit autre chose que la vérité. Il l'a proclamée au fond de l'abîme, il lui est resté fidèle en dépit d'épreuves surhumaines. Dans toute sa vie, il n'a pas une seule fois trahi son âme. Lorsqu'il ne pouvait pas écrire ce qu'il souffrait ou ce dont il était témoin, il le composait dans sa tête et le retenait avec sa mémoire.

Ce premier miracle dont il fut le siège est presque aussi surnaturel que l'autre, qui est la guérison de son cancer. Car il en avait un, comme Kanapa, et les médecins du goulag, quand ils en firent la constatation, ne lui donnèrent que six semaines à vivre. Non seulement ils ne l'opérèrent pas, mais ils ne jugèrent même pas utile de le soigner. Or Soljenitsyne ne mourut point au bout de six semaines, mais guérit. Il guérit tout seul, par la force de son esprit, parce qu'il était sûr d'avoir été mandaté par le ciel pour témoigner. Sa pensée envoya à la tumeur maligne des rayons aussi puissants que le cobalt. Cela n'est pas un conte de bonnes femmes : plus tard, lorsqu'il fut sorti d'URSS, des médecins suisses observèrent, non sans stupeur, que la tumeur était toujours là, mais desséchée, ossifiée, morte comme un dragon occis par un chevalier.

Le bon visage souriant, la gaieté de Soljenitsyne, qu'on a contemplés il y a huit ou neuf ans à la télévision, sont le contraire de la face lugubre de Kanapa. On voyait un homme en accord total avec lui-même, qui osait parler de tout y compris de Dieu, ce qui n'est pas facile devant les caméras, et qui le faisait avec un complet naturel. Il n'y avait pas là de double personnalité ni de jeu plus ou moins

« passionnant », mais quelqu'un qui possédait le bonheur suprême d'être lui-même et de modifier le monde pour cette seule raison, quelqu'un qui nous annonçait la nouvelle prodigieuse qu'il y avait encore de l'avenir pour l'individu.

Aragon, dans un poème de guerre, glorifie « Celui qui croyait au ciel et celui qui n'y croyait pas », morts tous deux pour la patrie. Mais on n'a pas la chance de faire tout le temps la guerre, qui purifie tout. La paix revient un jour, avec son cortège de choix épineux. Celui qui ne croyait pas au ciel était passé du côté de la nouvelle oppression ; celui qui y croyait avait choisi la nouvelle résistance. Le premier s'est condamné lui-même à mort.

MÉNÉLAS

Lorsque les troupes françaises reçurent l'ordre de quitter le Tchad parce que les troupes libyennes étaient censées faire de même, j'eus une petite idée que je n'osai pas mettre par écrit tant elle me paraissait aller de soi. « Ils » y ont certainement pensé, me disais-je. J'avais tort. Ils n'y avaient pas pensé. Ils ne pensent à rien. A moins qu'ils ne fassent les imbéciles par plaisir.

Mon idée était la suivante. Kadhafi est tout contre la frontière du Tchad. Il peut bien rentrer chez lui : qui l'empêchera demain de refaire quatre pas en avant et que le Tchad ne se trouve de nouveau envahi ? L'inquiétude des Tchadiens me semblait des plus justifiées. Tout est proche aujourd'hui, certes, mais avec son beau matériel soviétique bien graissé Kadhafi risquait d'arriver à N'Djamena avant que les Français eussent seulement mis un moteur d'avion en marche. Je comprenais l'émoi de M. Hissène Habré : Kadhafi est un peu plus coriace que Mme Claustre.

Comme toujours, j'étais en dessous de la vérité. Je surestimais nos gens. Les Libyens ne sont même pas rentrés à l'intérieur de leurs frontières. Pourquoi se seraient-ils fatigués ? Ils sont restés là, pendant que nous bouclions nos bagages. Ensuite de quoi, notre président de la République s'est dérangé en personne pour dire à Kadhafi qu'il n'était pas gentil. Il est singulier que ces doux reproches aient été faits sur le territoire grec. Cela eût été encore plus beau, plus réussi s'ils avaient été faits à Tripoli même, chez Kadhafi. Il devait s'y attendre, et a été désagréablement surpris, je suppose, qu'on l'obligeât à faire le voyage de Crète.

Dans *La Belle Hélène,* c'est précisément en Crète que l'on envoie le cocu Ménélas, à propos de qui la reine chante :

> *Le roi plaintif qui s'embarque*
> *... tif qui s'embarque* (bis)
> *Est bien imprudent...* (bis)

Notre Ménélas de l'Élysée, avec son manteau noir, son cache-nez et son chapeau de rabbin, n'a pas d'Offenbach pour mettre ses infortunes en musique. C'est dommage : nous vivrions dans une opérette permanente.

MORALE DE LOUPS

Les permissions accordées aux détenus de droit commun posent un problème philosophique et moral, voire religieux, que je ne vois traité nulle part, quoiqu'il soit fondamental : à savoir la valeur rédemptrice du châtiment. Un homme qui a commis une ou plusieurs mauvaises actions est un homme en guerre contre soi. Si noir que soit un criminel, il lui reste toujours un petit bout de conscience qui le tourmente. Il n'est pas de brute si obtuse qu'elle ne tressaille quelquefois, au milieu de la nuit, lorsque ses abominations se dressent soudain devant elle.

Ce n'est pas avec de l'indulgence, de la prétendue compréhension, des facilités et — trouvaille de la sensiblerie moderne — des permissions de sortie qu'on parviendra à réconcilier avec lui-même un individu qui se fait horreur. Ces douceurs lui masquent la vérité de la vie. Pis : elles dénaturent son destin. Il faut qu'un homme se heurte rudement au monde pour qu'il trouve son âme.

Il faut que le monde (ou la société) soit devant lui comme un mur. Ainsi apprend-il où est le bien et où est le mal. Dostoïevski a tout dit là-dessus. Mais aux yeux des beaux esprits Dostoïevski n'est sans doute pas un auteur sérieux, à supposer qu'ils l'aient seulement lu.

Permettre à des criminels de quitter pour quelques jours l'univers où tout est défendu et les replonger dans l'univers où tout est permis, sous prétexte qu'il ne faut pas les pousser au désespoir, est le meilleur moyen de les désespérer. C'est leur dire officiellement que rien ne compte, que rien n'a d'importance, qu'on peut voler et tuer sans que le monde y voie de scandale. C'est leur donner l'absolution sans leur demander de repentir. Absolution qui ne vaut rien.

La barbarie du XXe siècle a pour cause essentielle la disparition de la notion de péché. Dans un monde mou, dans une société molle, où l'on ne croit plus à la responsabilité de l'homme, où à chaque instant les tartuffes, accompagnés par les niais qui les copient, parlent de douceur, de clémence, de pardon, toute espèce de code moral disparaît. A notre époque où il est tant question d'humanitarisme, l'homme est redevenu un loup pour l'homme.

DÉCEMBRE

DES MALHEURS D'EXPRESSION ET DE LA CHANCE EN GÉNÉRAL

Il y a des jours où l'on ferait mieux de ne pas se lever, de rester paresseusement au lit, bien au chaud, calfeutré dans sa chambre, à lire un roman du père Dumas en buvant des tisanes.

Le monde, ces jours-là, ne nous est pas propice. Quoi que nous fassions, cela tourne mal. Notre calamiteuse personne est en porte à faux sur la vie, la moindre parole que nous prononçons se retourne contre nous, la moindre action déclenche des catastrophes. Ah ! oui, mieux vaudrait ne pas se montrer, mieux vaudrait faire le mort. On limiterait les dégâts.

Dans quelle néfaste configuration astrale notre président est-il entré, depuis bientôt deux ans ? Je me le demandais en l'écoutant, la semaine dernière à la télévision, haranguer avec mauvaise humeur les Alsaciens. Il me semblait que tout ce qu'il disait était exactement le contraire de ce qu'il aurait fallu dire. Jusqu'à la manière qui n'était pas la bonne. Quand on est un personnage aussi élevé que lui, quasiment un roi, on ne se met pas en colère en public. C'est pis que du mauvais ton, c'est une dissonance. Un roi est bienveillant, n'entre dans aucune querelle, a un mot gentil pour chacun, il est le père de tous.

Je conçois que le rôle de Jupiter tonnant soit une tentation, mais l'on doit y résister, surtout si l'on ne représente que vingt-six pour cent du corps électoral. Jupiter régnait sur toute la création et son tonnerre épouvantait l'espèce humaine dans son entier. Il ne faisait pas hausser les épaules aux trois quarts des populations.

De la part de M. Mitterrand, il n'était pas très heureux non plus de flétrir le patronat « qui baisse les bras et vend bout par bout les industries nécessaires... ». Qui les a acculés à lâcher leurs boutiques, ces Ganelons de la production nationale, en les tuant de charges et d'impôts ? La France commerciale disparaît sous les dépôts de bilan comme les îles Chinchas sous les dépôts de guano.

Dernier propos de notre maître : « Je suis socialiste, chacun son genre. Comment voulez-vous que je m'en tire ? Si je ne le dis pas, on dit que je suis un traître, si je le dis, je suis un provocateur, un sectaire. » Ma foi, Sire, je trouve qu'un roi, même socialiste, n'a pas à montrer ainsi ses petits dilemmes, à se poser en indécis comique. Ce ton de confidence badine ne va pas avec la majesté de la fonction.

« Chacun son genre... » est un malheur d'expression complet. Non seulement, un souverain n'a pas de « genre » (ou alors il faut que ce soit un grand genre, comme Louis XIV ou de Gaulle, et l'on n'observe actuellement rien de tel), mais encore il n'est pas « chacun ». « Chacun », c'est vous et moi, c'est un homme parmi les autres, un contribuable, un particulier qui possède tous les droits, y compris celui de s'encolérer et de faire le pitre, car il ne représente que lui-même. Le souverain représente le peuple français et la France. Il est le contraire de « chacun ». Il est « nous » comme disait le roi. Quand il parle, c'est la nation qui parle.

Napoléon était agaçant à invoquer à tout bout de champ ce qu'il appelait son étoile. Il prétendait qu'elle scintillait dans le ciel et que, tant qu'il la verrait, la chance favoriserait ses entreprises. Il est bien à regretter que les farouches rationalistes qui nous régentent n'aient pas de ces superstitions. Mais y a-t-il une étoile socialiste dans le ciel de la France, à supposer qu'on puisse l'apercevoir au milieu des satellites russes et américains ? C'est peu probable, étant donné la guigne qui accompagne les actions de nos seigneurs du moment. On a le sentiment que nous nous sommes donnés à des malheureux qui traînent on ne sait quelle malédiction, et que nous la partagerons avec eux jusqu'au terme assigné, sans rémission, sans espoir.

Sentiment injuste, car il doit bien y avoir quelques petites choses que les socialistes ont menées à bien depuis trois ans et demi. Mais nul ne les voit ou ne veut les voir. Les Français n'ont plus qu'un désir : être débarrassés de la tunique de Nessus du socialisme qui les brûle sans relâche et les fait crier de douleur. Ils en sont à un point d'intolérance tel qu'ils rejettent la totalité de leurs infortunes sur ce pauvre socialisme qui n'en est responsable que d'une partie.

Le phénomène n'est pas nouveau. Il a été analysé par Thiers dans son *Histoire de la Révolution* (mais qui lit Thiers aujourd'hui ? Je dois être le seul). On trouve, à propos du Directoire, cette remarque vraiment pénétrante : « Tant pis pour un gouvernement quand on lui impute tout à crime. L'une de ses qualités indispensables, c'est d'avoir cette bonne renommée qui repousse l'injustice. Quand il l'a perdue et qu'on lui impute les torts des autres, et même ceux de la fortune, il n'a plus la faculté de gouverner, et cette impuissance doit le condamner à se retirer. »

L'AVENIR DÉVOILÉ PAR L'ORTHOGRAPHE

La prononciation et l'orthographe des mots sont des choses importantes. Quand la guerre d'Algérie a pris une tournure fâcheuse, les commentateurs de radio et de télévision se sont avisés d'introduire deux R et un H dans le prénom Mohammed qu'ils prononçaient jusqu'alors à la française. S'ils rencontraient un K dans les noms arabes, ils s'appliquaient avec leur gosier français à le transformer en RH, ce qui ne laissait point, parfois, d'être cocasse. Actuellement, je crois qu'on ne trouvera personne, parmi les bavards appointés, pour dire « Kadhafi ». Tous disent « Rrhadâfi ».

Ces changements de prononciation reflètent une espèce de crainte ou de respect. Ils signifient qu'un adversaire que l'on tenait pour quantité négligeable a pris soudain de la force et risque de nous flanquer une pile. Il y a là comme un avertissement public, une subtile préparation aux catastrophes. C'est à se demander si le gouvernement n'en donne pas en sous-main la consigne à tel ou tel journaliste aux ordres. Les autres reprennent avec le psittacisme caractéristique de la presse.

J'ai frémi en lisant dans les gazettes, il y a un mois environ, le mot « Canaque » orthographié « Kanak ». Diable ! ai-je pensé, les choses vont-elles si mal en Nouvelle-Calédonie ? Je n'avais pas tort : elles vont encore plus mal que je ne redoutais, et le gouvernement, comme à son accoutumée, s'ingénie à les aggraver en annonçant un référendum précipité sur l'autodétermination.

A cet égard, j'ai entendu une chose grandiose à la télévision. Un ministre ou sous-ministre a déclaré qu'il existait en Nouvelle-Calédonie une situation de droit et une situation de fait. La situation de droit, c'est les élections qui ont donné la majorité à l'opposition. La situation de fait, c'est les Canaques (ou Kanaks) qui remuent. Entendre un ministre socialiste en 1984 parler de situation de fait et de situation de droit est un régal pour le philosophe.

RAISONS D'ESPÉRER

Il faut être optimiste et poser en principe que le gouvernement socialiste rate tout ce qu'il entreprend, singulièrement ce qui lui tient à cœur. Cela nous permet d'établir le syllogisme suivant : le gouvernement veut à tout prix amputer la France de la Nouvelle-Calédonie ; il va faire l'impossible pour cela ; donc la Nouvelle-Calédonie restera française.

Ce sera affreux. Le gouvernement passera par des alternatives de bonheur et de découragement. En ce moment, les choses ne vont pas trop mal. Certes, la plupart des habitants ont fait savoir qu'ils désirent être français, mais ils ont commis une grande faute : ils ont voté pour le RPR et l'UDF. Ce vote ne vaut rien. La situation serait plus ennuyeuse s'ils avaient voté socialiste. Dieu merci, ils ne l'ont pas fait, ils sont tombés dans le panneau. Le gouvernement n'a pas de ménagements à garder pour ces ingrats qui n'apprécient pas les immenses bienfaits que le socialisme a apportés à notre pays depuis trois ans et demi. Qu'ils deviennent canaques !

L'inconvénient principal de l'opération est qu'il y a environ dix mille personnes réclamant l'indépendance contre cent quarante mille qui n'en veulent pas et que le public finira par s'en apercevoir. Par conséquent, il faut aller vite. C'est-à-dire, selon la formule du gouvernement, « hâter le processus d'autodétermination ». Cette hâte est contrariante. On n'aura pas le temps de préparer les esprits à la braderie, ni d'étoffer les petits groupes d'agitateurs indépendantistes, à qui, quelque désir qu'on en ait, on ne peut quand même pas offrir un sous-préfet à séquestrer chaque semaine.

Bref, il y a de terribles risques que le référendum autodéterminatif ne se solde par soixante-quinze pour cent de citoyens demandant le maintien de la Nouvelle-Calédonie dans la communauté française. Rien ne sera encore perdu, on pourra continuer à agiter la poignée de Canaques mécontents, expliquer par le canal de M. Lemoine, chef des ventes des DOM-TOM, que la légalité n'est pas la réalité, mais ce ne sera pas ce qu'on peut appeler une victoire.

Au fond, le drame du socialisme, c'est les élections. Pour une fois que cela marche, on n'a, par la suite, que des crève-cœur.

L'ARBRE DE LA LIBERTÉ

L'immortel Lichtenberg, inventeur du couteau sans lame et qui n'a pas non plus de manche, considère qu'un homme pendu à l'Arbre de la Liberté n'en est pas moins pendu. J'ajouterai qu'il est plus pendu qu'un autre. C'est même à se demander si les Arbres de la Liberté ne sont pas plantés dans le but exprès de pendre les gens. Un arbre ordinaire, un châtaignier ou un orme sans destination particulière, porte rarement des pendus, tandis qu'il n'y a pas d'exemple qu'un Arbre de la Liberté ne ploie sous les cadavres.

Lichtenberg naquit en 1742 et mourut en 1799. Du fond de la douce Allemagne (car l'Allemagne était douce en ce temps-là ; outre le royaume de Prusse et le royaume de Saxe, elle était divisée en trois cents et quelques principautés qui ne faisaient de mal à personne), au fond de la douce Allemagne, dis-je, il regardait avec un mélange d'humour et d'effroi les cannibales français qui se mangeaient entre eux au nom de la liberté, de l'égalité et de la fraternité.

Il n'y avait pas d'Arbre de la Liberté en Allemagne. Autrement dit, il n'y avait pas de révolution. Les Allemands ne connaissaient ni la liberté, ni l'égalité, ni la fraternité. Ils vivaient sous des princes futiles qui se faisaient construire de petits Versailles au rabais. Moyennant quoi ils étaient très heureux. A part quelques étudiants, ils espéraient de tout leur cœur que les idées nouvelles ne traverseraient pas le Rhin. Elles le traversèrent, et ils en furent encombrés jusqu'en 1815.

Je ne sais pas pourquoi j'écris ceci. Peut-être à cause de l'Afghanistan, après tout, où l'Armée rouge est venue planter des Arbres de la Liberté et où l'on meurt bien davantage qu'il y a sept ans. Du fond de la douce Europe (car l'Europe est plutôt douce depuis quarante ans, à part quelques bombes par-ci par-là, et quelques attentats), je regarde, comme Lichtenberg, les Arbres de la Liberté pousser avec leurs floraisons habituelles et je me félicite que cette essence trouve des difficultés à s'acclimater chez nous.

CONSEIL AU GOUVERNEMENT POUR GAGNER LES ÉLECTIONS DE 1986

Le gouvernement, le président de la République et le parti socialiste, très tracassés par les élections législatives de 1986, cherchent, dit-on, des moyens de ne pas les perdre de façon trop humiliante. Il paraît qu'au ministère de l'Intérieur on a mobilisé les plus brillants cerveaux pour fabriquer une loi électorale qui empêcherait l'opposition d'avoir un triomphe. Cela se fait dans le secret car, depuis deux ans pour le moins, le public se demande quelle combinaison sera finalement adoptée. Redécoupera-t-on les circonscriptions afin de favoriser les candidats au pouvoir, en créera-t-on de nouvelles, reviendra-t-on à la représentation proportionnelle, etc. ?

Ces expédients sont dérisoires. Quelque loi que l'on fabrique – et si tortueuse soit-elle –, le gouvernement est si mal en point et si méprisé qu'il ne pourra pas échapper au désastre. Comme à son accoutumée, il a négligé de consulter la seule personne qui possède le secret de le sauver. Cette personne n'est autre que moi.

Car je sais ce qu'il faut faire pour que le parti socialiste reste au pouvoir indéfiniment et que le président demeure à l'Élysée jusque dans son extrême vieillesse, voire au-delà. Je m'empresse de dire que je n'y ai pas de mérite : c'est le gouvernement lui-même qui m'a mis sur la voie. Je me suis borné à observer son attitude dans l'affaire de la Nouvelle-Calédonie. Mon unique trait de génie consiste à avoir pensé que ce qui vaut pour l'archipel vaut pour l'Hexagone. Canaques, socialistes, même combat !

Il suffit d'attendre la date fatidique et de laisser la stupide opposition gagner les trois cent cinquante ou quatre cents sièges de députés auxquels elle a l'air de tant tenir. C'est après cela qu'il faudra agir. On expliquera alors que dix ou vingt mille socialistes militants ont pris le maquis, font des barrages de routes dans la brousse bretonne et aveyronnaise, terrorisent les fermiers, demandent le retour à l'Assemblée de tous des députés battus ainsi que l'entrée d'une centaine d'autres, instituteurs de préférence, et exigent sans délai un référendum sur l'autodétermination.

Devant cet état de choses, notre président ne pourra faire autrement que d'annuler les élections et d'octroyer le référendum auquel seuls les socialistes auront le droit de participer, ce qui va de soi puisqu'il s'agit de leur propre avenir. L'article 16 de la Constitution, manié convenablement, facilitera le travail.

Qu'y-a-t-il de plus démocratique qu'un référendum ? Rien. C'est le peuple lui-même qui s'exprime directement. Le référendum de 1986 sera une approbation franche et massive de la politique française depuis 1981. Toutefois, je ne conseillerais pas au gouvernement de le gagner avec quatre-vingt-dix-neuf et demi pour cent des voix. Cela risquerait de faire jaser. Mais quatre-vingts pour cent serait assez satisfaisant. M. Lemoine, qui est à présent ministre des DOM-TOM et qui, à ce titre, peut être considéré comme un précurseur, sera Premier ministre. Voilà un destin national pour quelqu'un qui ne s'y attendait pas.

LE SECOND MÉTIER IDÉAL

Je ne suis pas le seul à déplorer la disparition, en 1946, des maisons de tolérance. Plusieurs lecteurs les ayant connues (et appréciées, à ce qu'il m'a paru), c'est-à-dire n'étant plus tout à fait de la première jeunesse, m'ont envoyé des lettres qui sont de longs cris de nostalgie.

Un de mes vieux camarades, amusé par ma chronique, m'a rapporté une interview de Faulkner parue il y a une trentaine d'années à Montevideo dans le magazine *Preuves*. Cette interview serait à reproduire tout entière, tant elle témoigne de pertinence et de finesse. Ainsi, à la question : « Avez-vous lu Freud ? » Faulkner remarque avec une irréfutable simplicité : « Shakespeare ne l'avait pas lu. »

Il atteint le sommet du bon sens, grâce à la question : « Quel métier auriez-vous aimé exercer ? » Réponse : « Patron de bordel. Le matin, c'est calme. On peut écrire tranquillement. L'après-midi et le soir, il y a la compagnie de femmes agréables. Et l'on est respecté par la police. »

Je croyais jusqu'à présent que le meilleur second métier pour un homme de lettres était d'être président de la République, à cause de la publicité que la fonction apporte à vos écrits, de l'excellente vente que cela assure ainsi que du logement qui n'est pas vilain, mais je me range à l'avis de Faulkner. Les raisons qu'il donne sont définitives.

L'inconvénient majeur de la présidence de la République, telle que nous pouvons le constater depuis quelques années, est qu'on ne cesse de voyager. Rien n'est plus gênant pour travailler que ces déplacements continuels.

Sans parler des gens qu'on rencontre : les Assad, les Kadhafi, les Chadli, qui vous font la tête, vous tournent en bourrique et feignent de ne pas comprendre ce que vous leur racontez. Un patron de bordel, non seulement ne bouge pas de chez lui (ou très peu, pour le besoin de son négoce), mais encore il jouit de la confiance de son personnel et de l'estime de ses confrères.

BEAUTÉS DU DIALOGUE

De temps à autre, la télévision, sans le savoir, mange le morceau. C'est l'inconvénient des images : reflétant les faits, elles sont têtues comme eux. Celle dont je parle a passé fugitivement au « Journal de vingt heures », la semaine dernière. Elle montrait une caserne à Nouméa où, expliquait-on, les soldats français étaient consignés. On sentait que le commentateur admirait énormément cette discrétion militaire — à moins qu'on ne lui eût donné la consigne de s'extasier, ce qui se pourrait.

Il est singulier qu'un gouvernement ayant à faire face à une situation insurrectionnelle cache ses troupes au lieu de les exhiber. Cela va à l'encontre du vieux principe comme quoi il faut montrer sa force pour n'avoir pas à s'en servir. Les hommes étant ce qu'ils sont, le meilleur moyen d'apaiser les passions est de prendre l'air méchant, de faire entendre des bruits de bottes et des cliquetis de ferraille guerrière. On sait cela depuis la plus haute Antiquité et cela marche à tout coup.

Le fond de l'affaire est que le gouvernement, qui a un don particulier pour faire le contraire de ce que veulent les Français, meurt d'envie de donner l'indépendance à la

Nouvelle-Calédonie. De là les soldats qui se déguisent en courant d'air à Nouméa, pendant qu'à Paris les ministres déclarent hypocritement qu'il faut « calmer le jeu et rechercher le dialogue », paroles fatidiques qui annoncent les malheurs aussi sûrement que « nous vaincrons parce que nous sommes les plus forts ».

PETIT COURRIER

* De M. Trigon, maire d'Arcueil :

« J'ai lu avec un profond écœurement l'article dans lequel vous vous affairez à salir Jean Kanapa. J'ai toujours pensé qu'il est particulièrement odieux d'insulter ceux qui sont morts. »

— Très juste. C'est plus élégant de les réhabiliter, comme Boukharine, Bela Kun et Slansky.

* De M. Jeandel, Nancy :

« Demandez à vos confrères de l'Académie de corriger vos textes avant de vous faire publier. »

— Je le leur demande, mais ils rajoutent des fautes.

* D'un anonyme perplexe :

« Pourquoi suis-je, bien que de gauche, partisan de la peine de mort ? »

— Peut-être parce que les assassins tuent aussi des gens de gauche.

UN BEAU VOYAGE POUR LE PRÉSIDENT

Pourquoi le président de la République, qui aime tant les voyages, ne se rend-il pas lui-même en Nouvelle-Calédonie, au lieu d'y expédier M. Pisani ? C'est une villégiature charmante, paraît-il, au climat délicieux et — détail qui a son importance — on y parle français. Cela permet de se passer d'interprète. Le président trouverait là-bas des interlocuteurs plus agréables que MM. Kadhafi, Chadli ou Assad.

Il aurait des conversations tout à fait satisfaisantes après dîner avec le préfet de Nouméa. Celui-ci, quoi que dît le président, abonderait dans son sens, se mettrait en quatre pour le séduire, lui expliquerait peut-être qu'il est le plus grand homme que le monde ait connu depuis César et Alexandre. Les préfets ont de ces politesses, que n'ont pas les chefs d'État arabes.

De même, le capitaine de gendarmerie serait enchanté d'accueillir M. Mitterrand. Le percepteur lui offrirait de la langouste, ce qui lui plaît toujours, dit-on. Le sous-préfet séquestré par les Canaques relaterait son aventure, et, pour peu qu'il ait un don de conteur, cela ferait une soirée fort intéressante. Bref, notre maître, pour une fois, accomplirait un déplacement qui lui laisserait de bons souvenirs.

Qu'est-ce qui le retient de partir ? Craint-il que la population ne le reçoive pas aussi bien que les officiels ? Il a tort. La population serait tellement saisie de le voir apparaître qu'elle en resterait muette, ce qui constituerait une sensible amélioration sur les défilés du 14 Juillet, avenue des Champs-Élysées. Et puis il y a les braves garçons du mouvement indépendantiste canaque, qui n'ont aucune raison de manifester le moindre mécontentement à l'encontre du président de la République française. Il est vrai qu'ils ne sont pas très nombreux, et qu'il faut aller les chercher « en brousse » comme on dit là-bas, ce qui pourrait constituer une excursion non seulement fatigante mais encore décevante.

Je comprends que le président éprouve quelque mauvaise humeur d'aller en Alsace, car les six cents kilomètres qui séparent Strasbourg de Paris ne suffisent pas à dépayser un authentique amateur d'exotisme tel que lui. Mais Nouméa, à la bonne heure ! On est à deux pas de l'Australie. M. Mitterrand pourrait, en partant, faire un crochet par là. Il paraît qu'on nous y aime autant qu'à Damas.

L'ÉTAT NÉANT

Les rapports des peuples entre eux sont si schématiques, si caricaturaux, que je me suis toujours demandé pourquoi il existait une école des Sciences politiques où l'on prépare, au prix d'études ardues, de jeunes patriciens au métier de diplomate. Même remarque en ce qui concerne l'École militaire. Napoléon disait, non sans humour, mais non sans réflexion car il connaissait son affaire : « La guerre est un art simple et tout d'exécution. »

Les sentiments et les mouvements d'une collectivité ressemblent à ceux des individus, sauf qu'ils sont vertigineusement simplifiés, réduits à des formes élémentaires : colère, peur, honte, tranquillité, amusement, dégoût, etc. D'une situation donnée, on peut mathématiquement déduire comment réagira une nation, grande ou petite.

En Nouvelle-Calédonie les choses sont très simples. Il y a quelques agitateurs violents, manipulés par l'étranger, et une population pacifique qui se trouve bien d'être française. Si le gouvernement français avait montré un minimum de fermeté et de détermination, il ne se passerait rien là-bas. Mais il a été, comme à son accoutumée, mou, lâche, indécis, débile, plein d'arrière-pensées d'abandon.

Que va-t-il arriver ? Ce qui arrive ordinairement dans ces cas-là : les gens penseront qu'il ne faut pas se compromettre avec la France, car elle les lâchera un jour ou l'autre ; ils se retrouveront alors sans défense devant leurs ennemis ; il est donc urgent de prendre des précautions, c'est-à-dire, quelque répugnance qu'on y ait, de se rapprocher des rebelles.

Voilà comment on perd une province. En ce qui concerne la Nouvelle-Calédonie, elle ne sera pas perdue pour tout le monde. Car, si les indépendantistes canaques s'imaginent qu'ils bénéficieront du droit des peuples à disposer d'eux-mêmes, ils se font des illusions.

Dans quelle étrange situation sommes-nous ? Jamais l'État n'a été aussi faible, et jamais il n'a été aussi craint des Français. C'est un vieux despote gâteux qui accumule les désastres. Le pays le constate, le pays s'en désespère, mais nul n'ose lever le petit doigt. L'État, pendant les quelques mois où il a eu de la vigueur, a tout pris, tout confisqué. Que fait-il de cette puissance inouïe ? Rien. Et nous sommes frappés d'enchantement. Ce néant nous paralyse et nous fascine.

LANGAGE DE CHIENS

Le langage est une clef qui ouvre à peu près toutes les serrures. Quand on a épuisé les diverses explications possibles d'un phénomène, et qu'on n'en trouve aucune de satisfaisante, il faut se demander si les hommes qui ont provoqué le phénomène appelaient bien les choses par leur nom.

Nos pères savaient cela. Aussi utilisaient-ils un langage qui, par sa clarté, sa subtilité, son abondance, sa précision et sa syntaxe, avait supprimé toute équivoque. Ce langage était le français. On le parlait dans l'Europe entière et dans les pays civilisés des autres continents. Le français servait à deux choses essentielles : la diplomatie et la conversation. Grâce à lui, on avait l'esprit presque aussi vif dans les salons de Pétersbourg que dans ceux de la rue Saint-Honoré.

Quant aux traités que les puissances signaient entre elles, comme ils étaient rédigés en français, on se reposait sur eux les yeux fermés. On était certain qu'ils disaient tout et rien de plus, et que nulle catastrophe n'était à craindre à cause d'une tournure de phrase trop molle, d'un verbe mal accordé, d'un adjectif qui n'était pas à sa place. Rivarol disait : « La langue française est la seule qui ait une probité attachée à son génie. »

On parle encore un peu français par-ci par-là dans le monde, mais on ne le parle plus en France. L'idiome couramment employé chez nous est une espèce de bouillie parsemée de mots anglais et de redondances pédantes. Le dernier des analphabètes a la bouche pleine de

« niveaux », de « structures », de « collectifs », de « leadership » et autres sottises. La syntaxe elle-même n'a pas résisté. Elle se dégrade à vue d'œil. Pour ce qui est de la jeunesse, elle s'exprime ordinairement par des interjections du genre « Ah... », « Bon... », « Ben... », « J'veux dire... », « Personnellement... », « Tu vois... ».

Cette misère linguistique empêche d'échanger des vues un peu compliquées ou de transmettre à son prochain des pensées s'enchaînant avec logique. Alors on a recours à la violence, comme un chien qui aboie ou qui mord parce qu'il souffre ou qu'il est irrité. Les rues de Paris sont pleines de chiens errants. Une civilisation, c'est avant tout une grammaire et un vocabulaire. Les enseigne-t-on seulement encore dans les écoles communales ?

LE MARTYRE DE SAINT MICHEL

J'ai lu dans diverses gazettes que M. Rocard était un « mal aimé ». Les journalistes affectionnent cette expression. Il suffit que quelqu'un ait rencontré de menues difficultés dans son métier pour qu'aussitôt elle fleurisse dans leurs colonnes.

Un commentateur écrit que M. Rocard, pour son apparition à la télévision, « est sorti du cachot ministériel où il s'imposait la terrible punition que représente pour un leader politique la privation de toute expression idéologique ». Autre notation déchirante : « Rarement un homme politique n'aura donné une image aussi douloureuse de son histoire politique. »

Cela m'a rappelé un déjeuner à l'ambassade de France à Moscou, en 1957, auquel j'avais été convié. Il y avait là, entre autres invités, mon vieux camarade Pierre Courtade qui, après la Libération, s'était fait communiste et était devenu rédacteur en chef de *L'Humanité*.

La conversation, à un certain moment, roula sur M. Molotov alors en disgrâce, et que l'on avait envoyé comme ambassadeur à Oulan-Bator, capitale de la Mongolie. Et chacun de se lamenter sur le triste sort de ce brave homme qui avait connu de si hautes destinées et se morfondait dans son trou asiatique. Courtade, agacé par ce concert de pleurnicheries et qui, quoique communiste, avait gardé son caractère plaisant, s'écria :

– Molotov n'est pas si malheureux : il est ambassadeur, donc il a des domestiques.

Cette sortie fit rire la tablée et l'on abandonna le sujet. M. Rocard, étant ministre depuis trois ans et demi, n'est pas non plus trop à plaindre. Être ministre suppose toutes sortes de commodités dont le vulgaire n'a pas le soupçon : voitures de fonction, chauffeurs, protection rapprochée, avions et hélicoptères du GLAM. S'il a été privé de ce minimum, on aimerait le savoir afin d'intervenir en sa faveur.

Une baronne de ma connaissance (car je ne fréquente pas que des communistes) m'a rapporté naguère le mot judicieux d'une de ses femmes de chambre : « L'argent ne fait pas le bonheur, mais il permet de pleurer commodément. » M. Rocard, depuis trois ans et demi, pleure sans doute, mais ses valets de chambre (pardon : ses techniciens de surface) lui apportent des mouchoirs. Voilà qui devrait mettre un peu de baume au cœur des personnes sensibles.

Outre cela, il est la vedette des sondages. Il grimpe à des empyrées ifopiennes où seule Mme Simone Veil parvient à le rejoindre. L'opinion publique a pour lui la tendresse d'une mère. Elle ne se lasse pas de lui répéter : « Tu es le plus intelligent de tous, mon chéri, le plus doué, le plus gentil. Tu es le petit Michel à sa maman. Je suis fière de toi. » De si douces paroles font-elles seulement plaisir à cet écorché vif ? Les sondages, c'est bien joli, mais il n'en sort rien, c'est une déclaration d'amour platonique, une espèce de lot de consolation. Le moindre vote ferait mieux l'affaire du petit Michel. Jusqu'à présent, il n'a obtenu de majorité, et non sans peine, qu'à Conflans-Sainte-Honorine, localité où Labiche a sûrement situé une de ses comédies. Cela ne suffit pas à amorcer un destin national.

Je ne mettrais pas non plus ma main au feu que la compagnie de Mme Simone Veil lui soit entièrement agréable, encore que cette personne se soit illustrée naguère par deux prouesses mémorables : l'abaissement du tabac et la réhabilitation de l'avortement. Elle et lui ont l'air de deux bons élèves, de deux forts en thème, toujours premiers de la classe ex æquo, ce qui est un peu ridicule. Mme Veil a une réputation de tranquillité, de placidité, de bienveillance, un genre tantine-gâteau qui ne va pas avec les augustes tempêtes des destins nationaux.

Le vrai drame de M. Rocard, mais il ne s'en doute pas — et personne ne lui ouvre les yeux, c'est qu'il est socialiste, qu'il fait partie du gouvernement actuel et que, malgré ses succès dans les sondages, l'opinion, tout en l'applaudissant, l'assimile à ses tristes collègues. Il fait tout ce qu'il peut pour se démarquer, il critique, il joue le rôle de celui qui ne dit rien mais n'en pense pas moins ; il proclame sa solidarité avec une mollesse significative, il cultive subtilement le genre incompris persécuté par les siens. Mais cela ne l'empêchera pas d'être balayé avec le socialisme.

Il lui est arrivé la pire aventure qui puisse arriver à un homme politique : il a choisi le mauvais cheval. Au mieux, d'ici à dix ou vingt ans, ce sera une seconde édition de Mendès France, un vieux sage qu'on aura un peu trop laissé de côté, qui n'aura jamais eu l'occasion de donner sa mesure, que l'on regrettera d'avoir si peu employé, et qui le regrettera plus que les autres. Adieu, Michel ! Quelle belle carrière vous auriez faite dans l'opposition !

LES FUITES

Grimm, dans sa *Correspondance littéraire* (année 1768), rapporte que l'ambassadeur du roi de Prusse à Christiania mandait à son souverain toutes les décisions prises par le gouvernement danois, y compris les plus secrètes, avant même qu'elles ne fussent discutées. Le roi de Danemark Christian VI et ses ministres en étaient très irrités et passaient leur temps à rechercher d'où venaient les fuites. Ne trouvant rien, ils invitèrent l'ambassadeur de Prusse à dîner et le firent tant boire qu'il était ivre à tomber par terre. Ils lui demandèrent alors qui le renseignait.

– Personne, dit l'ambassadeur, c'est moi qui fais tout...

– Comment cela ? dirent les ministres.

– D'abord, expliqua l'ambassadeur, je m'arrange pour savoir sur quoi rouleront les délibérations du Conseil, ce qui n'est pas difficile. En second lieu, de tous les partis que vous prendrez, je tâche de deviner quel est le plus bête, et j'expédie aussitôt ma dépêche comme s'il était déjà pris. Dix-neuf fois sur vingt je tombe juste.

Si le corps diplomatique en poste à Paris lit ma chronique, il fera des économies d'espions. Notre gouvernement travaille à peu près comme celui du roi Christian VI. Je m'en étais du reste aperçu depuis trois ans et demi. De là ma réputation de prophète.

PRÉMICES DE LA BRADERIE

Qui a inventé le mot « caldoche » ? Un monsieur a déclaré avec enthousiasme à la télévision que c'était sa belle-sœur. Si c'est vrai, le ministre des DOM-TOM doit donner la Légion d'honneur à cette dame pour services rendus au socialisme. Avec un seul mot elle a fait plus pour l'indépendance de la Nouvelle-Calédonie que le gouvernement dans son entier.

« Caldoche » est un chef-d'œuvre linguistique. La désinence « oche », éminemment péjorative, évoque quelque chose de laid, de mou, de sale, de vaguement méprisable ou hostile : moche, boche, loche, galoche, cloche, loloche, caboche, bancroche, etc. Les Français, avec leur goût pour le langage canaille, ne pouvaient manquer d'adopter « caldoche ». Les journaux s'en sont emparés, les perroquets de la télévision s'en gargarisent.

Dans un même ordre d'idée, on notera que les Français de Nouméa sont, depuis trois semaines, devenus des « Européens ». Je suppose que c'est le gouvernement qui a suggéré qu'on les désignât de la sorte. Des Français, là-bas, c'était gênant. On leur devait un minimum de protection. Tandis que des Européens, cela ne nous regarde pas ; nous n'avons pas de raison de les favoriser plus que les Canaques.

L'orthographe de ceux-ci, comme on sait, a changé. On écrit à présent « Kanak », ce qui signifie que, tout à coup, ces braves indigènes, qui n'y pensaient guère le mois passé, forment un grand peuple uni ou, pour parler moderne, une « ethnie ». Je prédis que nous lirons sous peu des dissertations sur la culture kanak, si méconnue jusqu'à maintenant, et qui, dans son genre, vaut bien la nôtre.

Je ne donne pas cher des misérables Caldoches en face des resplendissants Kanaks. Le vocabulaire est un signe infaillible. Quand on commence à donner aux uns des sobriquets injurieux et qu'on met des « K » dans le nom des autres, les carottes sont cuites. Je n'envie pas M. Pisani d'être le cuisinier.

POUR UNE KOUPOLE LIBRE

Je ne vois pas ce qui nous empêcherait, mes camarades et moi, de former un gouvernement provisoire et de revendiquer l'indépendance de notre territoire. Celui-ci est borné au nord par la Seine, à l'est par la rue Dauphine, à l'ouest par la rue Mazarine et au sud par le boulevard Saint-Germain.

Nous avons fort à nous plaindre des Français ou, si l'on préfère, des Européens de l'Hexagone, qui font sur nous, depuis trois cent cinquante ans, des plaisanteries racistes, sous prétexte que nous sommes coiffés de plumes d'autruche, que nous sommes armés de coupe-coupe, que nous nous réunissons dans une case en forme de dôme où nous nous amusons à aligner des mots par ordre alphabétique.

Pour commencer, nous établirons des barrages de fauteuils aux divers points par lesquels l'ennemi pourrait pénétrer : la rue Jacques-Callot, la rue de Buci, la rue du Pont-de-Lodi, etc. D'après ce que j'ai compris, les barrages de brousse constituent la première étape vers l'autodétermination. Il ne faut pas la négliger.

Après quoi, pour ce que cela coûte, nous nous donnerons des titres de ministres. Afin de montrer à la fois notre dignité retrouvée et nous attirer les faveurs de la télévision, nous mettrons des K dans notre dénomination, ce qui donnera « Gouvernement provisoire du Ké Konty » ou « GPKK ». Mlle Ockrent (elle a déjà un K dans son nom) prononcera ce sigle de façon délicieuse.

Nous avons dans notre sein des personnalités brillantes à qui il ne manque qu'une occasion pour s'affirmer : Alindeko, Edkarfor, Renéhuik, Klaudlévistross, Lakretel, Dukdekastre, Eugenio-Nesko, et même un grand sorcier appelé Perkaré. Nous représentons une ethnie et une culture bâillonnées par le néo-colonialisme scientifico-industriel et qui mérite de s'exprimer de nouveau.

Pourquoi n'y aurait-il pas un droit des Akadémiciens à disposer d'eux-mêmes ? En dépit des moqueries insultantes sur nos crânes chauves, et notre prétendue moyenne d'âge, nous n'étions que des enfants. Nous voici à l'âge adulte, comme nos frères kanaks, à l'âge où l'on prend conscience que l'on peut être aussi kasse-pieds que n'importe qui.

LE FILM CATASTROPHE

Le président de la République déplore que l'on s'est trop hâté de condamner sa politique, que nous aurions été plus avisés d'attendre, afin d'en bien voir la signification et d'en admirer les fruits. Quand on assiste à un film, dit-il, on ne le juge pas sur les premières images. Cette comparaison lui a tant plu qu'il l'a resservie deux ou trois fois dans son entretien de dimanche soir.

S'il ne s'y connaît pas mieux en politique étrangère qu'en cinéma, je ne lui fais pas mon compliment. C'est justement sur les premières images que le public juge un film ; il voit tout de suite, à un certain style du réalisateur, à un certain ton, s'il a affaire à un navet. Le plus admirable est qu'il ne se trompe jamais, qu'il a pour cela un instinct infaillible.

Je suis bien bon de parler des premières images. Avant même que le film ait commencé, rien que par le générique et les flonflons qui l'accompagnent, on est fixé. Il existe une certaine « musique de navet », sirupeuse ou lourdement humoristique (ponctuée de coin-coin de trombone pour faire drôle) qui, en moins d'une minute, plonge dans l'abattement le cinéphile le moins averti.

Dès le générique, en 1981, le film à grand spectacle monté par le parti socialiste avait toutes les caractéristiques du navet, et du navet coûteux qui engloutit des milliards et « ne fait pas une entrée » selon le mot des professionnels.

Cela s'intitulait « La Force tranquille » ; la publicité n'avait pas lésiné. Sur tous les murs de France s'étalaient d'énormes affiches représentant la vedette sur fond de campagne ou d'usine. Mais c'était une star du muet. C'était Gloria Swanson que l'on ressortait de la naphtaline, et qui ne connaissait pas les techniques nouvelles.

Aussitôt que les spectateurs ont pu quitter la salle, ils se sont rués vers les sorties de secours. Il y a trois ans et demi, le cinéma était comble. Aujourd'hui ne demeurent, sur les fauteuils, que quelques fanas héroïques, espérant une réplique amusante ou un coup de théâtre qui ne viendra pas, car un navet est un navet, du commencement à la fin.

LE SYNDROME DE LA IVe

Il y a longtemps que je suis en compte avec M. Polac, de la télévision. Il me revient de tous côtés qu'il me fait une réclame folle, me cite, me commente, invite ses hôtes à réfuter mes petites blagues tout comme si j'étais un homme sérieux, un penseur terrible dans le genre de M. Jean Daniel.

Et moi, que fais-je pour M. Polac ? Rien. Non seulement je ne parle jamais de lui, mais encore je ne pense pas à lui. Il y a là quelque chose d'injuste dont je suis le premier choqué. M. Polac m'expédie des foules d'ascenseurs que j'omets de renvoyer et dans lesquels je ne monte même pas. On me dirait qu'à la longue il se lassera que je n'en serais pas surpris.

L'inconvénient de M. Polac est que son émission passe à dix heures et demie du soir. A ce moment-là, je dors, afin de me lever avant l'aurore le lendemain et d'écrire de quoi alimenter les indignations polaquiennes. Je ne vois pas comment je pourrais briser ce cercle vicieux. Je serai toujours condamné à apprendre de seconde main, par la rumeur publique, les choses si intéressantes que l'on dit à mon propos le samedi soir, et qui me seraient si utiles pour mon travail.

Il paraît que, samedi dernier, M. Polac et ses camarades se sont beaucoup attristés d'un billet publié ici il y a quelques jours et intitulé : « L'État néant ». M.J.-F. Kahn, dont j'excite volontiers la verve, ai-je remarqué, aurait déclaré que cet article semblait dater de 1950.

Je ne lui donne pas tort. Mais c'est que je me crois souvent revenu moi-même en ce temps-là. Je contemple un paysage français qui ressemble comme deux gouttes d'eau à celui de la IVe République à l'époque de ses plus fâcheuses incommodités : crise du logement à Paris, révoltes dans les possessions d'outre-mer, mensonges du gouvernement, irresponsabilité des ministres, mépris des citoyens pour l'Assemblée en qui ils ne se reconnaissent pas. L'abbé Pierre lui-même a réapparu, qui l'eût dit ? L'abbé Pierre, qui était le consolateur de nos misères d'après-guerre et qu'on avait oublié depuis un quart de siècle ! Revoilà ce jeune prêtre avec une barbe blanche !

En médecine, on appelle syndrome un ensemble de symptômes par lesquels on reconnaît telle ou telle affection. Nous souffrons du syndrome de la IVe République. Cette vieille maladie nous est retombée dessus, en dépit de notre robuste constitution, dont nous étions si fiers.

C'est à cause de cette robuste constitution, d'ailleurs, que nous sommes si mal en point. Sous la IVe, nous étions à l'agonie tous les trois mois, mais les crises ministérielles nous débarrassaient périodiquement des microbes gouvernementaux. A présent, nous sommes à l'agonie en permanence. La maladie est pire : C'est la IVe aggravée par la stabilité.

RACISME ET XÉNOPHOBIE

Pourquoi m'exhorte-t-on sans cesse à n'être ni xénophobe ni raciste ? Ce ne sont pas des passions qui m'habitent. Je n'y penserais même jamais si je n'entendais à tout bout de champ des voix tragiques m'expliquant que c'est un grand crime de mépriser ou de persécuter des hommes qui n'ont pas ma couleur de peau ou ma religion.

J'ai observé qu'on ne parle jamais de ce qui est dangereux au moment où cela est dangereux, mais en général après que cela a cessé de l'être. J'ai observé de même qu'on ne s'attaque guère à ce qui est puissant. En revanche, on a de très beaux accents, des arguments convaincants et terribles pour stigmatiser ce qui n'a aucune importance.

Du temps que nous avions un empire colonial et que nous faisions, comme on disait, « suer le burnous », nulle voix ne s'élevait pour nous le reprocher. Au contraire, on nous racontait que notre présence aux colonies était admirable, bénéfique, porteuse de civilisation et de lumière. Les Français considéraient les peuples colonisés d'un œil amical, protecteur et dédaigneux, qui paraissait tout à fait naturel aux partisans les plus fougueux des Droits de l'homme.

Mérimée avait adopté pour devise : « Souviens-toi de te méfier. » Tous les Français devraient prendre exemple sur lui, car en cent cinquante ans l'imposture a fait des progrès. Si l'on veut subsister sans trop de déboires, il faut poser en principe que tout le monde ment et, quand on entend quelque chose, se dire automatiquement que c'est le contraire de la vérité.

A voir les indignations que soulèvent le racisme et la xénophobie, j'inclinerais à penser que ces deux vilaines choses n'existent pas chez nous, qu'elles existent fortement ailleurs en revanche, que non seulement ce n'est pas nous qui les ferons régner, mais plutôt que nous risquons d'en être les victimes.

Les chrétiens sont en minorité sur la terre. Les peaux blanches aussi. Malgré tous les beaux discours, j'ai quelque difficulté à croire qu'une minorité puisse opprimer une majorité, surtout maintenant où l'Occident n'a plus le monopole des mitrailleuses.

PSYCHOSE

Je songeais, en écoutant M. Fabius à la télévision, qu'il était dommage qu'il n'eût pas été président du Conseil en mai 1940. Grâce à lui, les Français auraient très bien supporté l'occupation nazie. Il nous eût expliqué, à sa manière si claire et si tranquille, que nous n'étions pas vraiment envahis par les Allemands, que c'était tout au plus une « psychose » que nous avions là, tout comme nous avons aujourd'hui la « psychose » de l'insécurité.

Voilà un très bon moyen de gouverner ; je m'étonne que personne ne s'en soit avisé avant lui. Le Mikado aurait pu déclarer aux habitants d'Hiroshima qu'ils avaient la psychose de la bombe atomique. Il n'y a pas pensé. Tant pis. Ces paroles auraient considérablement réconforté les quelques survivants.

En Inde, on a la psychose des gaz toxiques. En Éthiopie et au Sahel, on a la psychose de la famine. Il suffisait de le savoir. Si M. Fabius était Premier ministre là-bas, il le dirait sans façon et les gens, tout à coup, se sentiraient beaucoup mieux. Sauf les morts, naturellement. Mais ceux-ci, étant dans un monde meilleur, ne souffrent plus d'aucune psychose.

M. Fabius a eu raison de citer « les spécialistes » qui disent « chiffres en main » qu'il n'existe pas de lien entre « l'existence ou l'absence de la peine de mort et le taux de criminalité ». Je suis surpris qu'il n'ait pas tiré de cette assertion un argument massue en faveur du désarmement. Car il y en a un. A savoir qu'il est inutile d'avoir des chars, des canons, des fusées nucléaires et, d'une façon générale, d'entretenir une armée, puisque cela n'empêche pas les peuples belliqueux de déclarer la guerre. Il est évident que, si nous étions complètement désarmés, l'ennemi aurait aussi peur de nous que si nous étions armés jusqu'aux dents.

Peut-être a-t-il voulu ménager M. Hernu qui, s'il n'avait plus de soldats, serait chômeur ou, plus exactement, serait affecté de la psychose du chômage, comme deux millions et demi de personnes qui, pour la raison fallacieuse qu'elles cherchent un emploi, s'imaginent qu'elles sont sans travail.

LA MORT DES GRANDS

Comment l'Histoire se débrouillera-t-elle avec la mort des grands personnages de maintenant ? Ce sera bien désolant de voir, dans les manuels du siècle prochain ou de celui d'après, des représentations de l'agonie du général Franco et de celle du maréchal Tito. Ces malheureuses carcasses pleines de tuyaux n'enflammeront pas l'imagination des écoliers.

Je suppose que le maréchal Oustinov n'a pas échappé au sort commun des puissants et qu'il a, lui aussi, pendant quelques jours ou quelques semaines eu ses tuyaux. Lui qui commandait à une armée capable d'envahir et de détruire le monde, il a été ligoté sur un matelas dans une cellule.

Lorsque j'avais douze ans, je ne trouvais rien de plus beau que la mort de Louis XIV, faisant appeler à son chevet son arrière-petit-fils, le futur Louis XV, lui donnant une leçon de royauté, et se confessant à cet enfant « d'avoir trop aimé la guerre et les bâtiments ». Cela me paraissait le comble de la sérénité et de la majesté. C'était une mort digne de Versailles.

J'aimais bien aussi la mort de Jules César, disant à Brutus qui le frappait de son poignard : « Alors, toi aussi, mon petit ! » Et Cléopâtre, donc, se faisant mordre le sein par un aspic caché dans un panier de figues ! La mort d'Henri II tué dans un tournoi ne manquait pas de chic. Ne parlons pas de Napoléon à Sainte-Hélène : là, j'en pleurais.

Il est très important pour un haut seigneur de ne pas manquer sa sortie. Quand on a fait retentir le monde de son nom ou de ses exploits, quand on a occupé pendant trente ou quarante ans l'attention des hommes, il faut s'en aller avec grandeur, en prononçant une parole historique, si possible. Voilà comme je vois les choses, et je n'ai pas tort.

Les médecins du XXe siècle, qui prolongent trois mois ou davantage un illustre moribond, lui volent l'épisode le plus précieux de son existence. Ils font d'une âme violente qui a modelé le monde une espèce de loque inconsciente, un cobaye d'hôpital. Aujourd'hui, toutes les morts de grands hommes se ressemblent. C'est une chambre peinte en blanc, un lit de fer et, sur ce lit, un tas de chair martyrisé et inerte.

Un des spectacles les plus exaltants de l'humanité est un homme qui regarde la mort en face, qui n'a pas peur d'elle, qui continue à se préoccuper de ce qui se passera après lui, tout en se préparant avec calme, le cas échéant avec piété, à son départ de cette terre. Peut-être que Franco ou Tito étaient capables de cet héroïsme. Il leur aurait fait plus de bien que les vingt ou trente tuyaux dont on les a lardés dans une intention qui n'était même pas métaphysique.

IL N'Y A PAS DE CLEF POUR OUVRIR LE MONDE

Il y a trois ans, constatant que M. Mitterrand et son gouvernement s'entêtaient à tenir les promesses du programme socialiste, je me permis de les avertir, par l'intermédiaire de ma gazette, qu'ils couraient à la catastrophe.

Je poussai l'obligeance jusqu'à leur expliquer que nul n'attendait cela d'eux, que le peuple savait faire la part de la galéjade électorale et des nécessités de la conjoncture, qu'après vingt-trois ans de rêveries et de vantardises les socialistes étaient enfin dans le sérieux de la vie, et qu'il leur fallait se conduire en gens raisonnables.

Ma modestie me donnait à croire que ce raisonnement était si simple que le plus arriéré des écoliers laïques l'aurait saisi dans sa totalité. Comme d'habitude, je me sous-estimais. Il était encore trop savant pour les députés, les secrétaires d'État, les ministres, le Premier ministre, le président de l'Assemblée nationale et le président de la République lui-même. Les seules personnes qui l'approuvèrent furent quelques lecteurs de la susdite gazette, qui n'étaient pas membres du gouvernement.

Rivarol dénonçait les écrivains « qui font crier les ressorts de la langue ». Un pays est un instrument aussi délicat qu'un langage. Voilà trois ans que les ressorts de la France crient. Cela fait un concert qui a rompu toutes les oreilles et qu'on ne peut plus supporter. Les socialistes, quoiqu'ils soient exceptionnellement sourds, ont commencé à s'en apercevoir vers le mois de juin dernier. Cela n'a pas modifié leurs opinions, mais cela les a effrayés.

Alors ils ont tâché de faire ce qu'ils auraient dû faire en 1981. On a changé le Premier ministre, on a parlé de réconciliation nationale, on a prôné le profit ; le loup pelé a revêtu la toison d'or du libéralisme ; la grosse caisse de M. Mauroy a cessé de résonner et l'on a entendu la douce plainte du violon intimiste de M. Fabius. Ce n'était pas la Montagne qui succédait à la Gironde, comme l'avaient craint les alarmistes, mais le Juste-Milieu qui aplatissait la Montagne. On mettait Robespierre au placard et on exhibait Guizot, lequel susurrait aux chers téléspectateurs : « Enrichissez-vous par le travail et par l'épargne. » L'ennui est qu'il n'y a plus de travail et que tout le monde a mangé ses économies.

Les gens modestes comme moi s'imaginent que les puissants ont une espèce de raison, qu'ils ont observé la réalité, qu'ils professent une vague philosophie. Il n'en est rien. Par une singulière oblitération de l'esprit et une hypertrophie consécutive de l'orgueil, dues à la lecture excessive des doctrines politiques, ils ne soupçonnent pas cette vérité élémentaire que la parole et la réalité sont antagonistes. Que dis-je, antagonistes ! Pas même : elles s'ignorent l'une l'autre.

Le moindre homme de lettres, le plus épais des peintres ou des musiciens sait que ce n'est pas avec des théories que l'on crée des œuvres et que, si l'on s'y risque, cela ne donne que des monstres. Il en va pareillement de la politique : ce n'est pas avec des doctrines que l'on fait le bonheur ou la gloire d'une nation, mais avec de la prudence, de l'intelligence, de l'audace, du caractère, des vues pratiques. Autrement dit, avec des dons ou des vertus. Appliquer une théorie politique sur un être vivant tel que l'est un pays, c'est vouloir lui faire dire quelque chose qu'il ne peut pas dire car il n'est pas dans sa nature de le dire.

Est-il donc si difficile d'aborder le gouvernement d'un peuple à la façon dont un romancier attaque son ouvrage, c'est-à-dire sans idée préconçue, sans théorie littéraire, avec le seul désir d'écrire quelque chose ? Le doigt du romancier suit avec douceur le contour des personnages et de l'intrigue : il ne violente rien ou, si cela lui arrive, il ne le fait que parce qu'à ce point du récit c'était nécessaire. Il sait ce qui est bon ou mauvais pour l'économie de son travail. Il n'exprime pas vingt considérations à la fois. Il prend son temps, enfin.

Prendre son temps, tout est là quand on crée. Avancer avec ordre, avec tranquillité, avec des lenteurs de myope qui ne veut pas tomber. Et quand au style, tant qu'on ne fait pas crier les ressorts de la langue, on n'a pas de souci à avoir. Si l'on a du style, si l'on a en soi cette petite musique qui ne demande qu'à se moduler, tant mieux. Si l'on n'en a pas, comme c'est le cas le plus courant, on peut y remédier en « faisant banal », ainsi que le recommandait Mérimée.

Je ne demandais certes pas du génie aux socialistes. Je ne leur demandais qu'un peu de cette modestie que j'ai, qu'ont tous les artistes, et que ceux-ci supposent être la chose du monde la mieux partagée.

Le crime des socialistes est de n'avoir pas été humbles devant la France. Ils se sont pris pour d'autres qu'eux-mêmes. Ces petits rejetons se sont crus de grands ancêtres. Ils sont tombés dans l'illusion funeste des gens sans morale qui s'imaginent qu'une doctrine peut tenir lieu de vertu. Or, une doctrine ne remplace pas plus la vertu qu'une théorie ne donne de talent. Il n'y a pas de clef pour ouvrir le monde. Sauf le vieux passe-partout de l'humanité que l'on se transmet de siècle en siècle et qui s'appelle force d'âme.

TABLE DES MATIÈRES

JANVIER 1984

MARS

AVRIL

MAI

JUIN

JUILLET

AOÛT

SEPTEMBRE

OCTOBRE

ACHEVÉ D'IMPRIMER
SUR LES PRESSES DE
L'IMPRIMERIE HÉRISSEY
À ÉVREUX (EURE)
EN AOÛT 1985

N° d'édition : 10664
N° d'impression : 37552
Dépôt légal : septembre 1985